掌尚文化

Culture is Future

尚文化·掌天下

本书受国家重点研发计划项目资助，是该项目的阶段性研究成果

（项目名称：支持大规模定制生产的网络协同制造平台研发；项目编号：2018YFB1702900）

大规模网络协同定制

价值创造机理与驱动因素

主编：陈录城　冯泰文
副主编：绳鸿燕　初佃辉

经济管理出版社
ECONOMY & MANAGEMENT PUBLISHING HOUSE

图书在版编目（CIP）数据

大规模网络协同定制：价值创造机理与驱动因素/陈录城，冯泰文主编. —北京：
经济管理出版社，2021.9

ISBN 978-7-5096-7954-8

Ⅰ.①大… Ⅱ.①陈… ②冯… Ⅲ.①制造工业—研究 Ⅳ.①F407.4

中国版本图书馆 CIP 数据核字（2021）第 196101 号

策划编辑：张　昕
责任编辑：张　昕　张鹤溶　吴　倩
责任印制：张莉琼
责任校对：陈　颖

出版发行：经济管理出版社
　　　　　（北京市海淀区北蜂窝 8 号中雅大厦 A 座 11 层　100038）
网　　　址：www. E-mp. com. cn
电　　　话：（010）51915602
印　　　刷：唐山昊达印刷有限公司
经　　　销：新华书店
开　　　本：720mm×1000mm /16
印　　　张：21.5
字　　　数：286 千字
版　　　次：2021 年 12 月第 1 版　2021 年 12 月第 1 次印刷
书　　　号：ISBN 978-7-5096-7954-8
定　　　价：98.00 元

前　言

在国际竞争日益激烈和客户个性化需求充分释放的背景下，结合中国的制造强国战略目标，开展中国大规模定制发展战略管理研究，探讨大规模定制的实施模式、方法和策略，具有重要的理论和现实意义。本书在探索大规模定制产生的背景和概念内涵的基础上，对大规模定制的价值创造机理和驱动因素进行了全面而深入的研究，并利用海尔的案例佐证了本书的思路，以期为中国制造业的转型升级提供有益借鉴。

本书共分为十一章，主要包含以下内容：

第一章论述了制造业环境的变化。阐明了制造业在中国国民经济发展中的地位，并系统分析了全球制造业环境的变化以及中国制造业面临的机遇和挑战。基于制造业发展的背景，阐述了中国企业开展大规模定制的必要性。

第二章对大规模网络协同定制模式进行了概述。首先，基于大规模生产，在回顾了大规模定制的产生背景后，对大规模定制的概念内涵、特征和分类进行了论述；其次，将大规模定制与大规模生产、精益生产、敏捷制造和即时顾客化定制等其他生产模式进行了比较；再次，分析了实现大规模定制的方法；最后，论述了大规模定制能力的研究现状，包括维度划分和影响因素。

第三章详细阐述了大规模定制能力对企业绩效的作用机理。在分析了大规模定制能力的价值内涵后，基于资源基础观探究了大规模定制能力与运营绩效、市场绩效、环境绩效和经济绩效之间的关系以及客户需求多样性的作用。

第四章论述了大规模定制能力的绩效作用路径。基于组态视角和 TOE 框架，分析了技术（面向产品和面向服务的大规模定制能力）、组织（新颖型商业模式设计）、市场（市场动荡和竞争强度）条件的殊途同归效应。

第五章对企业开展大规模定制的动机进行了分析和论述。重点关注了工具性动机、关系性动机和道德动机对面向产品和面向服务的大规模定制能力的影响。

第六章阐述了大规模定制的基础——模块化。在分析了大规模定制的模块化战略后，基于动态能力理论，探究了模块化、供应链敏捷和大规模定制能力之间的关系以及客户需求特征的边界条件。

第七章论述了用户/资源/企业价值共创的大规模定制，主要论述了客户需求特征聚类分析的四种感知类型下，资源社群信息（供应链信息整合）、社交媒体信息（社交媒体使用）以及用户社群信息（以客户为中心的管理系统）对大规模定制能力的影响。

第八章对大数据分析能力与大规模定制能力之间的关系进行了论述。重点关注了大数据分析能力的三个维度：大数据技术能力、大数据管理能力和数据驱动的决策能力，并分析了供应链可视性和组织间学习在两者关系中的作用。

第九章阐述了大规模定制能力的提升路径。基于组态视角和 TOE 框架，分析了技术条件（产品模块化和流程模块化）、组织条件（战略柔性和以客户为中心的管理系统）、环境条件（客户需求隐性和客户需求多样性）对大规模定制能力的联动效应。

第十章探讨了大规模定制中的营销策略。分析了消费者环境怀疑、消费者感知环境溢价、企业环保主张类型和企业环保主张论据质量在消费者环境责任感与绿色定制意愿间发挥的作用。

第十一章给出了海尔实施大规模定制生产模式的案例，重点关注了海尔大规模定制转型的背景、实施路径和成果，以增进读者对本书的理解。

本书十一章内容由冯泰文整理修改统稿完成，在书稿写作过程中，有多位合作者参加研究。具体骨干研究人员如下：绳鸿燕、初佃辉负责第一章；绳鸿燕、冯泰文负责第二章；徐洁、冯泰文负责第三章；吕泽宇、冯泰文负责第四章；绳鸿燕、冯泰文、陈录城、初佃辉、张维杰负责第五章；王楠、陈录城、冯泰文负责第六章；绳鸿燕、冯泰文、初佃辉、陈录城负责第七章；江怡洒、冯泰文、初佃辉负责第八章；张启迪、冯泰文负责第九章；陶静祎、王辰、冯泰文负责第十章；陈录城、绳鸿燕负责第十一章。

本书在中国制造业大规模定制生产模式诸多方面进行了有益探讨，但难免存在不足和疏漏，恳请读者批评和指正！

编者

2021 年 6 月

目　录

第一章
制造业环境的变化

一、制造业的重要性

制造业是指利用某种资源（如物料、能源、设备、工具、资金、技术、信息和人力等）对采掘的自然资源或者农业生产的原材料按市场要求，转化为可供人们使用和利用的大型工具、工业品与生活消费品的产业。按照《全部经济活动的国际标准产业分类索引》，制造业主要包括食品制造与加工业、饮料制造业、烟草加工业、纺织业、服装皮革皮毛制造业、木材加工业、家具制造业、造纸制造业、石油加工及炼焦业、化学原料及制品业、医药制造业、化学纤维制造业、塑料/橡胶制造业、非金属制造业、黑色金属冶炼及压延加工业、有色金属冶炼及压延制造业、金属制造业、普通机械制造业、专用设备制造业、交通运输设备制造业、电器机械及器材制造业、电子及通信设备制造业、仪器仪表及文化办公用品机械制造业等。制造业直接体现了一个国家的生产力水平，是区分发达国家和发展中国家的重要因素。

人类社会赖以生存和发展的基础是物质财富，而制造是人类创造物质财富最基本、最重要的手段。受世界经济一体化和信息化的影响，全球制造业正面临着一场深刻的变革，现代制造业在传统制造模式基础上发展而来，依然保持着它在支撑各国综合国力中的地位，世界各国都相继采取一系列的措施发展现代制造业。美国自2008年金融危机以来，大力推行"再工业化"和"制造业回归"的战略，其目的在于争夺新一轮全球产业革命的制高点。2009年12月，美国政府颁布了《重振美国制造业框架》，2011年6月启动了《先进制造业伙伴计划》，2013年继续颁布了《国家制造业创新网络：初步设计》（*National network for manufaetuing imovation*：*A Preliminary design*）。2018年10月发布了《确保美国先进制造业领先地位的战略》，勾勒出美国"重振制造业"战略进程中的产业布局（焦国伟，2019）。2020年4月，美国信息技术与创新基金会发布了《制定国家产业战略，应对中国技术崛起》报告，报告指出，美国政府应实施积极和有针对性的国家产业战略，以重点支持对美国经济和国家安全至关重要的关键产业。一系列政策和计划的目的在于推动"制造业回归"。在2008年金融危机中受到重创的英国政府认识到，只有虚拟经济是不够的，必须同时抓好实体经济才能稳定经济发展。于是，英国政府相继出台了多个制造业发展战略和政策以扶植制造业，如"高价值制造"战略，成立战略投资基金，并且鼓励英国企业在本土生产高附加值的产品，以充分发挥制造业在发展国民经济中的作用。2020年，为提升制造业智能化水平，英国研究与创新基金产业战略挑战基金投入1.47亿英镑，鼓励研究数字技术在制造业中的应用，"铝焊接数字化"等14个项目成为第一轮获批的研究项目。日本政府于2014年颁布了《制造业白皮书》，白皮书指出今后制造业发展的重点领域为机器人、清洁能源汽车、再生医疗和3D打印技术。2017年6月，日本内阁会议通过了《未来投资战略2017》，投资战略高度肯定了"第四次工业革命"的历史地位与潜在经济价值，并且指出包括物联网、大数据、人工智能、机器人、共享经济等新兴概念在内的"第四次工业革命"是打破日本经济发展长期停滞、实现未来中长期经济增长的关键所在。2020年7月，日本经济产业省发布《2020年版贸易白皮书》，白皮书指出要推动经济社会数字化加速发展以应对贸易挑战。从上述三个发达国家的制造业发展战略中可以看出，制造业仍然是稳定国家经济发展，实现国富民强的重要基石。

作为正在工业化转型中的发展中大国，中国的制造业更是物质财富的重要来源。2005—2019 年，中国的 GDP 平均增长率为 8.95%，高于世界主要经济体的 GDP 平均增长率，制造业在其中发挥了重要的作用。为了进一步推动制造业升级，国务院于 2015 年 5 月出台了《中国制造 2025》，该文件指出：到 2020 年，基本实现工业化，制造业大国地位进一步巩固，制造业信息化水平大幅提升；到 2035 年，制造业整体达到世界制造强国阵营中等水平。2019 年 11 月，国家发展改革委、工业和信息化部等 15 部门联合印发了《关于推动先进制造业和现代服务业深度融合发展的实施意见》（以下简称《实施意见》），《实施意见》梳理提出了 10 种发展潜力大、前景好的典型业态和模式，包括推进建设智能工厂、加快工业互联网创新应用、推广柔性化定制、发展共享生产平台、提升总集成总承包水平、加强全生命周期管理、优化供应链管理、发展服务衍生制造、发展工业文化旅游以及其他新业态新模式等。2020 年 11 月，党的十九届五中全会通过的《中共中央关于制定国民经济和社会发展第十四个五年规划和二〇三五年远景目标的建议》明确提出要坚持把发展经济着力点放在实体经济上，坚定不移建设制造强国、质量强国、网络强国、数字中国，推进产业基础高级化、产业链现代化，提高经济质量效益和核心竞争力。

制造业的高度发达是实现工业化的必备条件，也是衡量国家国际竞争力的重要标准。在经济全球化背景下，它还是决定一个国家国际分工地位的关键要素。制造业是国民经济的主体，是立国之本、兴国之器、强国之基。世界强国的兴衰史和中华民族的奋斗史告诉我们，制造业始终是一国经济发展并走向强盛的基础。把制造业做大做强是中国完成工业化进程、建设世界强国的必由之路。

改革开放 40 多年以来，制造业的快速发展不断推动着我国的工业化和现代化进程。然而，我国的制造业水平与世界大国相比仍然存在差距，尤其是在自主创新能力、资源利用率、产业结构、信息化程度等方面。如何在保持中高速增长的同时，又推动产业迈向中高端水平，关键还是要切实转变经济发展方式、推动产业结构的战略性调整。制造业是转方式、调结构的主战场。主动适应和引领经济发展新常态，形成新的增长动力，重点在制造业，难点在制造业，出路也在制造业。

二、全球制造业环境的变化

1. 信息技术的新发展

进入 21 世纪以来，新型信息技术如互联网、物联网、大数据、人工智能以及云计算的快速发展正在显著地改变着制造业的发展趋势和产业形态，推动着制造业的转型升级。

（1）互联网的普及为企业精准识别客户需求提供了便利条件。互联网尤其是移动互联网的普及，推动了社交媒体的发展。这不仅保障了个体和个体之间的广泛连接，而且提高了个体之间互动的频次和深度。借助于智能手机，依托于 Facebook、YouTube、微博、微信、QQ、抖音、快手等社交媒体应用程序，人们能够随时随地进行交流，共享信息和资源。每个个体既是信息的创造者、发送者，也是信息的接收者。每天会有大量的、透明化程度较高的信息在交互中产生，借助于数据分析技术，企业能够理解网络节点上的个体或者组织的偏好，这为企业精准识别客户需求，为客户提供定制化的产品和服务提供了可能。除此之外，在广泛的互动过程中，个体会依据兴趣、话题形成网络社区。网络社区中的"居民"有一致的价值观、信念和行为方式，此时社区被"标签化"。企业可以借助此标签，准确地定位目标市场，实现目标市场的细分，从而提供定制化的产品和服务。

（2）物联网为人与人、人与物以及物与物的广泛互联提供了技术支撑。物联网是一个基于互联网、传统电信网等的信息承载体，它让所有能够被独立寻址的普通物理对象形成互联互通的网络。物联网不仅使人类社会和物品广泛互联，而且物品和物品之间也可以"对话"。这让世界上存在的物品之间的沟通、交流、互动和协作成为可能。"司机出现操作失误时，汽车会自动报警；公文包会提醒主人忘带了什么东西；衣服会'告诉'洗衣机对水温的要求。"这是国际电信联盟在2005年描述的物联网时代的图景。物联网利用局部网络或互联网等通信技术把传感器、控制器、机器、人员和物品等通过新的方式连在一起，实现信息化、远程管理控制和智能化，从传感器获得的海量信息中分析、加工和处理出有价值的数据，以适应不同用户的不同需求，发现新的应用领域和应用模式（张恒梅和李南希，2019）。以海尔的馨厨冰箱为例，基于物联网，将产品变为网器，以厨房为场景，通过网器（馨厨冰箱）互联，建立了为用户提供最佳购买、储存、烹饪、娱乐、交互等体验的美食生态圈（见图1-1）。

图1-1　海尔基于物联网建立智慧厨房生态圈

（3）数字化技术为企业整合资源赋能，支持面向大规模定制的生产组织模式。依托于互联网和物联网中人和人、人和物、物和物之间的交互，企业可以广泛地收集有关消费者、产品、企业等各类要素的实时、全面、动态的数据。制造企业利用大数据分析技术对所获得的有关产品生产的信息、消费者的地理位置、消费者的性别和年龄、消费者的偏好、对产品的改进意见等数据进行挖掘和深入分析。分析所得结果将有助于企业研发和设计更能满足客户需求的高质量产品，同时也将有助于企业了解市场需求，制订市场销售方案。企业利用消费者行为分析、市场趋势预测等手段，对分布式的工厂资源与服务进行配置优化，可以达到工厂组织结构、运行模式的自适应变化的目的，从而提高生产效率，降低决策成本（吕佑龙和张洁，2016）。总之，借助于大数据、人工智能等数字化技术，制造企业可以以低成本和高效率的方式为消费者提供大规模定制的产品和服务（Gupta & George，2016）。

（4）3D打印等新兴制造技术改变了以减材制造为基础的传统制造方式，促使制造方式向增材制造转变。传统的材料工艺通常采用减材制造方法，如对标准件进行切割、铣削以生产某种形态的构件，采用这种方法生产的材料利用效率低下且难以生产出定制的形状（Maryam和陈致佳，2018）。而增材制造所具有的按需制造、减少废弃副产品、材料多种组合、精确实体复制、便携制造等优势使定制化生产具备了低成本、高柔性和快速响应的特点。3D打印技术使大规模生产模式到大规模定制模式的转变成为可能。3D打印大幅度降低了交易成本中的物质专用性和地点专用性问题，这不仅解决了开放式创新难以进入制造业的难题，而且还有利于更多规模小的创业型组织的出现，并耦合成具有发散风险能力的知识密集服务型经济系统（马国伟，2014）。在3D打印技术和社交网络技术的共同驱动下，企业可以实现基于分散化的低成本制造资源的整合，从而为客户提供大规模的定制化产品和服务。

总之，由于互联网和物联网的普及，以及大数据分析技术、3D 打印等新兴制造技术的发展，个体的需求可以被企业精确识别，物品的状态能够被智能化感知，机器设备的活动能够实现自适应的协同，企业的决策能够广泛地互联和协同，面向客户个性化需求的大规模定制成了可能。

2. 客户需求的新变化

随着经济水平的不断提升，个体的价值观开始呈现多样化的特征，随之而来的是客户需求的巨大变化。客户不再追求单一、同质化的产品，而是更加渴望丰富的产品种类、个性化以及绿色化的产品。为了在激烈的竞争市场中赢得客户，企业需要持续不断地推出个性化的新产品，缩短交货周期，从而最大化客户价值。

（1）个性化与多样化。经济的发展和互联网的普及不仅使消费者的自我意识日益凸显，而且在很大程度上改变着消费者的观念和行为。1978—1980 年末，消费者的需求为必需品消费，主要集中在衣食领域。1990—2000 年，消费者的需求开始转为小康消费。进入 21 世纪后，对于旅游、文化教育、休闲娱乐以及医疗健康等的支出逐渐增加。2018 年以来，消费者不再满足于购买同质化的产品，而是越来越倾向于独一无二的定制产品和服务。客户的个性化需求带来的是不断缩短的产品生命周期。当某一产品出现在市场上时，先购买的客户可以获得独特的感受。但随着时间的推移，当越来越多的客户可以买到这一产品，并且市场上出现了同质化产品时，该产品满足客户个性化需求的功能已经失效。此时，为了保持竞争优势，赢得消费者，企业需要对产品进行升级换代，不断提升升级换代的速度使产品生命周期日益缩短。

随着心理需要层次的不断提高，消费者需求变得越来越复杂、多样，因为不同的个体在情感和精神的追求方面存在巨大的差异。在物质紧缺的时代，人们对产品的需求较为集中。然而，随着经济发展和物质水平的提升，需求开始呈现多样化的特征。消费者为了满足某一生活需要往往表现出多种需求，比如，为了满足休闲的需要，可以选择传统的聊天、读书、运动，也可以选择旅行、健身、购物、电子游戏等。另外，生活方式的多样性也促使消费者的需求呈现差异化和多样性的特征。

（2）情感化与感性化。随着技术的不断进步，产品性能的差异越来越小，产品之间的互补性、替代性不断提高，消费者在购买过程中会更多地考虑精神需求的满足，情感在购买决策中所占的比重越来越大。高情感的需要导致了感性消费的出现。消费活动与自我概念的密切关联，使消费成为个体追求情感上的共鸣、体验、展示能力和风貌的舞台。

（3）复合与关联化。消费者购买产品往往是希望其能满足三方面的需求：功能性需求、心理性需求和社会性需求。三种需求的权重随着个体的情况以及消费场景的变化而变化。另外，随着社会分工的不断细化和社会机构的日益复杂化，需求满足的目标和方式也在不断地多元化和复合化，形成了由相互影响和作用的不同需求环节组成的生活需求生态体系。为了满足客户的生活需求，客观上已经或正在形成由相关产品和服务组成的各种类型的"产品生态圈"，企业的产品和服务的销售情况将与所在生态圈的状态及其地位密切相关。因此，如何设计产品和服务的组合以满足客户的功能性、心理性和社会性需求成为企业赢得竞争优势的关键。

（4）健康化与绿色化。随着生活水平的提升，消费者更加关注自身的心理健康。舒适、享受的生活方式成为更多人的选择，他们在工作之余会更多地通过休闲、娱乐消费和日常消费充实生活内容，调节身心状态。当眼前小的健康环境具备之后，还会关注产品和服务对长远的自然与社会环境的影响。客户在购买过程中会更多地考虑该产品是否是环境友好型产品，其设计和生产是否会造成环境的污染和资源的浪费。比如，在北欧和西欧，很多消费者愿意为购买环保产品而多付钱。新能源汽车在全球范围内广受欢迎也反映出消费者的绿色需求（Tezer and Bodur，2020）。

3. 资源与环境的挑战

（1）资源与能源危机。21 世纪以来，经济尤其是以制造业为代表的实体经济的迅速发展引发了对自然资源的巨大需求，人类进入了全球化石能源和矿产资源高消费、快增长的发展时期。2014—2019 年，全球石油消费量稳步提升。2018 年，全球石油消费量为 44.09 亿吨油当量，2019 年达到 44.23 亿吨油当量（见图 1-2）。作为世界制造业大国，中国的能源消费总量连续多年位居世界前列。2019 年，能源消费总量为 48.6 亿吨标准煤，比上年增长 3.3%，煤炭消费量增长 1.0%，原油消费量增长 6.8%，天然气消费量增长 8.6%，电力消费量增长 4.5%。

（百万吨）

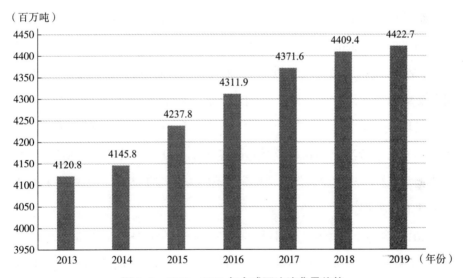

图 1-2　2013—2019 年全球石油消费量趋势

资料来源：国泰安数据库。

随着经济和人口的增长，对能源的需求将会持续增长。中国石油经济技术研究院发布的《2050 年世界与中国能源展望》预测，到 2050 年，世界一次能源需求将持续增长，年均增长 0.87%，届时将达到 182 亿吨标准油，较 2015 年增长约 36%。世界人均能源消费量在 2050 年将增至 1.85 亿吨标准油，其中发达国家人均能源消费有所下滑，而发展中国家人均能源消费稳步提升，但人均消费水平最高的北美仍是非洲的 10 倍。到 2050 年，世界天然气需求将升至 5.5 万亿立方米，较 2015 年增长约 64%，是增幅最大的化石能源。世界电力需求也将持续增长，2050 年需求水平将较 2015 年翻一番，其中发电增量的 72% 来自非化石能源发电。

在未来很长一段时间内，中国都将以发展经济和改善人民生活水平为主要任务，这是任何一个工业化国家在发展历程中都走过的路，也是由我国的特殊国情所决定的，这导致了中国将会对能源与资源有更多的需求。如果中国要在 2050 年达到中等发达国家的目标，人均能源消费约为 3.5 吨标准油当量。届时，中国的能源总消费将达到世界能源总消费的 60%。满足中国的能源需求不仅给中国的能源供应带来挑战，也将会给世界的能源供应带来巨大的挑战。

（2）环境状况恶化。20 世纪 80 年代以来，随着经济的发展，具有全球性影响的环境问题日益突出。不仅发生了区域性的环境污染和大规模的生态破坏，而且出现了温室效应、臭氧层破坏、全球气候变化、酸雨、物种灭绝、土地沙漠化、森林锐减、越境污染、海洋污染、野生物种减少、热带雨林减少、土壤侵蚀等大范围和全球性的环境危机，严重威胁着全人类的生存与发展。

2019 年，联合国环境规划署发布了《全球环境展望 6》（*Thesixth Global Environment Outlook or GEO-6*），该报告指出，空气污染是导致全球疾病负担的主要环境因素，每年造成 600 万~700 万人过早死亡。人口增长、城市化、水污染和不可持续的发展都使全球的水资源承受越来越大的压力，而气候变化更是加剧了这种压力。自 1990 年以来，大多数地区由于有机和化学污染，如病原体、营养物、农药、沉积物、重金属、塑料和微塑料废物、持久性有机污染物以及含盐物质，水质开始显著恶化。由于无法获取干净饮用水，每年有约 140 万人死于可预防疾病，如与饮用水污染和卫生条件恶劣有关的痢疾和寄生虫病等。如果不采取有效的应对措施，到2050 年，抗微生物药物具有耐药性的感染导致的人类疾病可能成为全球传染病致死的重要原因。

除空气污染和水污染外，人口压力和经济增长也给生物多样性带来了巨大的冲击，严重的物种灭绝正在发生。到 2019 年，42%的陆地无脊椎动物、34%的淡水无脊椎动物和 25%的海洋无脊椎动物濒临灭绝，生态系统的完整性和各种功能正在衰退。另外，塑料垃圾进入了海洋最深处，每年有高达 800 万吨的塑料垃圾流入海洋，塑料和微塑料在海洋的所有深度都能找到。人类行为对生物多样性、大气层、海洋、水和土地造成了巨大的影响，程度严重，甚至不可逆转的环境问题也反过来影响着人类健康。其中，大气污染的负面影响最为严重，其次是水、生物多样性、海洋和陆地环境的退化。

面对日益恶化的环境状况，联合国环境署代理执行主任乔伊斯·姆苏亚（Joyce Msuya）指出："我们正处于十字路口，究竟是执迷不悟地坚持这条引领我们走向黯淡未来的老路，还是及时转向通往更可持续未来的康庄大道？这是我们的政治领导人现在必须做出的选择。"

4. 企业竞争模式的演变

（1）从企业价值最大化到客户价值最大化。管理经济学认为，企业的长期目标是利润最大化。利润最大化可以通过两个途径实现：一是增加收益，二是降低成本。然而，以企业利润最大化作为发展目标，可能会出现短期行为。因为只考虑成本和利润的生产经营，可能忽视了客户的感受和价值。例如，部分空调机生产流通企业为降低成本，在降低空调价格的同时，安装质量也打了折扣，空调安装出现"豆腐渣"工程。很多空调室外机支架由维修部自行采购，标准不一。有的减少膨胀螺栓的数量，有的支架材料过薄，不但支撑力度不够，由此而采取的减少室外机离墙距离的方法，还会导致散热效果变差。这些行为都将导致客户购买成本和使用成本的增加，损害客户的利益。只看重企业利润最大化的经营活动不仅会损害客户的利益，而且也会影响企业的声誉，不利于企业长期发展。企业若想得到持续、长远的发展，需要与客户以及合作伙伴建立良好的关系，形成合作共赢的生态体系。

为了赢得竞争优势，需要从单纯的企业价值最大化向客户价值最大化转变。为此，企业需要转变观念，从"产品第一"转为"用户第一"，客户认为产品的技术该到什么程度就什么程度，客户认为价格该到什么程度就什么程度，以客户为中心进行产品的设计、制造、销售和服务。企业只有从非客户主导的价值创新向实实在在的客户价值主张导向的价值创新过渡，为客户创造最大价值，才能在激烈的市场竞争中站稳脚跟（管益忻，2007）。

（2）从竞争到竞合。传统竞争战略理论认为，企业的利润是同行业之间的竞争，行业与替代行业的竞争，供应方与客户的讨价还价以及潜在竞争者共同作用的结果。为了超越竞争对手，企业通常会通过对标管理等方式向标杆企业学习。然而，随着企业的观念从"产品第一"向"用户第一"转变，它们发现，当为客户提供复杂的解决方案时，所需要的资源、知识和能力已经远远超过可以掌控的范围。此时，企业需要转变传统的竞争观念，构建供应链上下游、多主体协同参与的价值网络为客户创造价值。在价值网络构建过程中，原本处于竞争对手位置的企业也有可能被纳入进来，成为其中的一员。在价值网络中，各成员共享资源和信息，共担成本与风险，共享客户和收益。在当前经济环境下，企业需要认识到"抱团取暖"比"鱼死网破"更有利于自身长远发展，竞合战略在现代商业社会中的现实价值比以往任何时期都更为突出（原丹奇和张怀英，2019）。因此，价值网络上的每一家企业都要转变竞争观念，由竞争变为竞合，资源互换、利益共享，共同创造更大的市场价值，使企业间的竞争良性发展。

（3）积极履行社会责任。传统的管理理论认为，企业存在的唯一目的是追求利润最大化。然而，随着现代公司治理理论的发展，企业开始关注股东、员工、供应商、政府以及社会在内的全部利益相关者的诉求，以保障经济责任和社会责任的同时履行。在现代公司治理理论的影响下，企业社会责任的理念逐渐被社会各界所接受。管理者逐渐意识到，仅关注股东利益最大化是远远不够的，如何在治理体系内平衡多个利益相关者的权利和责任是需要重点考虑的问题。目前，绝大多数公司都已经将企业社会责任的履行作为发展目标的重要组成部分。作为企业社会责任履行的载体，企业社会责任报告的发布在一定程度上反映了社会责任履行情况。如图 1-3 所示，2011—2019 年 A 股上市公司企业社会责任报告发布数量呈持续增长趋势，表明我国企业对社会责任履行的重视程度越来越高。

（报告发布数量）

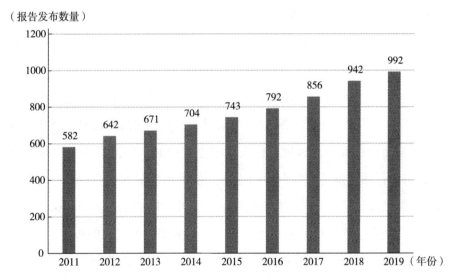

图 1-3 2011—2019 年 A 股上市公司企业社会责任报告发布情况

资料来源：《2021 企业社会责任白皮书》。

党的十九大报告和政府工作报告均指出，实现经济的高质量发展重点在于深入贯彻落实"创新、协调、绿色、开放、共享"五大发展理念。作为推动经济发展的主要载体，企业承担着经济高质量发展的使命，这与企业社会责任所要求的最大限度造福所有利益相关者、推动全社会可持续发展的理念是一致的。因此，企业要基于社会责任的视角制定全局战略，不断提升对社会、利益相关者的贡献度，最终实现经济的高质量发展。

5. 新制造模式的涌现

21世纪以来，随着世界经济迅速发展和信息技术的快速进步，市场环境发生了翻天覆地的变化，新的制造模式不断涌现。

（1）基于性能的制造模式。基于性能的制造模式主要包括柔性制造、精益生产和敏捷制造。柔性制造是指根据客户订单和市场需求组织生产的新型生产方式。它主要依靠有高度柔性的以计算机数控机床为主的制造设备来生产多品种、小批量的产品。柔性生产的基本特征包括：机器柔性、工艺柔性、产品柔性、生产能力柔性、维护柔性和扩展柔性（王晓明等，2020）。精益生产源于日本丰田生产方式的实践活动，是通过变革组织结构、人员组织、运行方式和市场供求等，使生产系统能很快适应不断变化的客户需求，并能使生产过程中一切浪费被消除。它的目的是降低生产成本，提高生产过程的协调度，彻底杜绝企业中的一切浪费现象（龙昀光等，2018）。敏捷制造是指企业利用信息技术快速配置生产技术、管理和人力资源以满足客户需求，实现制造的敏捷性。敏捷制造主要包括三个要素：生产技术、管理技术和人力资源（孙新波和苏钟海，2018）。

（2）基于单元的分散化制造模式。基于单元的分散化制造模式主要包括分形制造、全能制造和智能制造。分形模式是从结构、功能和信息的角度设计类似于分形实体（形式的和自然的）的智能系统的科学学科。其目标是创建以确定性或随机行为为特征的系统，在动荡和变化的环境中做出反应、适应和生存。分形模式改变了传统的分层和集中化结构，转向了嵌套式的分布式结构，在这种结构中，系统的每个元素都以独立的方式工作，以满足全局目标。全能制造是基于全能组织的制造系统，由一系列标准的和半标准的、独立的、协作的和智能的模块组成。全能制造系统的特征是：全能体即系统内部独立自主的单元之间具有暂时的递阶层次关系；自动化规模可大可小可扩展；能够迅速自组织以适应市场对产品、产量和交货期的改变；全能制造系统的目标不是取代人的技能，而是支持人的技能得到更充分的发挥；组织结构从传统的、固定不变的"机械型"向更适合市场竞争的"生物型"转变；全能制造系统的精髓是加强基本单元的独立自主性和相互协调机制（顾新建和叶作亮，2004）。智能制造源于人工智能，是由智能机器和人类专家共同组成的人机一体化智能系统。智能制造以智能工厂为载体，以关键制造环节的智能化为核心，以端到端数据流为基础，以网通互联为支撑。它的主要内容包括智能产品、智能生产、智能工厂、智能物流。

（3）基于集成的制造系统。基于集成的制造系统主要包括：计算机集成制造和现代集成制造。计算机集成制造是一种企业生产制造与生产管理进行优化的哲理。它的基本内容是对分散的信息化孤岛进行集成，以实现信息流的畅通和系统的整体优化（顾新建和叶作亮，2004）。计算机集成制造的基础方法包括计算机辅助设计、计算机辅助制造、计算机辅助工艺规划、计算机辅助测试、计算机辅助质量控制。现代集成制造是在计算机集成制造的基础上发展而来的。现代集成制造将传统的制造技术与现代信息技术、管理技术、自动化技术、系统工程技术进行有机的结合，通过计算机技术使企业产品在全生命周期中有关的组织、经营、管理和技术有机集成和优化运行，在企业产品全生命周期中实现信息化、智能化、集成优化。现代集成制造的基础方法包括制造技术与现代信息技术、管理技术、自动化技术、系统工程技术。

三、中国制造业面临的机遇与挑战

1. 资源与环境的挑战

改革开放 40 多年以来，中国的经济发展取得了巨大的成就，成就的取得离不开能源、资源和劳动力的投入。这期间，中国的能源消费量增长了 7 倍、粗钢 16.3 倍、铝 58 倍、铜 32.7 倍、钾盐 17 倍，一跃成为全球第一大矿产资源消费大国、生产大国和贸易大国（王安建等，2019）。2017 年，石油、天然气、钨、钴、金、银、铂族等 43 种矿产资源中有 32 种消费量居世界第一，产量世界第一的有 19 种，贸易量世界第一的有 12 种，25 种矿产对外依存度较高，其中石油、铀、铁、铜、镍、锂、钴等 15 种矿产对外依存度超过 50%（文博杰等，2019）。粗放式经济增长方式和能源不足的矛盾日益突出，使资源安全成为关系国家安全的重大战略问题。

能源的快速消耗也带来了严重的环境污染和生态问题。技术落后和产业结构不合理导致能源利用率低、消耗大、污染严重。目前，中国二氧化碳、二氧化硫等物质排放均居世界前列。[①] 空气污染、水污染、土壤污染已经开始危害人体的健康，成为社会公害。中国环境保护部发布的《2019 中国环境状况公报》显示，在全国 338 个地级以上城市中，有 265 个城市环境空气质量超标，占 78.4%。在对 480 个城市（区、县）开展的降水监测中，酸雨城市比例为 22.5%，类型总体仍为硫酸型，污染主要分布在长江以南、云贵高原以东地区。针对全国 423 条主要河流、62 座重点湖泊（水库）的 967 个国控地表水监测断面（点位）开展的水质监测显示，其

[①] 数据来源于美国荣鼎咨询（Rhodium Group）报告，2019 年中国温室气体排放占全球总排放量的 27%；美国占 11%；印度为 6.6%。中国位列第一，美国位列第二。网址：http://rhg.com/research/chinas-emissions-surpass-developed-countries/。

中 I ~ III 类、IV ~ V 类、劣 V 类水质断面分别占 64.5%、26.7%、8.8%。来自 5118 个地下水水质监测点的数据显示，水质为优良级的占 9.1%，良好级的占 25.0%，较好级的占 4.6%，较差级的占 42.5%，极差级的占 18.8%。

以高消耗、高污染、低收益为特征的传统工业的生产方式已经难以为继。2020 年 9 月，中国提出二氧化碳排放力争在 2030 年前达到峰值，努力争取 2060 年前实现碳中和的目标。2020 年 12 月的中央经济工作会议提出，要抓紧制订 2030 年前碳排放达峰行动方案，支持有条件的地方率先达峰。加快调整优化产业结构、能源结构，推动煤炭消费尽早达峰，大力发展新能源，加快建设全国用能权、碳排放权交易市场，完善能源消费双控制度。继续打好污染防治攻坚战，实现减污降碳协同效应。开展大规模国土绿化行动，提升生态系统碳汇能力。

中国是全球制造业第一大国，制造业成为碳排放的一个重要来源。钢铁、水泥、石化、建材等高耗能高排放产业发展空间将受到制约，必须由规模化粗放型发展快速转向精细化高质量发展，产业链价值链必将全面升级，传统产业中技术、工艺、装备、产品等创新升级的领先企业将得到更好的发展机遇和更强的市场竞争力。新能源、节能环保、高端制造、清洁生产等新兴产业凭借自身的低碳属性和高技术禀赋，将迎来新一轮快速发展。

2. 人口红利消退

归功于庞大的人口数量和劳动力供给，中国的制造业取得了迅猛发展。但随着经济的发展和人们思想观念的转变，中国出生人口数逐渐下降，导致以"民工荒"为标志的劳动力短缺现象的出现，依靠"人口红利"获得增长的制造业丧失了竞争优势。2009 年，中国出生人口数为 1615 万人，到 2019 年降为 1465 万人。预测数据显示，2020—2030 年中国人口自然增长率将持续下降，2030 年将降至 0.4‰（见图 1-4）。劳动年龄人口数逐年下降。[①] 2011 年，15~64 岁劳动年龄人口数为 100243 万人，占总人口比重为 74.4%。2019 年，16~59 周岁劳动年龄人口数降为 89640 万人，占总人口的比重为 64.0%。[②] 除劳动年龄人口下降之外，劳动力年龄结构分化也日益加剧。15~34 岁的年轻劳动力成为劳动年龄人口总量下降的主要部分，而 35~59 岁的中老年劳动力年龄人口逐渐增加[③]，60 岁以上老龄人口的数量也在不断增加，到 2019 年，60 岁及以上人口 25388 万人，占总人口的 18.1%，中国进入了重度老龄化发展阶段[④]。

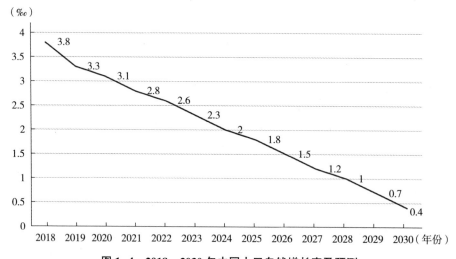

图 1-4　2018—2030 年中国人口自然增长率及预测

资料来源：产业信息网。

劳动力供给量的下降主要归因于农村剩余劳动力的减少和高校扩招。

---

① 数据来源于产业信息网 2019 年中国大陆出生人数、全国各省人口数量分析及 2020 年，中国城镇化人口数量、出生率、死亡率、人口自然增长预测。

② 2011 年和 2019 年统计口径不一致，2011 年为 15~64 周岁劳动年龄人口，2019 年为 16~59 周岁劳动年龄人口，数据均来自国家统计局。

③ 王越英. 适应人口年龄结构变化转变经济发展方式 [J]. 湖北经济学院学报（人文社会科学版），2015，12（10）.

④ 国家统计局. 中华人民共和国 2019 年国民经济和社会发展统计公报，2020。

自 1978 年开始实行家庭联产承包责任制后，农业生产积极性得以激发，劳动力剩余现象日益显现，为劳动力市场的供需平衡做出了巨大的贡献。但近几年来，农村剩余劳动力转移潜力日益枯竭。据统计，2010—2017 年，农村剩余劳动力数量年均下降 6.4% 左右。农村剩余劳动力数量增速下降使"民工荒"现象从沿海向内地蔓延，从季节性向常态化演变。此外，教育发展尤其是高校的扩招也在一定程度上影响劳动力供给。高校扩招为人们提供了接受高等教育的机会，加之生活水平的提高和"学而优则仕"的观念的影响，家庭对教育的支持力度越来越大，延缓了适龄青年人口进入劳动力市场的时间。多重因素的影响导致了劳动力供求关系的改变。

劳动力供给的减少必然会反映在劳动力价格上，表现为工资上涨、劳动力成本上升。这将会在很长时间内给以低成本劳动力为竞争优势的中国制造业的发展带来严峻的挑战。因此，为了应对劳动年龄人口下降和劳动力成本上升的问题，中国制造业必须转变发展方式，寻找一条新型发展道路。

3. 产业结构亟待转型升级

目前，中国制造业的发展取得了举世瞩目的成就，拥有全球最完整的产业体系和不断增强的科技创新能力，有力地推动了国家工业化和现代化进程，显著增强了综合国力，对中国成为世界大国形成了重要支撑。但中国制造业在发展过程中依然存在不足之处，具体表现为以下几点：

（1）产业结构不合理。长期以来，我国不断推动着产业结构的优化升级，并且取得了成效。数据显示，2019 年我国三次产业增加值分别为 7.1%、39%、53.9%。① 农业和制造业比重不断下降，服务业比重持续上升。然而，制造业占比下降速度过快，传统制造业占比较高，高技术制造业和战略性新兴产业占比较低的问题仍然存在。

―――――――――――――

① 国家统计局．中华人民共和国 2019 年国民经济和社会发展统计公报，2020.

（2）产品附加值低。在国家出台一系列措施力图振兴制造业的同时，中国制造业大而不强、附加值偏低等一系列问题已不容回避。贴牌生产的方式使中国企业处于全球价值链的低端（汪应洛和刘子晗，2013），并且主要集中于加工制造区段，处于研发、设计、标准、品牌、供应链管理等高价值区段的企业较少，生产的产品技术含量和附加值较低，并且大多集中于产能过剩领域，资源配置效率低。

（3）自主创新能力弱。推动传统制造业转型升级首先需要突破核心技术，提高自主创新能力。然而，我国制造业原始创新能力不足，基础前沿研究投入比例偏低，一些产业领域关键核心技术受制于人，创新体系整体效能不高，人才激励机制不健全等问题都在制约着我国经济的高质量发展。

（4）产业链供应链稳定性和竞争力较弱。尽管我国在全球产业链体系中的位势有了明显的提升，产业本地化的程度也在不断加强。但产业链不稳定、不强的问题仍然突出。

4. 从制造大国转向制造强国

制造业的发展是促进中国经济发展的内生动力，是实现中华民族伟大复兴的中国梦的最为坚实的保障和基础，同时也是实现中国"两个一百年"奋斗目标的客观需要。为加快推进制造业创新发展，全面提升中国制造业发展质量和水平，实现从制造大国向制造强国转变，中国根据现实国情发布了实施制造强国战略第一个十年的行动纲领《中国制造2025》（朱高峰和王迪，2017）。

《中国制造2025》指出，坚持走中国特色新型工业化道路，以促进制造业创新发展为主题，以提质增效为中心，以加快新一代信息技术与制造业深度融合为主线，以推进智能制造为主攻方向，以满足经济社会发展和国防建设对重大技术装备的需求为目标，强化工业基础能力，提高综合集成水平，完善多层次多类型人才培养体系，促进产业转型升级，培育有中国特色的制造文化，实现制造业由大变强的历史跨越。基本方针是：

（1）创新驱动。坚持把创新摆在制造业发展全局的核心位置，完善有利于创新的制度环境，推动跨领域、跨行业协同创新，突破一批重点领域关键共性技术，促进制造业数字化、网络化、智能化，走创新驱动的发展道路。

（2）质量为先。坚持把质量作为建设制造强国的生命线，强化企业质量主体责任，加强质量技术攻关、自主品牌培育。建设法规标准体系、质量监管体系、先进质量文化，营造诚信经营的市场环境，走以质取胜的发展道路。

（3）绿色发展。坚持把可持续发展作为建设制造强国的重要着力点，加强节能环保技术、工艺、装备的推广应用，全面推行清洁生产。发展循环经济，提高资源回收利用效率，构建绿色制造体系，走生态文明的发展道路。

（4）结构优化。坚持把结构调整作为建设制造强国的关键环节，大力发展先进制造业，改造提升传统产业，推动生产型制造向服务型制造转变。优化产业空间布局，培育一批具有核心竞争力的产业集群和企业群体，走提质增效的发展道路。

（5）人才为本。坚持把人才作为建设制造强国的根本，建立健全科学合理的选人、用人、育人机制，加快培养制造业发展急需的专业技术人才、经营管理人才、技能人才。营造大众创业、万众创新的氛围，建设一支素质优良、结构合理的制造业人才队伍，走人才引领的发展道路。

为了实现制造强国的战略目标，加快制造业转型升级，全面提高发展质量和核心竞争力，中国确定了九大制造业发展的重点和任务：①提高国家制造业创新能力；②推进信息化与工业化深度融合；③强化工业基础能力；④加强质量品牌建设；⑤全面推行绿色制造；⑥大力推动重点领域突破发展；⑦深入推进制造业结构调整；⑧积极发展服务型制造和生产性服务业；⑨提高制造业国际化发展水平。

《中国制造 2025》的目的在于通过在创新、"智"造等多方面的转变，使中国从制造大国迈入制造强国行列。其核心在于以创新为驱动力，提升制造业的内生效率，推动商业模式创新和业态创新，在生产组织方式上运用全球资源实现智能制造，在产品模式上实现智能产品服务系统，在商业模式上实现服务型制造（李刚和汪应洛，2017）。

5. 构建国内国际双循环相互促进的新发展格局

2020 年 5 月 14 日，习近平总书记主持召开中央政治局常委会会议并发表重要讲话。会议指出，要深化供给侧结构性改革，充分发挥我国超大规模市场优势和内需潜力，构建国内国际双循环相互促进的新发展格局。在 2020 年 7 月 30 日的中央政治局会议中，习总书记继续强调，加快形成以国内大循环为主体、国内国际双循环相互促进的新发展格局。推动形成以国内大循环为主体、国内国际双循环相互促进的新发展格局是以习近平同志为核心的党中央根据我国发展阶段、环境、条件变化做出的战略决策，是事关全局的系统性深层次变革。

构建国内国际双循环相互促进的新发展格局，是中国制造业转型升级的内在需要。中国在全球产业链中一直处于"世界工厂"的地位，附加值不高，品牌效应不强。要想实现从代工到研发、从模仿到创新、从"制造"到"智造"的转变，就必须坚定不移走高质量发展之路，着眼全球资源和市场，更好地利用国内国际的技术、人才、管理等各方面资源，全面提升国际竞争力。

构建国内国际双循环相互促进的新发展格局，需要坚持实施扩大内需战略，释放国内需求潜力。扩大内需既是增强国内大循环主体地位的内在要求，也是有效应对外需拉动作用减弱、把握发展主动权的战略举措。要坚持实施扩大内需战略，释放国内需求潜力，鼓励居民扩大消费，引导企业扩大投资，使发展更多依靠内需特别是消费需求的拉动。

构建国内国际双循环相互促进的新发展格局，需要推进产业基础高级化，提高产业链稳定性和竞争力。提高产业链稳定性和竞争力，是增强国内大循环主体地位、扩大在国际大循环中回旋空间的必然要求。在未来的发展中，应充分发挥已建立的规模优势和配套优势，利用部分领域和地区的先发优势，加快工业互联网建设，运用人工智能、大数据、物联网等改造传统产业，推进新一代信息技术与制造业深度融合，拓展生产可能性边界，提升制造业创新力和竞争力。另外，要下决心推动短板产品国产替代，支持国产化应用和进口替代，依托示范引领企业带动供应链本土化，拓展国内供应商，培育可替代的供应链。加快布局建设国家制造业创新中心，发展先进适用技术，强化共性技术供给，完善国内供应链体系（王一鸣，2020）。

总之，形成以国内大循环为主体、国内国际双循环相互促进的新发展格局不仅要注重需求侧改革，坚持实施扩大内需战略，释放内需潜力，发挥国内超大规模市场优势，畅通国内大循环，还要推进供给侧结构性改革，提升供给体系对内需的适配性，形成需求牵引供给、供给创造需求的更高水平动态平衡，促进国内国际双循环联动发展。

四、中国企业开展大规模定制的必要性

大规模定制对中国制造业的发展具有重要的意义。大规模定制作为一种新型生产模式，能够顺应全球制造业转型升级的趋势，促进中国制造业的优化升级。发展大规模定制的必要性主要体现在以下几方面：

（1）大规模定制是实现经济增长方式转变和推进传统产业改造升级的

重要手段。随着经济的发展，中国将逐渐丧失赖以发展的劳动力成本和资源优势，在现有的资源和环境约束下，已经无法支撑经济延续原有的增长方式，必须寻求可持续发展的道路。大规模定制的出现正顺应了中国经济发展方式转变以及产业改造升级的需要。大规模定制强调改进企业生产组织方式，合理配置资源，加大技术改造投入力度，推广先进制造技术和清洁生产方式，提高材料利用率和生产效率，降低能耗、减少污染物排放，有助于转变高成本、高消耗、低附加值的增长模式。因此，大规模定制在经济增长方式转变中发挥着至关重要的作用。

（2）大规模定制有助于实现资源整合，延伸制造业价值链。大规模定制要求制造企业打破地域、行业、所有制的限制，加强企业与客户、供应商、员工和环境的合作，从而可以根据客户的个性化需求，以大规模生产的低成本、高质量和效率优势提供定制产品和服务。通过构建大规模定制网络，制造企业和生产性服务企业建立紧密的战略联盟，有助于实现资源的集成，协同创造价值，实现合作共赢。

（3）大规模定制有助于企业实现"以产品为中心"向"以客户为中心"转型。随着现代市场竞争的加剧，企业之间的竞争开始转向基于时间的竞争和基于客户需求的竞争。为客户提供定制化的产品，全面提高客户的满意度，已经成为现代企业追求新的竞争优势的一种必然趋势。大规模定制结合了定制生产和大规模生产两种生产方式的优势，在满足客户个性化需求的同时，保持较低的生产成本和较短的交货提前期，推动着企业由"以产品为中心"向"以客户为中心"转型（邵晓峰等，2000）。

（4）大规模定制有助于增强制造业的竞争力。大规模定制作为一种新型生产模式，有助于制造企业在产品制造价值链的高端创造更多价值，实现由"制"造到"智"造的转变。通过大规模定制化生产的实现，制造企业能够集成分散的制造及服务资源，实现高效协同，延伸价值链，扩大企业增值空间，实现绿色生产，这都将增强制造业的竞争力。

第二章
大规模网络协同定制模式

一、大规模生产

1913 年春季，世界上第一条汽车流水装配线在美国福特汽车公司的工厂里出现，标志着大规模生产时代的到来。流水线的引入将生产一辆车的时间由 12 小时 8 分钟缩短至 1 小时 30 分，极大地降低了产品的生产成本。随着产品成本的下降，价格也随之下降，价格下降，能够买得起的人越来越多，销量随之增长，产量也因此而增加，这使产品的生产成本更低，价格再次下降，如此循环往复，形成良性循环。如表 2-1 所示，随着 T 型车价格的下降，销售量迅猛增加。1908 年，福特公司 T 型车的销售量仅为 5986 辆，但是当价格由 850 美元降至 360 美元时，销售量达到了 577036 辆。由于复杂或定制的产品会扰乱生产秩序，造成生产成本的提升，因此，良性循环的维持需要开发和制造标准化的产品。

表 2-1　1908—1916 年福特公司 T 型车生产规模和价格

年份	售价（美元）	销售量（辆）
1908	850	5986
1909	950	12292
1910	780	19293

年份	售价（美元）	销售量（辆）
1911	690	40402
1912	600	78611
1913	550	182809
1914	490	260720
1915	440	355276
1916	360	577036

资料来源：B. 约瑟夫·派恩. 大规模定制：企业竞争的新前沿［M］. 北京：中国人民大学出版社，2000.

从 19 世纪后半叶开始萌芽，到 20 世纪三四十年代广泛扩展，大规模生产模式成为"二战"后世界工业的主导模式，它对 20 世纪美国经济的迅猛发展贡献了突出的力量。除了个别企业的原型样机仍保留手工生产外，大规模生产已经成为美国制造商采用的唯一生产模式。大规模生产的原则如流水线生产、规模经济、产品标准化、专业化程度、以工作效率为中心以及以低成本和价格为目标等不仅被美国大型制造商所采用，银行和保险业等大型服务商也纷纷模仿套用。大规模生产带来了生产方式的一次伟大革命，它以规模经济、高效率、低成本为特征，显著地降低了采购成本，提高了生产效率，为人类创造"廉价"的物资以及丰富的物质生活做出了巨大贡献。

然而，进入 20 世纪 60 年代，生产者、消费者、市场、社会和技术发生了剧烈的变化，如社会动荡不安、社会富裕引起的社会经济阶段的分化、技术变革的加速、设备、汽车等耐用消费品的饱和以及高通货膨胀率等。这些变化不仅深刻影响着社会，也摧毁了大规模生产所希望的高效率、稳定性和调控能力，动摇了其赖以生存的基础。对于大规模生产商来说，在产品高度饱和以及经济剧烈波动的情况下，他们无法保持稳定的需求，控制原有统一的大市场，也就不能维持过去的生产效率，原本正常运行的生产系统被打破。

二、大规模定制模式的形成

大规模生产的基本原则是面向统一市场的标准化产品生产，只适用于生产相同规格的标准化产品，生产灵活性不够。而且，自 20 世纪 90 年代以来，竞争形势出现了新的特征，如产品生命周期缩短、全球化、精益生产、全面质量管理、组织扁平化、计算机集成制造、柔性制造系统以及快速响应等，需要一种新的生产模式来响应这一变化，大规模定制模式应运而生。

与大规模生产追求"人人都能买得起"的低价产品和服务不同，大规模定制的目标是开发、生产、销售和交付买得起的多样化和定制化的产品和服务，它希望人人都能买到自己想要的产品（见表 2-2）。大规模定制遵循一种新的逻辑，这种逻辑不需要稳定性和控制力。按照此种逻辑，当企业能够充分满足客户的个性化需求时，它会获得更多的销售额和利润，更多的利润和对客户需求的更深入理解将会促使企业提供更多定制化产品和服务，从而导致市场细分。在细分的市场上，提供定制化产品的企业比竞争对手更有优势，又可以进一步帮助企业满足客户需求，形成良性循环。

表 2-2　大规模生产模式和大规模定制模式比较

	大规模生产	大规模定制
焦点	通过稳定性和控制力取得高效率	通过灵活性和快速响应来实现多样化和定制化
目标	以几乎"人人买得起"的低价格开发、生产、销售、交付产品和服务	开发、生产、销售、交付买得起的产品和服务，这些产品和服务具有足够的多样性和定制化，几乎人人都能买到自己想要的产品

续表

	大规模生产	大规模定制
特征	➤ 稳定的市场 ➤ 统一的大市场 ➤ 低成本、质量稳定、标准化的产品和服务 ➤ 产品开发周期长 ➤ 产品生命周期长	➤ 分化的需求 ➤ 多元化的细分市场 ➤ 低成本、高质量、定制化的产品和服务 ➤ 产品开发周期短 ➤ 产品生命周期短

资料来源：B. 约瑟夫·派恩. 大规模定制：企业竞争的新前沿 [M]. 北京：中国人民大学出版社，2000.

　　大规模定制是两个长期竞争的生产模式的综合，其本质是个性化定制产品和服务的大规模生产。在大规模生产中，低成本是通过规模经济来实现的，即通过高产量和生产过程的高效率降低产品的单位成本。然而，在大规模定制中，低成本是通过范围经济来实现的，即应用单个工艺过程可以更便宜、更快速地生产多种产品和服务。企业经常兼顾上述两种模式，用标准化的零部件实现规模经济，零部件又可以按多种方式进一步组合，形成多种产品，实现范围经济。

　　在大规模定制模式的实现过程中，技术发挥了至关重要的作用，如柔性制造系统可以任意制造零件族的所有成员，在预先确定的多种范围内，制造零部件不会增加额外费用，从而建立起按需快速响应的制造系统；计算机集成制造可以将所有计算机控制的"自动化孤岛"连接起来，成为一个快速、敏捷、灵活、产量高且成本低的集成系统；虚实融合技术将虚拟设计和实体制造结合，打通了研发、制造的隔热墙。设计人员与客户可以在虚拟的环境中零距离交互创意和需求，客户创意无缝交互、设计过程透明可视，并在虚拟环境中快速设计、验证并回馈；数字化技术可以将整个工厂变成类似人脑的智能系统，自动与人交互，响应个性化定单，满足客户需求。

　　企业根据每个客户的需求大规模生产定制的产品和服务需要具备一定的产品、过程和管理技术。如何有效地利用现有的柔性技术建立快速响应的新过程和管理方法，如何利用员工固有的灵活性快速地开发和生产更符合客户个性化需求的产品和服务，是大规模定制的关键。正如《完美未来》的作者斯坦·戴维斯（Start Davis）所说："一般来说，与其竞争对手相比，一个企业在大规模基础上提供定制化产品的能力越强，获得竞争优势的可能性就越大。"

大规模定制的生产模式提出以后，被汽车、家电等大型制造商以及旅游、银行等服务业所采用。在汽车行业，丰田汽车公司的创始人丰田喜一郎在 1949 年经过 12 周的美国实地考察后发现，在 1930—1950 年间，大规模生产方式在根本上没有太大的改变，不停生产的设备和不停工作的员工带来的是存货的持续增加。于是，丰田喜一郎授权大野耐一借鉴美国经验，改造丰田生产线，丰田生产方式产生。丰田生产方式的核心是准时制生产，其基本思想是："只在需要的时候，按需要的量，生产所需的产品。"丰田生产方式通过研发和生产过程的调整，能很快开发出新车型并且可以频繁地迭代。另外，车型的多样性也在不断增加。据丰田统计，在 3 个月的时间内，共生产 36.4 万辆车，其中有 4 个车型，32100 种型号，平均同一种型号的产量是 11 辆，最多的是 17 辆，最少的仅有 6 辆。丰田汽车公司通过消除浪费以及不增值的环节来缩短时间。针对整个供应链的时间缩短对于大规模定制十分重要，也是丰田持续改进的主要部分。

在家电行业，海尔是全球较早提出从大规模生产向大规模定制转型的企业，率先打破了过去以企业为中心的大规模生产，建立起以用户为中心的大规模定制模式，并且成功构建了中国独创的首个具有自主知识产权的工业互联网平台卡奥斯 COSMOPlat。它不是一次性的硬件定制，也不是简单的定制交互，而是打通与用户交互的全流程节点，实现了从"定制交互"到"网器终身交互"的转变。用户不仅可以全流程参与产品设计研发、生产制造、物流配送、迭代升级等环节，还能通过"网器"与海尔的互联工厂联动，实现真正的"网器终身交互"，创造终身用户。图 2-1 展示了基于卡奥斯 COSMOPlat 的大规模定制示范线，这条示范线最大的特点在于：从与现场参观者交互到产品创意产生，再到个性化订单下达互联工厂，工厂自动匹配订单所需模块部件，完成产品的生产，最终将个性化定制家电交到参观者手中，整个过程仅需 3 分钟，并且全流程可视。

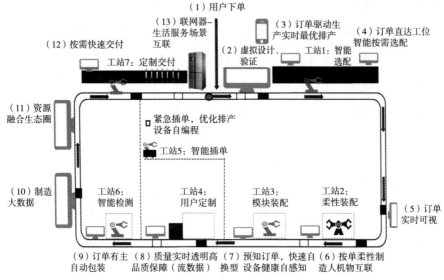

图 2-1 基于卡奥斯 COSMOPlat 的大规模定制示范线展示

在服装行业，传统的服装定制需要客户本人亲自到店测量，往往一件衣服需要不止一次的测量，费时费力，成本也高。位于威海的迪尚集团提出了"DDM（Digital Design Manufacturer）数字化设计制造"的模式。在 DDM 模式下，利用 3D 技术，客户只需一次的数据采集，之后便可足不出户，在线实现服装定制。除了衣服款式，衣服面料甚至小到纽扣等配饰，都可以在线选择，客户在线一键选择完毕，设计师会进行"量身定制"。为达到单件成品制衣满足客户需求的目的，迪尚集团除了注重提升缝纫技术外，还运用智能化设备更高效地满足客户的下单需求。通过智能化裁床设备，代替传统手工裁剪，尺寸更贴合客户需求，客户在下单后第二天即可拿到成品制衣，省时省力。迪尚集团还打造了大规模定制网络化协同制造平台，集交互设计、定制中心、面辅料交易中心、需求发布、解决方案中心、应用市场以及增值服务于一体，更方便快捷地满足客户的个性化需求（见图2-2）。

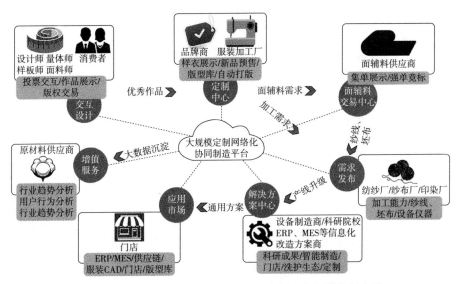

图2-2 以用户体验感知为特征的迪尚集团大规模定制应用

在旅游行业，随着客户消费观念的转变，常规的跟团游、自由行产品已经难以满足客户的需求，定制旅游行业随之迎来爆炸式发展。携程旗下的顶级旅游品牌鸿鹄逸游推出两种定制方式：个性定制和弹性定制。个性定制即通过客服、项目经理和助理，完全根据客户需求进行定制；弹性定制是客户可以在标准主题产品基础上定制内容和天数，从而实现规模化。鸿鹄逸游的首席运营官也指出旅行社的未来是大规模定制旅游。

目前，很多企业已经或正在转向大规模定制模式，以低成本、高质量的方式向客户提供多品种、定制化的产品。大规模定制正逐步地被世界各国所接受，它既有理由也有优势替代大规模生产成为引导潮流的新型生产方式。

三、大规模定制的概念和内涵

1. 大规模定制概念的产生和发展

1970 年，美国未来学家阿尔文·托夫（Alvin Toffler）在《未来的冲击》一书中提出了一种全新的生产方式的设想：未来将以标准化和大规模生产的成本和时间，为客户提供满足个性需求的产品和服务。

1987 年，斯坦·戴维斯（Start Davis）在《完美未来》一书中首次提出大规模定制的概念。他认为大规模定制是一种可以通过高度灵敏、柔性和集成的过程，为每个客户提供个性化设计的产品和服务，来表达一种在不牺牲规模经济的情况下，以单件产品的制造方法满足客户个性需求的生产模式（周晓东等，2003）。

1993 年，B. 约瑟夫·派恩（B Joseph Pine Ⅱ）在《大规模定制：企业竞争的新前沿》中通过大量事例论证了大规模定制的生产模式，并且指出大规模定制的核心是在不增加成本的前提下提高产品品种的多样化和定制化程度，从而为企业提供战略优势和经济价值（Pine et al.，1993）。

我国学者邵晓峰认为，大规模定制是把大规模生产和定制生产两种生产模式的优势有机地结合起来，在不牺牲企业经济效益的前提下，满足客户个性化的需要。其基本思想在于通过产品结构和制造过程的重组，运用现代信息技术、新材料技术、柔性制造技术等一系列高新技术，把产品的定制生产问题全部或者部分转化为批量生产，以大规模生产的成本和速度，为单个客户或小批量多品种的市场定制任意数量的产品（邵晓峰等，2001）。

综上所述，大规模定制是指企业以与非定制产品相当的成本，快速地大规模生产定制化的产品与服务，从而为客户提供最佳体验和创造最大价值。

2. 大规模定制的特征

大规模定制的特征包括以客户需求为导向、以模块化设计为基础、以快速响应为标志、以信息技术和柔性制造技术为支持。

（1）以客户需求为导向。大规模生产时代，企业的生产方式为先生产后销售，即面向库存的制造方式，通过大量的生产同质化产品，提高生产效率，降低生产成本，从而实现企业利润率的增长。随着产品种类的日益丰富，出现了供过于求的现象。市场环境由卖方市场转为买方市场，客户有了更大的权利去选择自己喜欢的产品和服务。企业要想在激烈的市场竞争中获利，需要最大限度地满足客户的个性化需求。"你可以选择你想要的任何颜色，只要它是黑色"，亨利·福特的这句名言已不再适用于当今的市场。大规模定制采用面向订单的制造方式，将大规模生产和个性化定制结合起来，在满足客户个性化需求的同时满足企业利润最大化的目标。在大规模定制模式下，客户需求始终占据着企业设计、研发、生产等环节的核心位置。因为只有充分满足客户需求，才能实现企业利润最大化。

（2）以模块化设计为基础。产品结构和流程的模块化是大规模定制的基础，也是产品开发的关键。为了转向大规模定制的模式，需要将产品模块化，将企业转向模块化的企业。模块化产品的特点是通过对产品族的分析，把其中相同或相似的功能单元分离出来，成为一系列标准化的模块，然后用不同模块的组合构成多样化的产品（童时中，2005）。产品和流程的模块化一方面可以大幅度地提升产品设计的效率，便于企业根据客户的个性化需求快速地生产产品；另一方面产品和流程的模块化是企业实现有效持续的产品设计、研发和生产、快速迭代的重要手段。通过不同模块的快速装配、组合，就能产出不同的个性化产品，大大缩短了产品的生命周期并降低了生产成本。

（3）以快速响应为标志。面对瞬息万变的市场环境，企业能否快速、及时地根据市场变化做出反应是决定其竞争力的关键因素。大规模定制的核心思想就在于及时地为客户提供高质量、低成本的个性化产品，从而掌握市场竞争的主动权。当客户提出个性化需求时，企业以最快的速度制订生产计划，投入制造，最终将生产的产品或服务交付到客户手中（周玉杰，2012），从而为企业赢得竞争优势。

（4）以信息技术和柔性制造技术为支持。在大规模定制模式下，企业需要及时地获取客户个性化和多样化的需求，这需要企业各部门之间以及与外部供应链合作伙伴相互合作以设计、生产和配送产品和服务，从而实现快速响应客户需求（Liu et al.，2012）。此时，企业各部门之间，外部供应商、销售商以及第三方物流之间的信息共享是快速响应客户需求的关键。而信息技术的应用能够为企业收集高效、准确的需求信息、产品信息、市场信息、物流信息、生产信息、服务信息，为实现企业及供应链上下游合作伙伴的并行产品设计和生产提供重要的保障。个性化和多样化的产品和服务对企业的生产制造能力提出了更高的要求。传统的刚性生产线是专门为一种产品设计的，不能满足多样化和个性化的制造要求。大规模定制要求企业具备柔性的生产制造能力，它主要通过企业柔性制造系统与网络化制造的有效整合来构筑并且提升。柔性制造技术能根据加工任务或生产环境的变化迅速进行调整，适宜于多品种、中小批量生产。在信息技术和柔性制造技术的支持下，企业才能迅速向客户提供低成本、高质量的定制产品和服务。

3. 大规模定制的分类

对于大规模定制可以从多个视角进行分类，我们主要从两个视角讨论大规模定制的分类：一是基于定制特征的视角，二是基于营销的视角。

（1）基于定制特征的分类。采用大规模定制生产模式的企业并不是在所有的环节都按照客户需求定制生产。大多数企业采用的是大规模生产和定制生产混合的模式。企业会按照市场预测进行大规模生产，当接到客户的个性化订单时，会在库存原材料或预制模块化的基础上进行定制生产。因此，在生产过程中存在客户订单分离点（Customer Order Decoupling Point，CODP），CODP 是指企业生产活动中由基于预测的库存生产转向响应客户需求的定制生产的转换点（祁国宁等，2000）。

按照 CODP 在企业生产过程中位置的不同，可以将大规模定制分为按订单销售（Sale-to-Order，STO），按订单装配（Assemble-to-Order，ATO），按订单制造（Make-to-Order，MTO），按订单设计（Engineer-to-Order，ETO）四类（见图 2-3）。按订单销售又称为库存生产，这是一种大规模生产方式。在这种生产方式中，CODP 在配送或销售活动处，只有销售活动是由客户需求驱动的。按订单装配是指企业在接到客户的订单后，将零部件进行装配提供给客户的生产方式，如模块化的汽车。在这种生产方式中，CODP 在装配活动处，装配及其下游的活动是由客户需求驱动的。按订单制造是指在接到客户的订单后，在已有零部件的基础上进行变型设计、制造和装配，最终向客户提供定制产品的生产方式，如机械产品。在这种生产方式中，CODP 在制造活动处，变型设计及其下游的活动是由客户驱动的。按订单设计是指按照客户定单中的个性化需求，重新设计能满足个性化需求的新零部件或产品，在此基础上，向客户提供定制产品的生产方式。在这种生产方式中，CODP 在设计活动处，设计及其下游的活动是由客户驱动的（汪旭晖，2007）。

（2）基于营销视角的分类。基于市场营销的角度可以将大规模定制分为四类：合作定制、适应定制、装饰定制和透明定制。

合作定制（Collaborative customization）指的是企业与每个客户进行对话和交流，帮助他们确定自己的需求，并且提供能够满足这些需求的产品

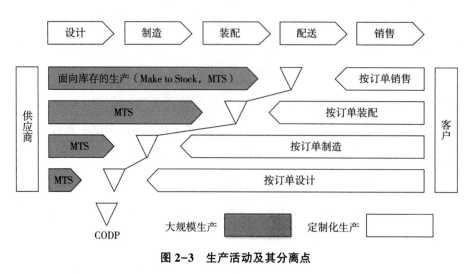

图 2-3　生产活动及其分离点

资料来源：但斌. 大规模定制：打造 21 世纪企业核心竞争力 [M]. 北京：科学出版社，2004.

和服务。在合作定制中，客户承担合作者的角色，参与定制产品和服务的设计，即客户的产品由自己设计。适应定制（Adaptive customization）指的是为客户提供标准化但却是可定制的产品，客户可以在使用该产品时选择不同的用途。适应定制是将客户在不同场合中的不同用途集合在一个产品中，从而保证了客户在使用时通过选择产品提供的定制功能获得定制效果。比如，微软公司的客户可以在使用过程中按照自己的需求定制 Office 软件的桌面快捷按钮。装饰定制（Cosmetic customization）指的是将标准化的产品和服务以不同的形式呈现给客户。当客户对于产品用途的需求一致而仅仅是呈现形式不一致的情况下，企业可以采用装饰定制的方式将标准化的产品特别包装给客户。比如，Planters 公司会根据沃尔玛、7-11 便利店和西夫韦等零售商对坚果的不同需求，采用不同的分量包装和标签包装。透明定制（Transparent customization）指的是将个性化定制的产品和服务提供给客户，但并不让他们明显地知道这些产品和服务是为了他们定制的。透明定制适用于客户的个性化需求比较容易识别，而客户不想重复地陈述其需求时。企业通过观察而不是交流的方式了解客户的需求，然后采用标准化的包装提供给客户定制化的产品（但斌，2004）。

如图 2-4 所示，在合作定制中，产品以及表现形式都将发生变化，企业需要与客户及时沟通，快速满足其需求；在适应定制中，产品及其表现形式都不会发生变化，企业需要开发出集成多样性客户需求的产品；在装饰定制中，表现形式改变而产品不变；在透明定制中，产品改变而表现形式不变。

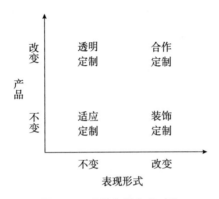

图 2-4　四种定制方式对比

资料来源：但斌．大规模定制：打造 21 世纪企业核心竞争力［M］．北京：科学出版社，2004.

四、大规模定制与其他生产模式的比较

（1）大规模生产。亨利·福特（Henry Ford）开发了一种单品种、大批量的生产方式来提高生产效率、降低成本，这种生产方式即大规模生产揭开了现代化流水生产线的序幕，引起了制造业的一次根本变革。

为了达到高效、低价的目的，福特认为要将生产集中于唯一的、最佳的产品型号，并且提出了"单一产品原则"。在"单一产品原则"的影响下，福特公司在 20 年间连续生产 T 型车，从而奠定了现代流水生产线的基础。尽管这一原则在当今的市场上已经不再适用，但在当时的经济条件和市场环境下适应了美国市场，为福特汽车带来了巨大的收益。

大规模生产方式不仅继承了美国制造系统中的部件互换、专用设备和工具、劳动分工等特性，还继承了流水线生产、低成本和低价格、规模经济、零部件标准化、产品标准化、专业化程度高等特性。这种生产方式极大地提高了效率，满足了市场对产品产量的高需求。

在大规模生产出现后的几年里，以汽车、家具为代表的制造业大多采用大规模生产方式，它对社会发展起到了巨大的推动作用。

（2）精益生产。精益生产是日本丰田公司为了降低成本、减少浪费开创的多变化、小批量的生产方式。它指的是在整个供应链网络中，尽力消除生产中一切不增值的活动，从而实现以最小化资源来完成生产活动的目标。与传统的生产方式不同，精益生产的特色在于多品种、小批量（Stimec & Grima，2019）。

精益生产主要包括三个要素：准时制（Just In TIME，JIT）、全面质量管理（Total Quality Management，TQM）、全面生产维护（Total Productive Maintenance，TPM）。准时制是精益生产的核心，它是指通过在正确的时间、正确的地点提供正确的零件，实现在生产活动中消除所有资源浪费的目标。准时制中很重要的一点是拉动式生产，即"后一道工序去前一道工序取工件"，要求工人们及时负责地生产高质量的零件以支持下一个生产过程。由于采用拉动式生产，生产中的计划与调度实质上是由各个生产单元自己完成。虽然在形式上不采用集中计划，但操作过程中生产单元之间的协调是十分必要的（周武静等，2012）。全面质量管理是指通过持续改进，保证企业产品质量和生产流程的稳定的全部生产活动。全面质量管理强调质量是生产出来的而不是检验出来的，由生产中的质量管理来保证最终质量。生产过程中对质量的检验与控制在每一道工序都进行。重在培养每位员工的质量意识，在每一道工序进行时注意质量的检测与控制，保证及时发现质量问题。对于出现的质量问题，一般是组织相关的技术与生产人员作为一个小组，一起协作，尽快解决（文东华等，2014）。全面生产维护指以提高设备效率为目的，以全系统的预防维修为过程，以全体人员参与为基础的设备保养和维修管理体系。全面生产维护具有八大支柱；分别是：环境改善、个别改善、自主保全、专业保全、初期改善、品质改善人才培养和事务改善。

（3）敏捷制造。敏捷制造是指制造企业采用现代信息技术，通过快速配置各种资源（包括技术、管理和人力），以有效和协调的方式响应客户需求，实现制造的敏捷性（Gunasekaran et al.，2019）。其核心思想在于通过企业间资源的快速优化配置达到快速响应市场的目的。敏捷制造的特征是在全球化市场中以最短的交货期和更经济的方式，按照用户需求生产出用户满意的产品（孙新波和苏钟海，2018）。

敏捷制造主要遵循以下几个原则：市场敏捷性原则、虚拟性原则、过程集成化原则和网络化原则。市场敏捷性原则指企业能够从最终市场获取信息并且迅速响应。信息技术的发展让信息的即时共享成为现实，企业需要做的是迅速辨别，提取有效信息并且迅速响应。虚拟性原则指企业通过信息技术手段与其他企业形成暂时性网络动态联盟，一旦达到目的，联盟自动解散。过程集成化原则指企业要想适应多变的市场环境就需要与其他企业进行合作，通过资源的外向配置，与合作伙伴共担风险，从而提高企业柔性。网络化原则指企业与合作伙伴之间是一种相互依存的关系，而这种依存关系的实现主要依靠网络手段。

精益生产和敏捷制造之间既有联系，又有区别。两者的共同之处在于：第一，两者都追求产品质量；第二，两者都追求交货期最小化；第三，两者都追求业务流程的改造。

精益生产和敏捷制造的不同之处在于：第一，管理驱动的动机不同，精益生产的驱动动机是成本，而敏捷制造的驱动动机是增强产品对客户的响应性。第二，适用市场条件和产品特性不同，精益生产要求市场对产品的需求具有平稳性,即所需产品种类不多,生命周期长,市场需求稳定并且可以预测;而敏捷制造适用于需求不断变化的新产品市场,产品种类多,生命周期短,市场需求难以预测。第三,流程改进的手段不同,精益生产的流程改造主要是通过简化产品结构,提高设备柔性,简化生产单元和组织结构来实现的;而敏捷制造则强调人力资源、技术和组织管理的集成,着重于企业间的资源组合(李静芳,2005)。

(4)即时顾客化定制。手工生产时期,顾客化定制得以实现,但是成本高、订货提前期长、质量低等问题难以解决。按照福特提出的"单一产品原则",大规模生产能够实现低成本和即时交付,但是只能为顾客提供单一标准化的产品,定制也难以实现。精益生产能够实现比大规模生产更低的价格和更高的质量,并且能够为顾客提供多种产品以供选择,但是定制依然难以实现。大规模定制能够以大规模生产的价格实现定制,但是不能实现顾客化定制和即时交付。现在需要寻找一种新的生产方式,能够同时实现低成本、高质量、顾客化定制和即时交付,这种生产方式就是即时顾客化定制。即时顾客化定制是两个"极限"的结合,顾客对产品和服务本身追求的"极限"是"顾客化定制",顾客对产品和服务交付时间追求的"极限"是"即时"。

在数字化时代,仅仅强调更快是不够的。即时顾客化定制强调零时间,零时间是对顾客需求响应时间的极限,是基于时间竞争的最高目标。为了实现零时间,企业必须突破过去内部组织之间的界限,突破外部边界的隔阂,在顾客提出具体要求之前生产出顾客所需要的产品,在顾客需要时响应顾客,即企业应该学会在负时间内行动,在零时间内响应顾客(陈荣秋,2006)。

(5)大规模定制与其他生产模式的比较。表2-3是大规模生产、精益生产、敏捷制造、大规模定制以及即时顾客化定制五种模式的比较。为了适应多变的市场以及在激烈的竞争中赢得竞争优势,企业从单一化、标准化的大规模生产转变为多品种、小批量、消除浪费的精益生产。从消除浪费的精益生产转变为调动企业内外部资源、快速响应客户需求的敏捷制造。从快速响应的敏捷制造转变为同时满足低成本、高质量、快速响应的大规模定制。最后，从大规模定制转变为即时为顾客提供定制产品和服务的即时顾客化定制。

表 2-3　大规模定制与其他生产模式的比较

	大规模生产	精益生产	敏捷制造	大规模定制	即时顾客化定制
市场扰动程度	低	较低	高	较高	非常高
产品特性	标准产品、产品生命周期长	多品种的常规产品、产品生命周期较长	新产品、技术含量较高、产品生命周期短	改装后常规产品和新产品、产品生命周期短	个性化的产品、产品生命周期非常短
产品专业化程度	单品种、大批量	多品种、小批量	多品种、批量不确定	多品种、大批量	品种多样、单件
满足需求方式	按库存生产	按库存生产	按库存生产和订单生产	按订单生产	按订单生产
实施方法	流水线保证高效率	JIT、看板管理、"U"形制造单元、成组技术	模块化、协同商务、与其他企业形成动态联盟	模块化、延迟制造	个性化需求预测、模块化、负时间运作
企业中的地位	生产运作层	战术层	战略层	战略层	战略层
企业目标	低成本、高效率	减少浪费	快速响应客户	低成本的满足个性需求	即时满足个性需求
与供应商的关系	交易关系	合作关系	动态联盟	伙伴关系	动态联盟

资料来源：李静芳. 精益生产、敏捷制造、大规模定制和即时顾客化定制比较研究［J］. 经济与管理，2005，19（8）：61-64.

五、实现大规模定制的方法

为了确保企业由大规模生产转向大规模定制，Pine 提出了五种方法：围绕标准化的产品和服务来定制服务、创建可定制的产品和服务、提供交货点定制、提供整个价值链的快速响应、构建模块化以定制最终产品和服务。

（1）围绕标准化的产品和服务来定制服务。标准化的产品被交付到客户手中之前，仍然是可以被定制的。由于它是在企业价值链的最后两个环节销售和交付完成，不会影响开发和生产，因此这种方法是最简单、最常用的方法（见图 2-5）。在销售过程中，企业可以改变产品的特征，与其他产品组合在一起，并提供定制化服务，以满足每一个客户的个性化需求。以航空公司为例，客户可以预约和使用大规模生产的相同服务，如飞机座位；同时，客户也可以定制自己喜欢的空中服务，如电影、杂志、食品以及饮料等。

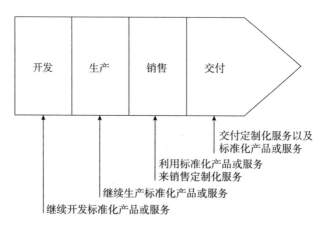

图 2-5 围绕标准化的产品和服务来定制服务的价值链变化

资料来源：B. 约瑟夫·派恩. 大规模定制：企业竞争的新前沿［M］. 北京：中国人民大学出版社，2000.

（2）创建可定制的产品和服务。与在交付时定制产品不同，创建可定制的产品和服务是在开发阶段建立大规模生产的产品或服务，但每一个产品又可以根据客户的需求进行定制，即所有产品都是标准化并大规模生产的，然而所有产品又可以靠本身的特性对个性化客户的需求进行定制（见图2-6）。为此，企业需要整合用户与供应商协同设计与开发，实现端到端的产销协同。以办公椅为例，因为椅子的特性会影响舒适度和灵敏性，甚至会影响健康，家具制造商已经生产出可自动调节的办公椅，办公椅本身是标准化产品，但是客户在购买后可以通过六个方面：靠背高度、扶手高度、椅腿高度、靠背倾角、座位倾角以及扶手宽度进行调整，以满足个性化需求。

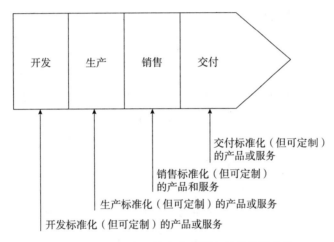

图 2-6　创建可定制的产品和服务的价值链变化

资料来源：B. 约瑟夫·派恩. 大规模定制：企业竞争的新前沿［M］. 北京：中国人民大学出版社，2000.

（3）提供交货点定制。若想了解并满足客户的真正需求，最有效的方法是在销售点让客户亲自说出自己的真实想法并且在交货点生产产品，即在销售时完成最后的定制生产工序（见图2-7）。例如，T恤衫是标准的非定制产品，但是客户可以购买可即时定制的T恤衫，然后在交货点选择定制方式，如通过印刷文字、翻印图片和计算机刺绣等完成定制过程。

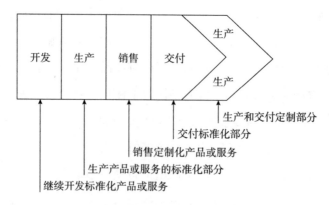

图 2-7　提供交货点定制的价值链变化

资料来源：B. 约瑟夫·派恩. 大规模定制：企业竞争的新前沿［M］. 北京：中国人民大学出版社，2000.

（4）实现整个价值链的快速响应。快速响应客户需求是推动企业向大规模定制转型的重要手段。交付过程的快速响应会产生一系列连锁反应，从交付点开始反过来依次作用于销售、生产过程，甚至是开发过程（见图 2-8）。快速响应就是在合适的地点、合适的时间用合适的价格提供合适的产品，即在"谁、什么、哪里、什么时间、为什么"五个方面进行变化。为了实现整个价值链的快速响应，企业需要打造互联互通的工厂，用

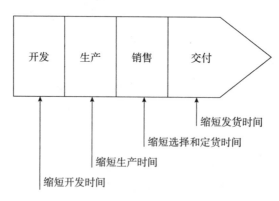

图 2-8　实现快速响应的价值链变化

资料来源：B. 约瑟夫·派恩. 大规模定制：企业竞争的新前沿［M］. 北京：中国人民大学出版社，2000.

户定单瞬间到达每一个机台、每一个供应商，实现全环节互联互通。同时，用户对各环节的进展实时可视、可追踪，并对各环节任务完成进行评价打分，产品到用户家中后持续迭代，实现全流程围绕用户体验的闭环优化。

（5）构建模块化以定制产品和服务。实现大规模定制的最好方法是建立能配置成多种最终产品和服务的模块化组件，其中，规模经济是通过组件而不是产品获得的，范围经济是通过在不同产品中反复使用模块化组件获得的（见图2-9）。以海尔冰箱为例，海尔将冰箱的300多个零件归纳为23个模块，通过模块可以组合出452种产品满足客户需求。通过标准化零部件实现的定制化不仅增加了产品的多样性，而且降低了生产成本。同时，海尔将供应商整合进来，由一级模块供应商管理二、三级模块供应商，形成一套生态圈，缩减了整个产品的加工深度，提升了市场响应速度。

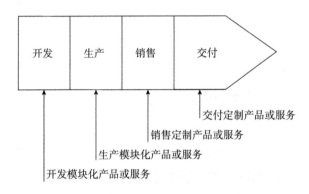

图2-9　模块化组件给价值链带来的变化

资料来源：B. 约瑟夫·派恩. 大规模定制：企业竞争的新前沿 [M]. 北京：中国人民大学出版社，2000.

总之，企业实施上述五种方法以实现大规模定制需要以客户需求为中心，构建跨行业/跨领域/跨企业的开放式资源聚合体系和数据驱动的全要素、全流程、全生命周期的端到端集成的信息物理融合生态系统。从客户需求开始到接受产品订单、寻求合作生产、模块采购、协同进行产品设计、生产组装和物流配送，全部环节都通过互联网连接起来并进行实时通信，从而确保最终产品满足用户的个性化定制需求和低成本、高效率的大规模生产制造（见图 2-10）。

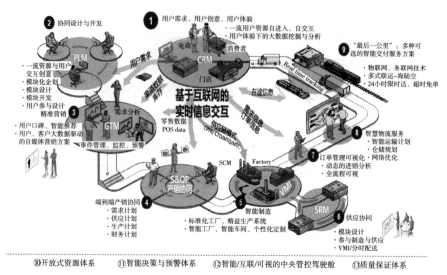

图 2-10　基于网络协同的大规模定制

六、大规模定制能力的研究现状

1. 大规模定制能力的维度划分

大规模定制能力指的是能够大批量可靠地生产定制产品和服务，而无须在成本、交付或质量上进行权衡的能力（Huang et al.，2008）。自大规模定制能力的概念提出以来，学者对其维度划分及影响因素进行了大量的研究。

大规模定制能力是一个内涵复杂的概念，对其进行维度细分有助于深入理解不同维度大规模定制能力在影响因素方面的差异，从而帮助企业意识到要有针对性地采取措施来提升大规模定制能力。现有文献大多基于实践观对大规模定制进行分类。例如，Gilmore 和 Pine（1997）结合对实际案例的描述说明识别出大规模定制的四种类型：合作型（与客户建立对话共同进行产品设计），适应型（提供标准化生产但使用过程可定制化的产品），装饰型（提供标准化生产但包装可定制化的产品）和透明型（产品可以根据个人需求进行调整）。从效益的角度来看，Tu 等（2001）将大规模定制分为三个维度：成本效益、体积效益和响应性。此外，Theilmann 和 Hukauf（2014）根据定制程度将大规模定制划分为半定制（生产者主导）和全定制（消费者主导）。邵晓峰等（2001）根据定制活动出现在生产过程中的节点的不同将大规模定制分为设计定制、制造定制、装配定制和销售定制四种类型。同样从产品生命周期的角度出发，客户订单分离点的移动被认为是划分大规模定制类型的关键，有学者提出不同类型的大规模定制其实是不同程度的定制化和模块化（标准化）组合的表现（祁国宁和杨青海，2004）。企业需要综合考虑产品特性、市场定位、面向客户群等因素来制定合适的大规模定制策略。

目前，关于大规模定制能力的研究正处于起步阶段，对其维度划分尚处于探索之中。一部分研究通过理论分析识别出大规模定制能力可能包含的多个维度。例如，有些学者提出大规模定制系统应该包含三种关键能力：启发配置能力、柔性制造能力和后勤服务能力（Mai et al.，2016）。还有学者聚焦客户视角，将基于服务的大规模定制战略划分为共同制造、共同构建、共同设计以及共同配置四种组态（Pallant et al.，2020）。而在实证研究中，将大规模定制能力视为多维度概念的分析见解还较少，已构建开发的测量量表大多将大规模定制能力作为单一维度变量进行衡量（Huang et al.，2008；Tu et al.，2001）。随着研究的发展，服务模块对制造企业提升竞争优势的重要性越来越受到关注，定制服务成为实现增值的一个关键途径（Sjodin et al.，2016），但目前研究依然聚焦于产品层面的大规模定制。在当前数字化发展战略背景下，数字技术持续不断的迭代更新为制造企业的服务创新提供了更大的可能性（Bask et al.，2011；Tao & Qi，

2017），也有越来越多的企业开始致力于产品与服务相结合的大规模定制。例如，劳斯莱斯、IBM、通用电气等公司都提升了在服务收入方面的份额，逐步由制造商转变为以客户问题为导向制订整体解决方案的服务提供商（Vilkas et al., 2019）。国内制造企业如陕鼓、宝钢、海尔等，也在不断探索通过大规模定制的方法实现"产品+服务"的制造方案，以更好地满足客户日益增长的个性化需求（罗建强和王嘉琳，2014）。服务在传统制造业务中的融入不断增强，制造企业对面向服务的大规模定制的研究的需求也将加大（闫开宁和李刚，2018）。经济合作与发展组织（Organization for Economic Co-operation and Development，OECD）的一份报告也显示，在衡量增值产品贸易时，全球近70%的贸易与服务有关（Qi et al., 2020）。基于上述分析，本书基于定制对象，将大规模定制能力划分为面向产品的大规模定制能力和面向服务的大规模定制能力两个维度。

2. 大规模定制能力的影响因素

大规模定制能力的影响因素研究是学术界与管理实践者重点关注的内容。学者基于不同的研究视角提出并检验了许多大规模定制能力的促成因素。本书汇总了近十年发表在战略、运营、供应链、市场营销、工业制造等管理领域的国内外顶级期刊上的与大规模定制能力前因相关的实证研究，研究内容概要如表2-4所示。

表2-4　大规模定制能力的影响因素研究

作者	理论视角	因变量	自变量	中介变量	调节变量
Huang 等（2010）	权变视角	大规模定制能力	扁平化、分权程度、多功能员工	—	定制程度
Peng 等（2011）	组织信息处理理论	大规模定制能力	新产品设计、制造、供应商合作信息技术	产品设计模块化、配置技术	—

续表

作者	理论视角	因变量	自变量	中介变量	调节变量
Liu 和 Deitz (2011)	服务主导逻辑理论	大规模定制	供应链计划	供应链提前期的缩减、聚焦客户	—
Liu 等 (2012)	组织信息处理理论、资源基础观	运营绩效、客户满意度	职能部门整合	大规模定制	—
Lai 等 (2012)	扩展的资源基础观	大规模定制能力	内部整合	客户、供应商整合	需求不确定、竞争强度
Trentin 等 (2012)	组织信息处理理论	大规模定制能力	独立任务、环境管理、企业范围信息系统的使用、横向关系的使用	—	—
陈凌峰等 (2013)	动态能力观	大规模定制能力	客户学习、供应商学习	定制知识应用、业务流程改进	—
Jitpaiboon 等 (2013)	服务主导逻辑理论	企业绩效	信息技术使用	客户、供应商整合，运营绩效，大规模定制	—
Kortmann 等 (2014)	动态能力观、双元理论	运营效率	战略柔性	大规模定制能力、创新双元性	—
Zhang 等 (2014)	—	大规模定制能力	组织扁平化	协调、产品模块化	—
Zhang 等 (2015)	—	大规模定制能力	从客户、供应商处获取知识	知识同化、知识应用	—
Salvador 等 (2015)	结构权变理论	大规模定制能力	柔性制造资源禀赋、客户参与、产品管理工具	—	三个关键变量互为调节
Wang 等 (2016b)	—	交付速度	标准化、创新、二者交互项	大规模定制能力	—
周文辉等 (2016)	价值共创视角	大规模定制	不同阶段面临的内部和外部诱因	价值共创过程	—

续表

作者	理论视角	因变量	自变量	中介变量	调节变量
吴义爽等 （2016）	"互联网+" 视角	基于"互联网+" 的大规模智能 定制	同质化解构、标 准化生产、个性 化加总的"三 化"机制	—	
Tang 等 （2017）	组织信息处理 理论、社会— 技术系统理论	大规模定制 能力	产品模块化	—	信息系统能力、 多功能员工、 团队工作、组 织结构扁平化
Sandrin 等 （2018）	战略人力资源 管理研究中的 权变组态视角	大规模定制能力	员工的权力、信 息、奖励、知识 高参与及匹配	—	产品定制 程度
周文辉等 （2018）	流程视角	大规模定制	数字化赋能	—	
张明超等 （2018）	供应链双元性 视角	大规模智能 定制	数据驱动	供应链双元性	
陈凌峰和 赵剑冬 （2018）	供应链协作视角	大规模定制 能力	供应商、客户 协作	产品模块化	
Liu 等 （2018）	资源基础观、 动态能力观	企业绩效	吸收能力 （知识获取、 同化、利用）	创新、大规 模定制能力	
Trentin 等 （2019）	个人能力视角	大规模定 制能力	运营经理的 个人能力	—	
Zhang 等 （2020）	资源基础观	客户关系 管理绩效	大数据分析 智能的同化	大规模定制 能力	营销能力
Wu 等 （2020）	资源依赖理论、 组织信息处理 理论、3D 现代 工业理论	大规模定制 能力	运营协调、 延迟策略	信息共享、产品 模块化设计、流 程模块化设计、 供应商细分	—
Sheng 等 （2020）	商业伦理 视角	运营绩效、市场 绩效、环境绩 效、经济绩效	工具性动机、 关系型动机、 道德性动机	面向产品、 面向服务的 大规模定制 能力	

续表

作者	理论视角	因变量	自变量	中介变量	调节变量
Qi 等（2020）	资源基础观	服务化	精益生产实践、柔性生产实践	大规模定制能力、产品创新能力	—
Liu 等（2020）	—	服装制造的大规模定制	技术因素、供应链管理因素	—	—
Cannas 等（2020）	—	产品配置器实施	项目实施前、中、后三个阶段的挑战和应对措施	—	—
Liu 等（2021）	能力的层次结构理论	大规模定制能力	技术基础、社会基础	运营创新能力	—

第三章

大规模定制能力对企业
绩效的作用机理

一、大规模定制能力的价值内涵

当前，全球制造业正加速进入大规模定制生产阶段。作为一种以客户为中心的战略，大规模定制强调了以提高供应链柔性和响应能力，来应对快速更迭的信息技术和大量释放的客户需求所带来的日益复杂、不确定的市场环境。大规模定制能力能够保证企业在不牺牲成本、时间和质量的前提下快速响应客户的多样性需求，表现出在权衡战略柔性与运营效率上的良好管理，为企业提供了可持续的竞争优势（Kortmann et al.，2014）。

Pine 基于价值链的每一环节对大规模定制的积极作用进行了讨论（见表3-1）。具体而言，生产环节以整个过程效率为中心，能够减少管理费用、抑制官僚作风的负面影响，实现最佳质量、消除浪费等的积极作用。研发环节以渐进创新为中心，具有产品的持续改进、创新与生产相结合等积极作用。大规模定制模式下的市场职能不是销售，而是满足客户需求，它可以满足细分市场，实现对客户需求变化的快速响应能力和市场接管，获得高销售额。财务/会计职能不再以对外财务报告为中心，而是把对管理者和员工有用的信息放在首位，具有制定合理的长期和短期决策，与供应商建立长期共存关系等的积极影响。总体来看，大规模定制扭转了大规模生产的负面影响，成为企业绩效增长的重要着力点。

表 3-1　大规模定制的积极作用

	生产	研发	市场	财务/会计
焦点	整个过程效率	渐进创新	通过满足客户需求而获取市场份额	提供对管理者和员工有利的信息
积极作用	➢ 减少管理费用抑制官僚作风 ➢ 最佳质量 ➢ 消除浪费 ➢ 持续的过程改进 ➢ 库存搬运成本低 ➢ 劳动生产率高 ➢ 总成本低 ➢ 高度的生产灵活性 ➢ 低成本多样化	➢ 持续改进 ➢ 创新与生产相结合 ➢ 频繁的过程创新 ➢ 低成本和短周期 ➢ 更好地满足客户需求	➢ 满足细分市场 ➢ 对客户需求变化的快速响应能力 ➢ 市场接管 ➢ 高销售额	➢ 合理的长期和短期决策 ➢ 与供应商的长期共存关系 ➢ 低成本、高利润 ➢ 在资金、人力和技术方面的长期投入 ➢ 关注核心能力

资料来源：B. 约瑟夫·派恩. 大规模定制：企业竞争的新前沿 [M]. 北京：中国人民大学出版社，2000.

　　大规模定制是两个长期竞争的生产模式的综合：个性化定制和大规模生产。企业经常兼顾这两种模式，用标准化的零部件实现规模经济，零部件又可以按多种方式进一步组合，形成多种产品，实现范围经济（Dou et al.，2020；Sota et al.，2018）。这一观点预测了大规模定制能力与企业绩效的关系。尽管有强烈的信念，但缺乏两者关系的理论基础，也很少有广泛的经验证据支持这一关系。也就是说，大规模定制能力与企业内外绩效的系统关系尚未得到明确的检验。在本章中，我们探究了大规模定制能力与企业运营绩效、市场绩效、环境绩效和经济绩效的关系以及客户需求多样性在其中所起到的作用。

二、大规模定制能力和绩效的实证模型

1. 资源基础观的视角

资源基础观为大规模定制能力对企业绩效的影响提供了新的视角。从客户的角度来看，能够创造持续竞争优势的资源和能力是有价值的和不可替代的；从竞争对手的角度来看，是独特的和不可模仿的。作为企业的资源，大规模定制具有资源基础观的所有属性。一方面，大规模定制对客户来说是有价值的，是不可替代的。大规模定制对客户感知价值有显著影响，大规模定制战略使企业能够提供足够多的产品，使客户能够以合理的价格快速地得到他们想要的东西（Zhao et al.，2018）。而且，大规模定制为客户提供同时满足广泛的产品种类、定制、一致的质量、快速交货、合理的价格等要求的产品和服务。这是大规模生产商和纯定制商无法提供的。因此，大规模定制提供了独特的价值，对客户来说是有价值和不可替代的（魏谷和孙启新，2014）。另一方面，大规模定制对竞争对手来说是独一无二的。大规模定制结合了大规模生产的成本效益优势和纯定制的增值定制优势，还结合了成本领先战略和差异化战略。由于它所具有的特点，大规模定制被称为"传统制造实践的悖论""竞争优势的新兴范式"和"新竞争前沿"。大规模定制本身并不是一种放之四海而皆准的策略，而是一种高度定制的战略。在每一个层次上，大规模定制必须根据组织的特殊需求、客户、生产能力、竞争状况和可用技术进行定制。因此，大规模定制是企业独有的、难以被他人模仿的。

由于大规模定制具有所有的资源基础观属性，它在运营绩效、市场绩效、环境绩效和经济绩效方面可以为企业提供持续的竞争优势。具体来说，与大规模生产商或纯定制商相比，大规模定制能更好地满足客户期望，提高客户满意度，最终为企业带来市场效益。大规模定制还可以减少整个生命周期对环境的影响，从而带来环境效益。因此，企业更有可能通过大规模定制能力来提高绩效。

对于企业来说，无论是运营绩效、市场绩效，还是环境绩效、经济绩效都十分重要，忽视其中任何一个都会影响企业的经营。因此，本章将从资源基础观的视角研究大规模定制对运营绩效、市场绩效、环境绩效和经济绩效的影响机制以及客户需求多样性的调节作用。

2. 大规模定制能力与经济绩效

一般而言，拥有较高水平大规模定制能力的企业可以为客户提供独特的产品和服务、准时交付和最高水平的客户价值，更高的客户满意度又会带来更高的销售额和利润。此外，通过标准化、集中库存和敏捷性，企业还可以实现规模经济和范围经济。

大规模定制将工业化和个性化高度结合，以低成本和快速的大规模生产方式，向客户提供灵活和柔性的定制化产品和服务，是企业参与竞争和盈利的新思维模式。产品和服务始于客户需求并终于客户需求，客户需求是大规模定制形成和发展的驱动力，大规模定制最大限度地迎合客户需求使其成为影响企业竞争优势、占据市场份额的重要因素。因此，我们提出：

H3-1：面向产品和面向服务的大规模定制能力正向影响经济绩效。

3. 运营绩效、市场绩效和环境绩效的中介作用

大规模定制能力是宝贵的并且是独一无二的，它可以为企业提供竞争优势。与纯定制相比，面向产品的大规模定制能力寻求更低的库存水平和产品报废率。它还具有更高的质量、更快的交付和更大的灵活性。此外，面向服务的大规模定制能力可以给客户带来良好的感受、持久的记忆和难忘的事物和体验。客户不会独自享受这种美好的感觉，而是与他人分享，积极传播，从而提升企业的运营绩效。客户满意度以及产能利用率的提升

又会进一步提升企业的销售利润率和市场份额。因此，我们提出以下假设：

H3-2：运营绩效在面向产品（a）和面向服务（b）的大规模定制能力和经济绩效之间起中介作用。

与大规模生产者或纯定制者相比，大规模定制能够更好地满足客户的要求和期望，从而提高客户满意度。Liu 等（2012）指出，大规模定制能力能够对客户满意度和利益产生正向影响，从而塑造更强的品牌形象，影响市场绩效。企业的市场绩效反映了在特定的市场结构和市场行为条件下市场运行的效果，毫无疑问，它将会提升企业的投资回报率和销售利润率。因此，我们提出：

H3-3：市场绩效在面向产品（a）和面向服务（b）的大规模定制能力和经济绩效之间起中介作用。

与 Trentin 等（2015）的研究一致，我们认为大规模定制能力可以影响企业的环境绩效。具体来说，面向产品和面向服务的大规模定制能力降低了整个生命周期的环境影响和能源和资源的总体消耗，进一步提高了环境绩效。环境绩效的提升又会进一步促进经济绩效的提升，这是因为环境绩效较好的企业往往拥有更好的声誉，客户更愿意购买该公司产品，资源的再利用也会使企业的生产成本降低，从而影响企业的经济绩效。从外部整体来看，环境绩效高意味着生产过程中企业的污染排放低，对整个社会而言，整体价值较高。因此，我们提出：

H3-4：环境绩效在面向产品（a）和面向服务（b）的大规模定制能力和经济绩效之间起中介作用。

4. 客户需求多样性的调节作用

客户需求多样性指的是客户对产品特性有广泛的偏好（Zhang & Xiao，2020）。换句话说，一个人的需求可能与另一个人的需求有本质上的不同，每个客户所偏好的产品也是独特的。此时，以满足客户需求为核心的大规模定制对于企业至关重要。

我们认为，客户需求多样性在大规模定制和运营绩效、市场绩效以及经济绩效之间起负向调节作用。客户需求的多样性会增加需求预测的复杂性，使供应链中的供需平衡变得困难，这种障碍效应会降低大规模定制的效率。具体而言，高度的多样性意味着客户有本质上不同的需求，每个客户的产品特性偏好是独特的，尤其是当客户来自不同细分市场时。这给企业的大规模定制带来了巨大的挑战，因为客户经常为定制产品下复杂的订单。因此，客户需求多样性会负向调节面向产品和面向服务的大规模定制能力和运营绩效、市场绩效和环境绩效之间的关系。基于上述分析，我们提出：

H3-5a~H3-5b：客户需求多样性在面向产品（a）和面向服务（b）的大规模定制能力和运营绩效之间起负向调节作用。

H3-5c~H3-5d：客户需求多样性在面向产品（c）和面向服务（d）的大规模定制能力和市场绩效之间起负向调节作用。

H3-5e~H3-5f：客户需求多样性在面向产品（e）和面向服务（f）的大规模定制能力和环境绩效之间起负向调节作用。

基于资源基础理论，结合企业管理实践，构建了大规模定制能力影响企业绩效的理论模型，概念模型如图3-1所示。

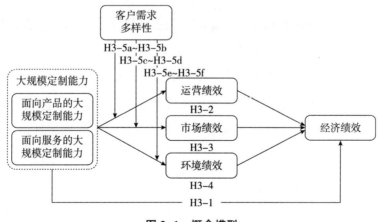

图3-1　概念模型

三、研究方法与结果

1. 问卷及变量设计

本章所用问卷内容包括公司的基本情况、面向产品的大规模定制能力、面向服务的大规模定制能力、运营绩效、市场绩效、环境绩效、经济绩效和客户需求多样性。

自变量。面向产品和面向服务的大规模定制能力均由六个题项测度。具体题项如我们有能力对产品（服务）进行大规模定制；我们能够在不增加成本的情况下很容易地增加产品（服务）种类；我们能够对客户定制产品（服务）的要求做出快速响应。

中介变量。运营绩效包括六个题项，如降低了废品率、提高了产品质量等。市场绩效包括三个题项，如客户满意度的提高、更好地为客户创造价值等。环境绩效包括五个题项，如减少了废水、废气和固体废弃物等的排放，减少了产品对环境造成的影响，减少了有毒、有害和危险材料的消耗等。

因变量。经济绩效包括六个题项，如提高了投资回报率、提高了销售利润率、提高了销售额增长率等。

调节变量。调节变量客户需求多样性由三个题项测度，包括我们的客户需求非常多样化、我们的客户对产品特性有广泛的偏好、标准化的设计并不能完全满足客户的需求。本书样本选择与数据收集见附录1，所用问卷见附录2。

2. 信度与效度分析

我们采用探索性因子分析（Exploratory Factor Analysis，EFA）和验证

性因子分析（Confirmatory Factor Analysis，CFA）验证量表的信效度。首先，利用克朗巴哈系数（Cronbach's α 系数）和组合信度（Composite Reliability，CR）来检验量表的内部一致性。统计结果显示，各变量的 Cronbach's α 和 CR 值均大于 0.8，见表 3-2，这表明量表的可靠性和稳定性较好。

表 3-2 信度分析

变量	测量指标	因子载荷	Cronbach's α	CR	AVE
面向产品的大规模定制能力	PMCC1	0.774	0.921	0.917	0.618
	PMCC2	0.820			
	PMCC3	0.718			
	PMCC4	0.855			
	PMCC5	0.821			
	PMCC6	0.841			
面向服务的大规模定制能力	SMCC1	0.767	0.934	0.912	0.637
	SMCC2	0.763			
	SMCC3	0.739			
	SMCC4	0.825			
	SMCC5	0.857			
	SMCC6	0.820			
运营绩效	OP1	0.721	0.943	0.890	0.550
	OP2	0.768			
	OP3	0.746			
	OP4	0.784			
	OP5	0.742			
	OP6	0.780			
市场绩效	MP1	0.841	0.877	0.892	0.667
	MP2	0.865			
	MP3	0.865			

续表

变量	测量指标	因子载荷	Cronbach's α	CR	AVE
环境绩效	ENP1	0.779	0.942	0.901	0.606
	ENP2	0.795			
	ENP3	0.832			
	ENP4	0.817			
	ENP5	0.797			
经济绩效	ECP1	0.820	0.960	0.917	0.662
	ECP2	0.841			
	ECP3	0.847			
	ECP4	0.832			
	ECP5	0.799			
	ECP6	0.678			
客户需求多样性	CND1	0.756	0.886	0.870	0.691
	CND2	0.859			
	CND3	0.873			

我们在广泛的文献回顾、研究者和管理者反馈的基础上开发量表来建立内容效度。在验证性因子分析模型中，所有的因子载荷都高于0.50，表明收敛效度较好。提取的平均方差（Averaged Squared Deviation，AVE）值均在0.50以上，进一步证明了收敛效度。对于区别效度，我们比较了每个变量 AVE 的平方根与该变量与其他变量之间的相关性。如表3-3所示，各变量 AVE 的平方根均高于该变量与其他变量的相关性，进一步说明该量表具有较好的区别效度。

表3-3 各变量描述性统计及相关系数矩阵

变量	1	2	3	4	5	6	7	8	9	10
1. 企业年龄	—									
2. 企业规模	0.388 ***	—								
3. 行业类型	0.038	0.024	—							

续表

变量	1	2	3	4	5	6	7	8	9	10
4. 面向产品的大规模定制能力	0.026	0.029	0.032	0.806						
5. 面向服务的大规模定制能力	0.000	0.028	0.018	0.541 ***	0.796					
6. 运营绩效	−0.073	0.018	−0.013	0.277 ***	0.318 ***	0.757				
7. 市场绩效	−0.116	0.024	−0.044	0.250 ***	0.453 ***	0.323 ***	0.857			
8. 环境绩效	−0.156 **	0.006	0.053	0.222 ***	0.238 ***	0.662 ***	0.318 ***	0.804		
9. 经济绩效	0.060	0.047	0.083	0.252 ***	0.301 ***	0.733 ***	0.357 ***	0.627 ***	0.805	
10. 客户需求多样性	0.043	−0.012	0.057	0.351 ***	0.490 ***	0.180 **	0.364 ***	0.052	0.222 ***	0.831
平均值	2.873	6.203	0.711	5.161	5.130	5.214	5.074	5.168	5.329	5.289
标准差	0.688	1.731	0.454	0.965	1.065	1.044	1.035	1.144	1.178	1.278

注：** 表示 $p < 0.01$，*** 表示 $p < 0.001$；对角线为 AVE 开根号值。

3. 假设检验

本章使用 Bootstrapping 对中介效应进行检验，数据结果表明：面向产品的大规模定制能力→运营绩效→经济绩效的中介路径显著 [0.138，0.370]，作用大小为 0.248；面向产品的大规模定制能力→市场绩效→经济绩效的中介路径显著 [0.031，0.260]，作用大小为 0.102；面向产品的大规模定制能力→环境绩效→经济绩效的中介路径显著 [0.069，0.277]，作用大小为 0.170；面向服务的大规模定制能力→运营绩效→经济绩效的中介路径显著 [0.141，0.360]，作用大小为 0.253；面向服务的大规模定制能力→市场绩效→经济绩效的中介路径显著 [0.076，0.244]，作用大小为 0.148；面向服务的大规模定制能力→环境绩效→经济绩效的中介路径显著 [0.075，0.251]，作用大小为 0.159。H3-2、H3-3 和 H3-4 得到了支持。

表 3-4 中介效应检验

路径	间接效果	SE	95% 置信区间	
			上限	下限
面向产品的大规模定制能力→运营绩效→经济绩效	0.248	0.058	0.138	0.370
面向产品的大规模定制能力→市场绩效→经济绩效	0.102	0.043	0.031	0.206
面向产品的大规模定制能力→环境绩效→经济绩效	0.170	0.054	0.069	0.277
面向服务的大规模定制能力→运营绩效→经济绩效	0.253	0.056	0.141	0.360
面向服务的大规模定制能力→市场绩效→经济绩效	0.148	0.043	0.076	0.244
面向服务的大规模定制能力→环境绩效→经济绩效	0.159	0.046	0.075	0.251

接下来检验客户需求多样性的调节作用，考虑到调节效应检验需要生成自变量和调节变量的乘积项作为交互项进入回归方程，并根据交互项的影响系数及显著性来判断调节效应，参照以往学者的建议，为使回归方程的系数更具解释意义，除因变量以外的所有变量在参与分析前都进行去中心化并计算出自变量和调节变量的交互项（温忠麟和叶宝娟，2014）。

从表 3-5 中可以看出，客户需求多样性负向调节面向产品的大规模定制能力与运营绩效（$\beta = -0.099$，$p < 0.1$），市场绩效（$\beta = -0.113$，$p < 0.05$）之间的关系，客户需求多样性负向调节面向服务的大规模定制能力与运营绩效（$\beta = -0.111$，$p < 0.05$），市场绩效（$\beta = -0.149$，$p < 0.001$）和环境绩效（$\beta = -0.094$，$p < 0.1$）之间的关系。但是，客户需求多样性对面向产品的大规模定制能力和环境绩效（$\beta = -0.045$，$p > 0.1$）之间的调节作用不显著。H3-5a、H3-5b、H3-5c、H3-5d、H3-5f 得到了支持，H3-5e 未得到支持。

表 3-5　调节效应检验

	运营绩效		市场绩效		环境绩效	
	模型 1	模型 2	模型 3	模型 4	模型 5	模型 6
控制变量						
企业成立时间	-0.142	-0.157	-0.219**	-0.250**	-0.313**	-0.319**
企业规模	0.033	0.035	0.049	0.061	0.051	0.055
行业类型	-0.024	-0.072	-0.092	-0.169	0.148	0.117
自变量						
面向产品的大规模定制能力		0.148		-0.007		0.194*
面向服务的大规模定制能力		0.160		0.252***		0.152
调节变量						
客户需求多样性		0.016		0.158**		-0.086
交互项						
面向产品的大规模定制能力×客户需求多样性		-0.099†		-0.113*		-0.045
面向服务的大规模定制能力×客户需求多样性		-0.111*		-0.149***		-0.094†
R^2	0.008	0.141	0.021	0.291	0.033	0.120
ΔR^2		0.133		0.270		0.087
F		5.515***		13.750***	3.093*	4.554***

注: †表示 $p<0.1$，*表示 $p<0.05$，**表示 $p<0.01$，***表示 $p<0.001$。

四、结果与讨论

1. 结果讨论

本章证实了面向产品和面向服务的大规模定制能力对经济绩效的正向影响。尽管满足客户个性化需求导致了生产模式的复杂化、生产成本的上升以及短期利润回报较低等问题，但是通过调整生产规模和客户需求的个性化差异，在两者之间寻求一个利益平衡，对企业提升运营灵活性、降低运营成本都具有指导性意义。所以提升企业的大规模定制能力从长远来看有助于提升企业的经济绩效，对于企业来说可以在合理调控生产资料的前提下提升自身的大规模定制能力。

假设检验结果表明，运营绩效、市场绩效、环境绩效在大规模定制能力与经济绩效间起到中介作用。在激烈的市场竞争中，大规模定制的延迟策略优势正在逐渐丧失，提升大规模定制能力有助于提升产品的整体竞争力以及市场绩效，进而提升经济绩效。目前，学者的主流观点认为：企业的环境绩效对其经济绩效有积极的促进作用，这是因为环境绩效好的企业往往拥有更好的声誉，客户更愿意购买该公司产品；资源的再利用也会使得企业降低生产成本，从而影响企业的经济绩效。

客户需求多样性对面向产品的大规模定制能力与运营绩效、市场绩效，面向服务的大规模定制能力与运营绩效、市场绩效、环境绩效之间的关系具有负向调节作用。这是因为客户需求多样性水平较高的市场，企业面临的不确定性和风险较多，阻碍了大规模定制能力的提升。

2. 理论贡献

从资源基础观的视角出发，本章剖析了大规模定制能力对企业绩效的作用机制，具有以下三方面的理论意义：

首先，同时关注面向产品和面向服务的大规模定制能力，从资源基础观视角出发更为系统、全面地研究了不同维度的大规模定制能力与不同维度的绩效之间的关系。现有研究普遍认为大规模定制能力能够显著提升企业绩效，但是并没有理论支撑。本章将企业绩效划分为运营绩效、环境绩效、市场绩效和经济绩效四个维度，丰富了现有的关于大规模定制能力和绩效的文献。

其次，阐释了运营绩效、环境绩效和市场绩效在大规模定制能力与经济绩效间发挥的中介效应，有助于深入理解大规模定制能力对经济绩效的具体影响路径。经济绩效是企业追求的最终目标，而企业通过大规模定制能力提升经济绩效的路径并不清晰，本章打开了两者之间的黑箱，拓展和深化了大规模定制能力的研究。

最后，将客户需求多样性视为一种情境因素，分析了其对大规模定制能力作用效果的影响，有助于揭示大规模定制能力与运营绩效、环境绩效和市场绩效间的作用机制。

总之，本章结论可以丰富供应链视角下大规模定制能力的理论成果，推进大规模定制能力结果研究的发展，以及补充和检验资源基础观的内容框架。

3. 管理启示

本章立足制造业转型升级的战略背景，对大规模定制能力的绩效结果进行研究，具有以下三方面的实践意义：首先，有助于制造业企业更深刻地理解大规模定制的战略价值，明晰正确、合适的变革道路以更好地收获大规模定制的红利。其次，有助于企业更全面地认识大规模定制能力对经济绩效的作用路径。管理者若想通过大规模定制能力提升经济绩效，需要关注运营绩效、环境绩效和市场绩效的作用。最后，帮助企业意识到，在大规模定制能力发挥作用的过程中，应当充分分析客户需求多样性的负面影响，并根据具体情境决定如何在大规模定制能力方面做出努力，从而更有效地提升绩效。

第四章
基于组态视角的大规模定制
能力绩效作用路径

一、大规模定制能力的殊途同归效应

企业若想在激烈的市场竞争中生存和发展，就需要拥有自己的竞争优势。随着产品的生命周期缩短，企业逐渐从生产导向转变为市场导向，进而转变为客户导向，客户需求成为企业获得竞争优势的关键因素（Blankson et al.，2013；Zhang et al.，2019a）。大规模定制通过结合生产者与客户的需求，平衡了生产成本与个性化，可以有效满足客户的定制需求（Wang et al.，2016b）。目前，家电、服装和汽车制造领域的企业逐渐将重点转向大规模定制，通过大规模定制为客户提供满意的产品或服务以满足其需求，最终在市场竞争中获得优势（Ullah & Narain，2020）。

当前，越来越多的企业开始采用大规模定制策略，以更好地响应客户多样化的需求，并取得了良好的成果，如戴尔、海尔、阿迪达斯（de Bellis et al.，2019；Ullah & Narain，2018）。大规模定制能够提供成本合理且个性化程度较高的产品或服务，更好地符合客户的期望，提升了客户的满足感，有助于增强客户的忠诚度。同时，客户也将积极分享大规模定制产品或服务带来的良好消费体验，从而影响周围的潜在客户进行消费，提升了企业的知名度和市场业绩。但企业面对的情况是复杂的，具有大规模定制能力的企业在面对不同的市场环境与新颖型商业模式设计的共同作用时，对企业绩效可能产生殊途同归的效果。

现有研究已经对大规模定制能力与企业绩效之间的关系进行了探讨。如 Berman（2002）认为，大规模定制能力可以更好地满足客户的要求和期望，提高客户满意度，帮助企业建立更强的品牌形象，从而对市场绩效产生积极的影响。Liu 等（2012）也指出，与纯定制相比，大规模定制具有更少的库存和产品报废，两者都有助于降低生产成本。此外，大规模定制关注的更高的质量和更快的交付速度均会提升运营绩效。尽管取得了一系列成果，但之前的研究往往只针对大规模定制能力与单一绩效维度的关系，对大规模定制能力与企业绩效的不同维度之间关系的研究仍比较缺乏。此外，虽然已有研究基于资源观，探讨了大规模定制能力对企业的市场、运营、环境和经济绩效的影响（Sheng et al.，2020），但是未关注大规模定制能力与其他因素间的联动匹配对绩效的影响。这样的研究结果无法很好地解释、预测和指导大规模定制实践。因此，有必要探索大规模定制能力与相关因素，如市场环境和新颖型商业模式设计对绩效的联合效应，以丰富两者之间关系的研究。

考虑到本章试图探索技术条件（面向产品的大规模定制能力和面向服务的大规模定制能力）、组织条件（新颖型商业模式设计）和环境条件（市场动荡和竞争强度）对企业绩效的联动效应，我们选用模糊集定性比较分析（Fuzzy Set Qualitative Comparative Analysis，fsQCA）方法进行研究。该方法能够有效地揭示多个影响因素的相互作用所产生的多条实现路径，即殊途同归。

二、理论基础

1. 组态理论

组态是指能够产生既定结果要素的特定组合（王洛忠等，2020）。Meyer 等（1993）指出，环境、行业、技术、战略、结构、文化、意识形态、群体、成员、过程、实践、信仰和结果及其维度均聚合为组态、原型或者完形的形式。也就是说，社会现象的起因和条件大多是相互依存而非独立的。因此，基于还原论思想孤立地分析组成部分，并不能充分推断结果，解释社会现象发生的原因需要采取整体、组合的方式。

传统视角在解决此类问题上的局限性和学者对于组态问题的兴趣促进了组态理论与方法的产生与发展。组态理论源于系统思想，组织被界定为复杂系统，是相互关联的结构和实践的集群而非分模块化或者松散耦合的实体，因而不能以孤立分析组件的方式理解组织（Fiss，2007）。组态理论认为，多重影响因素相互依赖，并可以通过差异化的排列组合来达到影响组织结果的共同目的。组态理论指出，某一结果的产生不是由于单个因素的作用，也不是各个因素独立作用的结果，而是由多个因素相互联系组合共同作用导致的（刘伟静，2019）。整体中的各个要素因其内部的相互作用会形成特质各异的组合，为深刻地解释某一组合现象的特性或共性，就需要对这些组合进行深入分析和挖掘。

组态理论近年来被广泛应用于管理学科的各个领域，它采取整体和系统的分析思路，即案例层面的组态而非单个自变量。一方面，它对于组织采取整体视角，更加符合组织现象的相互依赖性和因果复杂性。另一方面，组态分析可以更好地回答因果关系的非对称性问题（杜运周和贾良定，2017）。组态思维的多维度、整体性特征使其具有分析复杂管理问题的优势。

2. TOE 框架

"技术—组织—环境"（Technology-Organization-Environment，TOE）框架由 Tomatzky 和 Fleischer 于 1990 年基于创新扩散理论和技术接受模型在《技术创新的流程》一书中提出。TOE 框架强调多层次的技术应用情境对技术应用效果的影响，用以综合地描述组织层面的技术创新如何被采纳和应用，并认为新技术的采纳和应用不仅受到技术本身的影响，还受到组织属性以及技术应用场景的作用（翟元甫，2020）。

TOE 框架本质上是一种基于技术应用情境的综合性分析框架，它将影响一个企业或组织技术创新实施的因素归纳为技术条件、组织条件以及环境条件三类（卫海英，2021）。技术的自身特征会对产品采纳和技术应用产生影响，技术条件是指技术自身的特征及其与组织的关系，它聚焦于该技术是否与组织的结构特征相匹配、是否与组织的应用能力相协调以及是否可以为组织带来潜在的收益等方面。组织条件是指在管理领域的应用情况，着眼于组织是否可以根据自身特点选择适合发展的创新战略，主要包括组织规模、业务范围、高管支持、技术管理能力、正式或非正式制度安排以及人力资本和组织文化等。宏观环境会影响组织应用新技术的效果，环境条件主要包括组织的市场结构和外部的政府控制政策，其中包含了技术采纳的整体环境，如技术成熟度和政策接受度等（谭海波等，2019）。

TOE 框架基于经典的技术接受模型及创新扩散理论，从技术、组织与环境维度研究企业采纳技术创新的原因和影响因素，为研究技术创新及技术采纳提供了良好的视角。TOE 框架具有广泛的适用性和较强的可操作性，在实际应用中，还可根据研究领域或研究对象的不同对 TOE 框架进行调整与增改，以提高模型的有效性。学者基于 TOE 框架开展了扎实的实证研究，目前它已经被广泛应用到不同领域信息系统创新运用的影响因素研究当中，并逐渐被研究者应用到电子商务、绿色技术、知识管理扩散和组织管理等更多的企业情景中。

TOE 框架的内涵在差异化的技术应用场景下不断得到丰富，但 TOE 框架尚未处理好多重技术应用场景之间的关系组合问题，即技术、组织、环境三重条件究竟是通过何种联动匹配模式来影响组织的技术应用水平。实际应用中，TOE 框架中的三个维度并不是独立起作用的，在研究某些特定场景下的问题时，三个维度的作用条件会通过某种联动匹配模式共同产生作用（赵云辉等，2021）。

三、基于 TOE 框架的模型构建

因为 TOE 框架具有良好的有效性和适用性，本章采用 TOE 框架，研究技术条件（面向产品的大规模定制能力和面向服务的大规模定制能力）、组织条件（新颖型商业模式设计）和环境条件（市场动荡和竞争强度）对企业绩效的联动效应。

（1）技术条件。技术条件指企业的技术因素，包括企业基础设施建设、技术能力、技术相对优势以及兼容性等。根据实际情况和企业绩效所受影响的企业技术特征，我们选取面向服务的大规模定制能力和面向产品的大规模定制能力作为技术条件。相较于传统的大规模生产方式，大规模定制能力可以使企业以更低的生产成本、更高的产品质量、更快的交付速度、更高的客户需求满足感和更低的产品库存率来提供客户所需的产品和服务，提升客户的消费体验，通过客户的主动传播强化品牌形象和增强客户黏性，最终提升企业绩效（Berman，2002；Liu et al.，2012）。

（2）组织条件。组织条件一般涵盖企业规模、管理结构、技术管理能力、财务资源、人力资源等因素。根据企业的组织特征，选取新颖型商业模式设计作为组织条件。新颖型商业模式可以通过优化交易内容、交易结构和交易管理等环节使企业在技术迅速发展和数据急速增加的环境中增强市场竞争力，通过敏锐地发现新机会，引进新系统、新活动、新交易和新方式来在激烈的市场竞争中创造和获得更好的商业价值，赢得竞争优势，提升企业绩效（Rabetino et al.，2016；Svahn et al.，2017）。

（3）环境条件。环境条件一般可分为外在压力和内在支持。主要来自企业、政府、竞争者、供应商、客户等，包括企业所处的经济、文化、政策等环境。考虑环境因素的影响强度，我们选取了市场动荡和竞争强度。在动荡的市场中，客户需求会不断变化，在高度竞争的市场中，可替代的产品和服务较多，企业需要及时准确地调整自己的生产，以免客户流失的情况发生。若企业可以及时准确地调整来更好地满足客户需求，则可以在动荡和竞争激烈的市场中脱颖而出，获得更好的企业绩效（Jaworski & Kohli，1993）。

基于 TOE 框架，结合企业的实践，构建了影响企业绩效的理论模型，概念模型如图 4-1 所示。

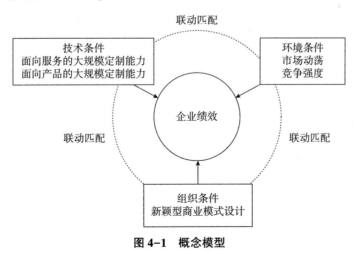

图 4-1 概念模型

四、研究方法与结果

1. 研究方法

　　fsQCA 是社会学家 Ragin 提出的一种数据分析方法，由定性比较分析方法发展而来（Ragin，2000）。该方法引入模糊数学，将定性与定量方法结合起来，通过分析案例相关数据，将案例按照条件与结果的对应组合进行分析，研究因果关系如何依赖于情景条件，在条件和结果之间建立逻辑联系，发现实现结果的所有条件的组合。这些导致结果出现的条件组合称为结果的充分条件，即该条件组合是实现结果的原因之一，可以通过执行该条件组合达到实现结果的目的，这种条件组合也被称为实现结果的路径（高伟等，2018；Kraus et al.，2018）。fsQCA 在分析复杂的中小型样本方面具有较大的优势，具有高准确性和高概括性等特点，将定量分析和定性检验进行了衔接（Aguilera et al.，2014）。当因果关系复杂时，该方法使人们明确哪些因素与所观察到的结果相关，以及如何将这些因素结合起来以实现所期待的结果，这对进一步研究资源配置中各因素的互补性和替代性等问题具有重要意义（Fiss，2011）。fsQCA 除了已被广泛应用于政治学和社会学研究外，在金融学、战略管理、组织科学和市场营销等领域也逐渐获得学者们的重视（Kraus et al.，2018；Misangyi et al.，2017）。

　　相比于聚类分析、因子分析等检验组态关系的方法，fsQCA 通过布尔运算和模糊数学，可以将案例数据转化为条件与结果进行分析，能更好地探究不同因素之间的相互作用和对结果的共同作用。因此，本章运用 fsQCA，利用调查收集的相关数据，研究面向产品的大规模定制能力、面向服务的大规模定制能力、新颖型商业模式设计、市场动荡和竞争强度五个解释因素对经济绩效和市场绩效的联动效应。

2. 信度与效度分析

信度表示测量结果的一致性、稳定性和可靠性。对量表进行信度检验的结果如表4-1所示，由表中结果可知，市场动荡、竞争强度、新颖型商业模式设计、面向产品的大规模定制能力、面向服务的大规模定制能力、经济绩效、市场绩效的 Cronbach's α 系数和 CR 都大于0.8，说明量表具有良好的信度（Koufteros et al.，2007）。

表 4-1 信度检验

变量	测量指标	因子载荷	Cronbach's α	CR	AVE
市场动荡	MT1	0.929	0.953	0.961	0.862
	MT2	0.921			
	MT3	0.917			
	MT4	0.946			
竞争强度	CI1	0.914	0.946	0.949	0.824
	CI2	0.907			
	CI3	0.911			
	CI4	0.898			
新颖型商业模式设计	NBMD1	0.825	0.974	0.964	0.731
	NBMD2	0.782			
	NBMD3	0.870			
	NBMD4	0.878			
	NBMD5	0.879			
	NBMD6	0.872			
	NBMD7	0.891			
	NBMD8	0.891			
	NBMD9	0.861			
	NBMD10	0.790			

变量	测量指标	因子载荷	Cronbach's α	CR	AVE
面向产品的大规模定制能力	PMCC1	0.771	0.921	0.917	0.648
	PMCC2	0.817			
	PMCC3	0.721			
	PMCC4	0.854			
	PMCC5	0.820			
	PMCC6	0.839			
面向服务的大规模定制能力	SMCC1	0.751	0.934	0.902	0.607
	SMCC2	0.748			
	SMCC3	0.729			
	SMCC4	0.813			
	SMCC5	0.830			
	SMCC6	0.799			
经济绩效	ECP1	0.862	0.960	0.952	0.769
	ECP2	0.890			
	ECP3	0.913			
	ECP4	0.904			
	ECP5	0.889			
	ECP6	0.799			
市场绩效	MP1	0.845	0.918	0.898	0.746
	MP2	0.874			
	MP3	0.872			

效度表示测量的有效性和准确程度，通过测量工具可以有效测量出所需测量的内容。对于量表效度，主要分析其内容效度、收敛效度和区分效度。

我们通过文献综述、管理者的反馈和对研究者迭代构念的回顾，建立了内容效度。接着，我们使用验证性因子分析方法进行收敛效度和区分效度检验。收敛效度检验结果如表4-1所示。由结果可知，测量模型中各因子载荷值均大于0.5，各变量 AVE 值均大于0.5，组合信度 CR 值均大于

0.7，表明量表具有良好的收敛效度。

对区分效度的检验结果如表4-2所示。由结果可知，市场动荡、竞争强度、新颖型商业模式设计、面向产品的大规模定制能力、面向服务的大规模定制能力、经济绩效和市场绩效的AVE平方根值均大于变量间相关系数绝对值的最大值，表明量表具有良好的区分效度。

表4-2 区分效度检验

	1	2	3	4	5	6	7
1. 市场动荡	**0.928**						
2. 竞争强度	0.188 **	**0.908**					
3. 新颖型商业模式设计	0.168 **	0.277 **	**0.855**				
4. 面向产品的大规模定制能力	0.068	0.133 *	0.363 **	**0.805**			
5. 面向服务的大规模定制能力	0.094	0.206 **	0.491 **	0.541 **	**0.779**		
6. 经济绩效	0.066	0.125 *	0.426	0.301 **	0.252 **	**0.877**	
7. 市场绩效	0.013	0.137 *	0.303 **	0.453 **	0.250 **	0.357 **	**0.864**

注：* 表示 $p<0.1$；** 表示 $p<0.05$；*** 表示 $p<0.01$；对角线上黑体的数值为 AVE 的平方根，平角线下方为各结构变量间的相关系数。

3. 实证结果与分析

（1）测量和校准。使用 fsQCA 进行分析时，需要将条件和结果分别组成集合，即将市场动荡、竞争强度、面向产品的大规模定制能力、面向服务的大规模定制能力、新颖型商业模式设计与经济绩效和市场绩效分别视为集合，然后将每个案例赋予隶属分数，表示该案例与集合的隶属程度，该过程称为校准。基于已有理论研究和经验，使用直接校准法将条件与结果之间的数值校准为模糊集隶属分数，锚点为完全隶属、交叉点、完全不隶属。我们参照已有研究针对李克特七级量表的校准方法，结合经验和研究目的进行校准。条件变量和结果变量的校准信息如表4-3所示。

表4-3　条件变量和结果变量的校准信息

条件和结果变量	完全隶属	交叉点	完全不隶属
市场动荡	7	5	4
竞争强度	7	5	4
新颖型商业模式设计	7	5	4
面向产品的大规模定制能力	7	5	4
面向服务的大规模定制能力	7	5	4
经济绩效	5	4	1
市场绩效	5	4	1

（2）条件的必要性检验。对于某个条件，若结果发生时，该条件一定会出现，则称该条件为结果的必要条件。可以使用一致性来判断某条件是否为结果的必要条件，当一致性大于0.9时，就可以认为是结果的必要条件。我们使用fsQCA3.0软件对企业的经济绩效和市场绩效分别进行了条件的必要性检验，结果如表4-4和表4-5所示。

表4-4　经济绩效的必要条件分析

条件变量	高经济绩效		非高经济绩效	
	一致性	覆盖率	一致性	覆盖率
高市场动荡	0.365	0.945	0.406	0.167
非高市场动荡	0.678	0.878	0.866	0.178
高竞争强度	0.648	0.924	0.662	0.149
非高竞争强度	0.404	0.883	0.664	0.230
新颖型商业模式设计	0.536	0.975	0.452	0.130
非新颖型商业模式设计	0.522	0.857	0.913	0.237
面向产品的大规模定制能力	0.586	0.945	0.653	0.167
非面向产品的大规模定制能力	0.484	0.898	0.783	0.230
面向服务的大规模定制能力	0.591	0.955	0.574	0.147
非面向服务的大规模定制能力	0.472	0.875	0.825	0.242

由表4-4可知，解释高经济绩效的条件变量的一致性均小于0.9。所

以，表4-4中的条件变量均不是高经济绩效的必要条件。

表4-5　市场绩效的必要条件分析

条件变量	高市场绩效		非高市场绩效	
	一致性	覆盖率	一致性	覆盖率
高市场动荡	0.355	0.897	0.487	0.230
非高市场动荡	0.695	0.879	0.782	0.185
高竞争强度	0.648	0.902	0.671	0.175
非高竞争强度	0.407	0.869	0.625	0.249
新颖型商业模式设计	0.525	0.933	0.550	0.182
非新颖型商业模式设计	0.540	0.865	0.799	0.239
面向产品的大规模定制能力	0.581	0.915	0.703	0.207
非面向产品的大规模定制能力	0.496	0.899	0.711	0.241
面向服务的大规模定制能力	0.601	0.949	0.586	0.173
非面向服务的大规模定制能力	0.475	0.860	0.825	0.279

由表4-5可知解释高市场绩效的条件变量的一致性均小于0.9，所以表4-5中的条件变量均不是高市场绩效的必要条件。

（3）条件组态的充分性分析。

1）条件变量对经济绩效的充分性分析。

条件组态的充分性分析是指使用组态分析来探究不同条件组成的不同组态导致结果发生的充分性。我们可以根据一致性水平是否低于0.75来判断条件组态的充分性，若一致性低于0.75，则认为条件组态不充分。参考已有研究并结合数据情况，最终确定频数阈值为5，一致性阈值为0.96。

目前无法依靠相关理论来明确所研究的五个条件变量与经济绩效的相互作用，无法做出相应的反事实分析，所以选择"存在或缺席"选项产生中间解，探究何种条件组态会导致结果发生。参照已有研究的解释和呈现方法，我们在输出的复杂解、简约解和中间解中，选择解释中间解并辅以简约解，结果如表4-6所示。

表 4-6 高经济绩效组态分析

条件组态	组态 1a	组态 1b	组态 1c	组态 1d	组态 2
市场动荡	⊗	⊗	—	—	⊗
竞争强度	•	—	•	—	●
新颖型商业模式设计	—	—	•	•	⊗
面向产品的大规模定制能力	—	•	—	•	●
面向服务的大规模定制能力	●	●	●	●	—
一致性	0.957	0.960	0.996	0.992	0.964
原始覆盖度	0.324	0.353	0.367	0.395	0.222
唯一覆盖度	0.022	0.022	0.015	0.014	0.029
解的一致性	0.962				
解的覆盖度	0.553				

注：●表示核心条件存在，⊗表示核心条件缺失，•表示边缘条件存在，⊗表示边缘条件缺失，—表示条件可以存在也可以缺失。

由表 4-6 可知，实现高经济绩效的路径有五条，每一纵列代表了一种可能的条件组态，每个组态和总体解的一致性均高于 0.750，总体解的一致性为 0.962，总体解的覆盖度为 0.553，表示这五种组态可以视为高经济绩效的充分条件组合。

组态 1a 表明，面向服务的大规模定制能力的存在发挥了核心作用，市场动荡的缺失和竞争强度的存在发挥了辅助作用。组态 1b 表明，面向服务的大规模定制能力的存在发挥了核心作用，市场动荡的缺失和面向产品的大规模定制能力的存在发挥了辅助作用。组态 1c 表明，面向服务的大规模定制能力的存在发挥了核心作用，竞争强度和新颖型商业模式设计的存在发挥了辅助作用。组态 1d 表明，面向服务的大规模定制能力的存在发挥了核心作用，新颖型商业模式设计和面向产品的大规模定制能力的存在发挥了辅助作用。组态 1 表明，高水平面向服务的大规模定制能力是实现高经济绩效的主要原因。组态 2 表明，竞争强度和面向产品的大规模定制能力的存在发挥了核心作用，市场动荡和新颖型商业模式设计的缺失发挥了辅助作用。

由表 4-6 可以看出，市场动荡、竞争强度、新颖型商业模式设计、面向服务的大规模定制能力、面向产品的大规模定制能力作为核心条件或辅助条件在不同组态中存在或缺席，对获得高经济绩效产生了殊途同归的效果。

2）条件变量对市场绩效的充分性分析。

在进行条件变量对市场绩效的充分性分析时，我们参考已有研究并结合数据情况，最终确定频数阈值为 5，一致性阈值为 0.98。

目前无法依靠相关理论来明确所研究的条件变量与市场绩效的相互作用，无法做出相应的反事实分析，所以我们选择"存在或缺席"选项产生中间解，探究何种条件组态会导致结果发生。参照已有研究的解释和呈现方法，在输出的复杂解、简约解和中间解中，选择解释中间解并辅以简约解，结果如表 4-7 所示。

表 4-7　高市场绩效组态分析

条件组态	组态 1a	组态 1b	组态 2
市场动荡	⊗	⊗	—
竞争强度	•	—	•
新颖型商业模式设计	—	—	•
面向产品的大规模定制能力	—	•	⊗
面向服务的大规模定制能力	●	●	●
一致性	0.973	0.979	0.995
原始覆盖度	0.338	0.369	0.220
唯一覆盖度	0.031	0.081	0.038
解的一致性	0.977		
解的覆盖度	0.457		

注：●表示核心条件存在，⊗表示核心条件缺失，•表示边缘条件存在，⊗表示边缘条件缺失，—表示条件可以存在也可以缺失。

由表 4-7 可以看出，实现高市场绩效的路径有三条，每一纵列代表了一种可能的条件组态，每个组态和总体解的一致性均不低于 0.75，总体解的一致性为 0.977，总体解的覆盖度为 0.457，表示这三种组态可以视为高市场绩效的充分条件组合。

组态 1a 表明，面向服务的大规模定制能力的存在和市场动荡的缺失发挥了核心作用，竞争强度的存在发挥了辅助作用。组态 1b 表明，面向服务的大规模定制能力的存在和市场动荡的缺失发挥了核心作用，面向产品的大规模定制能力的存在发挥了辅助作用。组态 2 表明，面向服务的大规模定制能力的存在和面向产品的大规模定制能力的缺失发挥了核心作用，竞争强度和新颖型商业模式设计的存在发挥了辅助作用。

由表 4-7 可以看出，市场动荡、竞争强度、新颖型商业模式设计、面向服务的大规模定制能力、面向产品的大规模定制能力作为核心条件或辅助条件在不同组态中存在或缺席，形成的不同路径实现了高市场绩效。

（4）条件间的潜在替代关系。

1）高经济绩效的条件间替代关系。

通过比较实现高经济绩效的五种组态，可以发现高经济绩效的条件间的潜在替代关系。

通过比较组态 1a 和组态 1c，我们发现：同样具有高水平面向服务的大规模定制能力的企业，在同样面对高竞争强度的环境时，非高市场动荡条件同高水平新颖型商业模式设计条件具有替代作用。这表明具有高水平面向服务的大规模定制能力的企业，面对高竞争强度的环境时，可以通过满足非高市场动荡条件或高水平新颖型商业模式设计条件来实现高经济绩效（见图 4-2）。

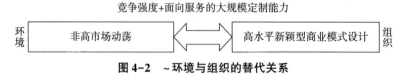

图 4-2　~环境与组织的替代关系

通过比较组态 1a 和组态 1d，我们发现：同样具有高水平面向服务的大规模定制能力的企业，非高市场动荡和高竞争强度的条件组合同高水平新颖型商业模式设计和高水平面向产品的大规模定制能力的条件组合具有替代作用。这表明具有高水平面向服务的大规模定制能力的企业，可以通过满足非高市场动荡和高竞争强度的条件组合或高水平新颖型商业模式设计和高水平面向产品的大规模定制能力的条件组合来实现高经济绩效（见图 4-3）。

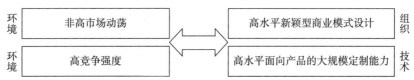

图 4-3　"～环境+环境"与"组织+技术"的替代关系

通过比较组态 1a 和组态 2，我们发现：同样面对非高市场动荡和高竞争强度的环境的企业，高水平面向服务的大规模定制能力条件同非高水平新颖型商业模式设计和高水平面向产品的大规模定制能力条件组合具有替代作用。这表明面对非高市场动荡和高竞争强度的环境的企业，可以通过满足高水平面向服务的大规模定制能力条件或非高水平新颖型商业模式设计和高水平面向产品的大规模定制能力条件组合来实现高经济绩效（见图 4-4）。

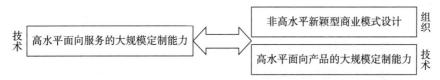

图 4-4　技术与"～组织+技术"的替代关系

通过比较组态 1b 和组态 1d，我们发现：同样具有高水平面向服务的大规模定制能力和高水平面向产品的大规模定制能力的企业，非高市场动荡条件同高水平新颖型商业模式设计条件具有替代作用。这表明具有高水平面向服务的大规模定制能力和高水平面向产品的大规模定制能力的企业，可以通过满足非高市场动荡条件或高水平新颖型商业模式设计条件来实现高经济绩效（见图4-5）。

图4-5 ~环境与组织的替代关系

通过比较组态1c和组态2，我们发现：同样面对高竞争强度环境的企业，高水平新颖型商业模式设计和高水平面向服务的大规模定制能力条件组合同非高市场动荡、非高水平新颖型商业模式设计和高水平面向产品的大规模定制能力条件组合具有替代作用。这表明面对高竞争强度环境的企业，可以通过满足高水平新颖型商业模式设计和高水平面向服务的大规模定制能力条件组合或非高市场动荡、非高水平新颖型商业模式设计和高水平面向产品的大规模定制能力条件组合来实现高经济绩效（见图4-6）。

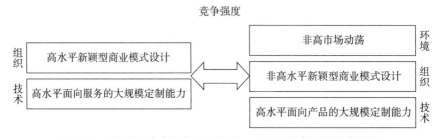

图4-6 "组织+技术"与"~环境+~组织+技术"的替代关系

2）高市场绩效的条件间替代关系。

我们通过比较导致高市场绩效产生的三种组态，可以发现高市场绩效的条件间的潜在替代关系。

通过比较组态1a和组态1b，我们发现：同样具有高水平面向服务的大规模定制能力的企业，在同样面对非高市场动荡的环境时，高竞争强度条件同高水平面向产品的大规模定制能力条件具有替代作用。这表明具有高水平面向服务的大规模定制能力的企业，在面对非高市场动荡的环境时，可以通过满足高竞争强度条件或高水平面向产品的大规模定制能力条件来实现高市场绩效（见图4-7）。

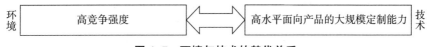

图4-7　环境与技术的替代关系

通过比较组态1a和组态2，我们发现：同样具有高水平面向服务的大规模定制能力的企业，在同样面对高竞争强度的环境时，非高市场动荡条件同高水平新颖型商业模式设计和非高水平面向产品的大规模定制能力条件组合具有替代作用。这表明具有高水平面向服务的大规模定制能力的企业，在面对高竞争强度的环境时，可以通过满足非高市场动荡条件或高水平新颖型商业模式设计和非高水平面向产品的大规模定制能力条件组合来实现高市场绩效（见图4-8）。

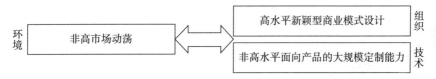

图4-8　~环境与"组织+~技术"的替代关系

通过比较组态1b和组态2，我们发现：同样具有高水平面向服务的大规模定制能力的企业，非高市场动荡和高水平面向产品的大规模定制能力条件组合同高竞争强度、高水平新颖型商业模式设计和非高水平面向产品的大规模定制能力条件组合具有替代作用。这表明具有高水平面向服务的大规模定制能力的企业，可以通过满足非高市场动荡和高水平面向产品的大规模定制能力条件组合或高竞争强度、高水平新颖型商业模式设计和非高水平面向产品的大规模定制能力条件组合来实现高市场绩效（见图 4-9）。

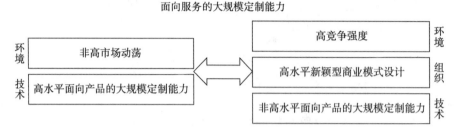

图 4-9　"~环境+技术"与"环境+组织+~技术"的替代关系

（5）稳健性检验。我们采用调整一致性水平的方法来进行稳健性检验。对于经济绩效的充分性分析，我们将一致性水平从 0.96 改为 0.97；对于市场绩效的充分性分析，我们将一致性水平从 0.98 改为 0.99。按照 Schneider 和 Wagemann（2012）的稳健性检验判断标准，通过比较组态的集合关系状态和组态拟合参数的差异，发现结果具有稳健性。

五、结果与讨论

1. 结果讨论

基于 277 家企业的数据以及 TOE 理论框架，使用 fsQCA，以组态视角探究了市场动荡、竞争强度、面向产品的大规模定制能力、面向服务的大规模定制能力和新颖型商业模式设计对经济绩效和市场绩效的联动效应，发现了经济绩效和市场绩效的不同提升路径，并且通过比较导致高企业绩效的不同组态，分析了条件之间的潜在替代关系。主要有以下结论：

从研究结果整体来看，环境条件、技术条件和组织条件通过发挥核心作用或辅助作用形成不同的组态，对企业绩效提升具有殊途同归的效果，表明企业绩效提升的路径具有多样化特点。

在经济绩效和市场绩效的提升路径中，技术条件中的高水平面向服务的大规模定制能力条件作为主要的核心条件多次出现，表明相对于其他条件，高水平面向服务的大规模定制能力条件对经济绩效和市场绩效的提升发挥了重要作用。

通过比较导致高经济绩效和高市场绩效产生的不同组态可以看出，不同条件之间存在潜在的替代作用。通过条件或条件组合的相互替代，可以实现相同的经济绩效和市场绩效提升效果。

2. 理论意义

本章的理论贡献主要有以下三个方面：

第一，进一步细化了大规模定制能力对企业绩效影响的研究。不同于以往单一维度的大规模定制能力和企业绩效的研究，将大规模定制能力分为面向产品的大规模定制能力和面向服务的大规模定制能力两个维度，将企业绩效分为经济绩效和市场绩效两个维度，探究产生高企业绩效的作用机制，进一步细化了大规模定制能力对企业绩效影响的研究。

第二，进一步完善了企业绩效的影响因素。基于 TOE 框架，从技术、组织和环境三个维度，结合实践经验和理论梳理，选取了市场动荡、竞争强度、面向产品的大规模定制能力、面向服务的大规模定制能力、新颖型商业模式设计 5 个影响因素，探究它们对企业绩效的影响，进一步丰富和完善了企业绩效的影响因素。同时，将 TOE 框架和组态研究方法相结合，既拓展了组态视角的应用场景，又改进了 TOE 框架在解释多重条件共同影响时的应用水平。

第三，拓展了企业绩效影响因素的理论模型研究。已有研究大多构建企业绩效影响因素与企业绩效的线性关系模型，因为线性回归模型中对因果关系有统一对称性假定，但缺少对因果关系复杂性的检验和解释。因此，我们选用 fsQCA，结合 TOE 框架，以组态视角探究条件变量与企业绩效之间的作用关系和条件间的替代关系，找出实现高企业绩效的路径，发现企业可以通过技术、组织和环境不同条件形成的不同组态对提升经济绩效和市场绩效产生殊途同归的效果。

3. 管理启示

本章的管理启示主要有以下两个方面：

企业有多条路径可以实现高经济绩效和高市场绩效，不同路径有殊途同归的效果。企业需要结合自身企业和环境的实际情况和条件，选择适合自己的路径，培养对应能力以获得高企业绩效，而不是盲目追随其他企业的发展模式。

对于实现高经济绩效和高市场绩效，技术、组织、环境的条件之间存在潜在的替代关系。企业不需要全部具备实现高企业绩效的前因条件，而是需要结合企业实际情况，识别出已具备或缺失的条件，通过具有潜在替代关系的条件或条件组合，以"殊途同归"的方式提升企业绩效。

第五章
企业开展大规模定制的动机

一、动机的分类

动机是引起个体活动，维持并促使活动朝向某一目标前进的内部动力。动机在人类行为中起着至关重要的作用，它是刺激和反应之间的重要环节。动机既为个体活动提供动力又控制个体活动的方向，换句话说，动力和方向是动机的核心。人类动机对活动具有引发、指引和激励作用。个体的各种活动总是由某种类型的动机引起的，没有动机也就没有活动，它对活动起着始动作用。动机还可以发挥指南针的作用，使活动具有方向，朝着预定的目标前进。此外，动机还具有激励的功能，不同性质和强度的动机对于活动的激励强度是不同的。高层次的动机比低层次的动机激励作用更强，强动机比弱动机的激励作用更强（孟亮，2016）。

社会交换理论认为，对奖励或逃避惩罚的渴望是基本的动机驱动因素。利益相关者理论则认为，维持与客户、政府和员工的良好关系是重要的动机驱动因素。除了增加企业利润和改善与利益相关者关系外，商业伦理和组织公平的研究还发现，基于道德伦理的动机也是企业行为选择的关键驱动力。因此，基于上述分析以及 Aguilera 等（2007）的研究，本章主要关注三种类型的企业动机：工具性动机、关系性动机和道德动机。三类动机的对比如表5-1所示。企业由于内在特质以及发展历程上的差异，提升大规模定制能力的内在诉求和行为倾向必然存在差异，即使是同一家企业，在不同的发展阶段，提升大规模定制能力的倾向也会不同。因此，盲目笼统地鼓励企业提升大规模定制能力而不结合具体的环境条件以及考察企业具体的动机，往往很难达到预期的目标。只有考虑特定的时空条件并且深入企业内部，基于企业动机类型的深入干预才能取得成效（李耀锋和张余慧，2016）。

具体来说，工具性动机主要考虑对奖励和逃避惩罚的渴望，它是由自身利益所驱动。在工具性动机的影响下，企业会通过提升大规模定制能力来提高效益和降低成本。工具主义者认为，如果参与大规模定制的利益可以被证明是合理的，那么企业更有可能实施大规模定制战略。关系性动机与群体成员之间的关系有关，它由与关键利益相关者建立积极关系的愿望所驱动。在关系性动机的影响下，企业会提升大规模定制能力来确保与企业相关的不同群体的福祉。为了在激烈的市场竞争中生存，企业需要遵守利益相关者的规范。当企业的某个利益相关者要求其增强大规模定制能力时，该企业应该满足其需求。道德动机以道德标准和道德原则为特征。在道德动机的驱动下，企业有道德义务提升大规模定制能力以对环境和社会做出积极贡献。一个致力于提升大规模定制能力的文化可以为企业建立道德责任。道德动机会促使企业先于竞争对手开发符合道德标准的新型制造模式（Paulraj et al.，2017）。因此，动机的研究是具有重要意义的，因为动机反映了行为和战略的驱动力，了解企业动机有助于预测大规模定制能力。本章接下来将具体探讨动机对大规模定制能力的影响。

表5-1 三类动机的对比

动机	关注群体	主要观点
工具性动机	股东	企业唯一且仅有的社会责任是遵守游戏规则，使用其资源，从事那些以提高利润为目的的活动，即没有欺诈地参与到开放自由的竞争中
关系性动机	利益相关者	仅将企业大规模定制能力的提升寄希望于企业自愿的"自我约束"是脆弱的，有必要强调外部治理的强制性"社会约束"
道德动机	社会	企业作为重要的社会主体，具有遵守社会道德与伦理规范的外在社会期待与内在价值诉求

二、动机与大规模定制能力提升

随着大规模定制能力在提升企业绩效上的作用越来越突出，越来越多的企业开始重新考虑大规模定制能力的影响因素。大多数学者认为工作设计（Liu et al.，2006）、高投入实践（Sandrin et al.，2018）、供应链整合（Lai et al.，2012）和质量管理（Kristal et al.，2010）对企业大规模定制能力有显著影响。其他学者则强调信息技术在大规模定制能力提升中的作用（Peng et al.，2011）。虽然上述研究有助于形成对大规模定制能力的初步认识，但动机的作用一直被忽视。

从商业伦理的角度来看，工具性动机、关系性动机和道德动机都是以道德行为为中心的基本概念：伦理利己主义、功利主义和美德伦理。伦理利己主义是一种规范的伦理立场，认为道德行为人应该做符合自身利益的事情，而功利主义则认为道德行为应该使受行为影响的人的总效用最大化。反之，美德伦理则以影响行为的主体的品格和德性为中心。值得注意的是，上述三种道德理论是平等的，没有一种是优于其他的（Paulraj et al.，2017）。

我们认为，自身利益是首要的动机。当大规模定制能力与提高企业竞争力和绩效的工具利益相一致时，管理者就会提升大规模定制能力，从而提高与盈利能力挂钩的个人绩效。在商业伦理的基础上，工具性动机是一种结果主义，行为完全取决于对结果的权衡。也就是说，如果行为的积极后果超过了消极后果，那么行为就是有益的。道德利己主义是结果主义的核心形式之一。大规模定制能力使企业能够及时设计、生产和提供满足特定客户需求的差异化产品和服务，从而吸引更多的客户，提高绩效（Zhang et al.，2014）。也就是说，在道德利己主义假设下，面向产品和面向服务的大规模定制能力更受青睐，因为它们能给企业带来正收益。因此提出：

H5-1：工具性动机正向影响面向产品（a）和面向服务（b）的大规模定制能力。

与遵循道德利己主义的工具性动机不同，关系性动机遵循功利主义理论。从功利主义的角度来看，组织应该从事产生最大利益的行为，以满足不同利益相关者的长期利益（Sarkis et al.，2010）。面向产品和面向服务的大规模定制能力可以帮助企业满足利益相关者的需求，特别是对客户（如获得定制化的产品和服务）、供应商（如提高生产和利润）、员工（如提高工作效率）、政府（如增加社会效益）的需求。因此，当具有关系性动机时，企业会开展大规模定制。虽然政府、员工和股东在供应链管理中也很重要，但对这些利益相关者的反应已被广泛研究。因此，我们本章主要关注企业如何回应客户和竞争对手。

根据制度理论，规范和模仿是影响企业采取组织实践的两种压力源。来自客户群和市场的社会需求是企业提升大规模定制能力的主要规范压力。当客户有了个性化的需求，并且有能力以社会群体的名义影响企业的声誉时，他们可能会推动企业提高大规模定制能力。此外，企业可能会被迫模仿竞争对手的行为，以赶上或超过他们（Hofer et al.，2012）。研究表明，在一些国家，特别是发展中国家，模仿在大规模定制能力提升中扮演着关键的角色（Paulraj et al.，2017）。考虑利益相关者的利益和竞争压力，我们提出以下假设：

H5-2：关系性动机正向影响面向产品（a）和面向服务（b）的大规模定制能力。

从工具性动机和关系性动机的角度来看，企业大规模定制能力的提升是为了企业及其利益相关者的利益。学者认为，除了工具性动机和关系性动机外，道德动机在制造企业的行为中也起着重要的作用，因为企业价值创造的每个方面都具有道德复杂性。大规模定制能力的道德动机是基于组织具有通过减少库存、提高资源利用率和减少环境污染对社会做出积极贡献的道德观念。因此，与工具性动机和关系性动机相比，道德动机影响组织大规模定制能力的原因是内在价值，而不是利益相关者的利益和竞争压力。Graafland 和 Van De Ven（2006）认为，许多企业文化都将可持续性视为其道德责任，而大规模定制能力可以被视为实现可持续性的主要驱动力之一。与现有研究一致，道德动机不仅反映义务伦理学，也反映美德伦理学。美德伦理学认为，企业选择参与负责任的活动，如大规模定制，仅仅是因为这是正确的事情（Majstorovic，2015）。因此，提出如下假设：

H5-3：道德动机正向影响面向产品（a）和面向服务（b）的大规模定制能力。

基于上述分析，构建了动机影响大规模定制能力的理论模型，概念模型如图 5-1 所示。

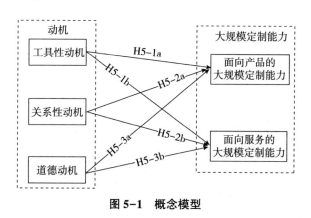

图 5-1 概念模型

三、研究方法与结果

1. 问卷及变量设计

基于学者和管理者的建议，我们确定了量表。工具性动机、关系性动机和道德动机量表采用 Paulraj 等（2017）的研究，其中工具性动机包括 5 个题项，关系性动机包括 4 个题项，道德动机包括 4 个题项。面向产品和面向服务的大规模定制能力均由 6 个题项衡量，前者主要源于 Tu 等（2001）和 Huang 等（2008），后者主要源于 Tu 等（2001）。运营绩效采用 Zhu 等（2013）的 6 项指标；市场绩效采用了 Bai 和 Chang（2015）的四项指标；环境绩效采用 Zhu 等（2013）的方法，包括 5 个题项；经济绩效采用 Kim（2014）的 6 项指标。此外，还考虑了控制变量客户需求隐性和客户需求多样性。客户需求隐性和客户需求多样性分别由 4 个题项和 3 个题项来衡量，每个结构的项目都被用作反映指标，受访者被要求对公司当前关注调查问题的程度进行评级，所有指标均采用李克特量表 7 级量表，从"非常不同意"到"非常同意"。

2. 信度与效度分析

由于该量表是在不同的国家文化中开发的，我们首先对量表进行信效度分析。为了保证量表的单维性，采用了探索性因子分析。结果表明，共有 7 个特征值在 1.0 以上或接近 1.0 的因子出现，解释了总方差的 79.5%。Cronbach's α 和 CR 值均大于 0.8，说明量表是可靠的（见表 5-2）。

表 5-2　验证性因子分析结果

变量	测量指标	因子载荷	t 值	Cronbach's α	CR	AVE
工具性动机	IM1	0.805	75.051	0.908	0.905	0.657
	IM2	0.831	81.922			
	IM3	0.775	75.136			
	IM4	0.802	84.135			
	IM5	0.837	83.620			
关系性动机	RM1	0.767	68.897	0.915	0.889	0.668
	RM2	0.751	65.831			
	RM3	0.869	69.612			
	RM4	0.875	73.183			

续表

变量	测量指标	因子载荷	t 值	Cronbach's α	CR	AVE
道德动机	MM1	0.867	77.292	0.935	0.918	0.738
	MM2	0.868	74.990			
	MM3	0.872	73.709			
	MM4	0.828	72.696			
面向产品的大规模定制能力	PMCC1	0.757	78.278	0.921	0.903	0.609
	PMCC2	0.817	71.108			
	PMCC3	0.689	70.717			
	PMCC4	0.824	76.227			
	PMCC5	0.770	78.895			
	PMCC6	0.815	77.833			
面向服务的大规模定制能力	SMCC1	0.768	73.380	0.934	0.912	0.635
	SMCC2	0.758	68.618			
	SMCC3	0.747	74.457			
	SMCC4	0.830	65.197			
	SMCC5	0.854	68.292			
	SMCC6	0.817	67.935			
客户需求隐性	CNT1	0.920	43.878	0.966	0.955	0.842
	CNT2	0.921	44.161			
	CNT3	0.914	43.314			
	CNT4	0.916	45.036			
客户需求多样性	CND1	0.731	64.659	0.886	0.848	0.652
	CND2	0.831	62.124			
	CND3	0.855	59.761			

通过广泛的文献综述、管理者反馈和研究人员的反馈来建立内容效度。使用探索性因子分析和验证性因子评估聚合效度和区别效度。结果表明，所有因子载荷均大于 0.70，t 值均大于 2.0，各项系数均大于标准误差的两倍，AVE 值大于 0.5。因此，量表具有收敛效度。我们通过比较 AVE 的平方根和两个变量之间的相关性来评估判别效度。结果表明，每一个变量的 AVE 的平方根均大于它们的相关性。因此，量表满足区分效度的要求（见表 5-3）。

表 5-3　各变量描述性统计及相关系数矩阵

变量	1	2	3	4	5	6	7	8	9	10	11	12
1. 企业年龄	—											
2. 企业规模	0.388***	—										
3. 国有及集体企业	0.060	0.056	—									
4. 私营企业	-0.117	-0.178**	-0.541***	—								
5. 行业类型	0.038	0.024	0.042	-0.002	—							
6. 客户需求隐性	0.178**	-0.043	0.192**	-0.011	0.014	0.918						
7. 客户需求多样性	0.043	-0.011	0.138*	0.044	0.057	0.453***	0.807					
8. 工具性动机	0.018	0.003	0.074	0.108	-0.032	0.112	0.221***	0.811				
9. 关系性动机	-0.143*	-0.061	-0.124*	0.158**	0.003	-0.172**	0.207**	0.332***	0.817			
10. 道德动机	-0.190**	-0.012	-0.163**	0.125*	-0.043	-0.169**	0.115	0.247*	0.552***	0.859		
11. 面向产品的大规模定制能力	0.026	0.029	0.012	0.084	0.032	0.221***	0.351***	0.514***	0.287***	0.234***	0.780	
12. 面向服务的大规模定制能力	0.000	0.028	0.034	0.063	0.018	0.225***	0.489***	0.342***	0.366***	0.356***	0.541***	0.797
平均值	2.873	6.203	0.498	0.227	0.711	4.588	5.289	5.439	4.927	5.126	5.161	5.130
标准差	0.688	1.731	0.501	0.42	0.454	1.651	1.279	0.972	1.057	1.046	0.965	1.065

注：* 表示 $p<0.05$，** 表示 $p<0.01$，*** 表示 $p<0.001$；对角线为 AVE 开根号值。

3. 假设检验

我们使用 AMOS23.0 软件采用结构方程模型（Structural Eguation Model, SEM）检验研究 H5-1、H5-2、H5-3。各种拟合指标均表明该模型拟合效果良好（$x^2/df = 2.218$，RMSEA = 0.066，IFI = 0.910，TLI = 0.902，CFI = 0.909）。

在控制客户需求隐性和客户需求多样性后，工具性动机对面向产品的大规模定制能力（$\beta = 0.455$，$p < 0.001$）和面向服务的大规模定制能力（$\beta = 0.270$，$p < 0.001$）均有显著正向影响，H5-1a 和 H5-1b 得到了验证。关系性动机对面向产品的大规模定制能力（$\beta = 0.247$，$p < 0.001$）和面向服务的大规模定制能力（$\beta = 0.308$，$p < 0.001$）均有显著正向影响，H5-2a 和 H5-2b 得到了验证。道德动机对面向产品的大规模定制能力（$\beta = 0.210$，$p < 0.001$）和面向服务的大规模定制能力（$\beta = 0.331$，$p < 0.001$）均有显著正向影响，H5-3a 和 H5-3b 得到了验证（见图 5-2）。综上所述，本章研究假设均得到了验证。

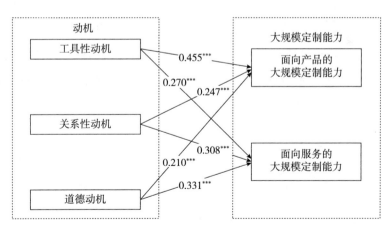

图 5-2　路径系数

注：＊表示 p<0.05，＊＊表示 p<0.01，＊＊＊表示 p<0.001。

四、结果与讨论

1. 结果讨论

基于企业伦理，以 277 家中国制造企业为样本，本章考察了动机对面向产品和面向服务的大规模定制能力的作用。研究发现，工具性动机、关系性动机和道德动机正向影响企业的大规模定制能力，研究结果有助于丰富企业大规模定制能力的研究。

之前的研究已经提出，企业从事生产方式的动机是多种多样的。基于企业伦理，本章假设工具性动机、关系性动机和道德动机对企业大规模定制能力有显著影响，并得到验证，表明制造企业可以通过提升动机提高大规模定制能力。本章的结果部分支持了之前的研究，即研究应该更多地关注理解企业为什么或为什么不以某种方式行事。尽管学者关注了动机的作用，但是对动机与大规模定制能力之间关系的研究却很少。例如，Aguilera 等（2007）、Kitsis、Chen（2019）的研究侧重于考察动机与可持续供应链管理之间的关系。本章通过强调动机在提高大规模定制能力中的关键作用，显著地完善了现有的知识体系。

2. 理论贡献

通过对动机和大规模定制能力之间关系的研究，丰富了现有的大规模定制能力的研究。关于内部和外部因素的作用，如基于时间的制造实践（Tu et al.，2001）、组织结构（Huang et al.，2010）、信息技术（Peng et al.，2011）等对大规模定制能力的影响已经得到了充分的研究。但动机是如何影响大规模定制能力的，我们无从知晓。本章通过实证检验工具性动机、关系性动机、道德动机与大规模定制能力之间的关系，丰富了有关动机和大规模定制能力的文献。

3. 管理启示

本章探讨了工具性动机、关系性动机和道德动机是否会影响面向产品和面向服务的大规模定制能力，为管理者提升大规模定制能力提供了新的思路。由于大规模定制能力对客户满意度和企业绩效至关重要，企业应投入更多的资源来增强与大规模定制能力正相关的动机。数据分析结果可用于支持管理者对动机进行评价，以了解动机在提高大规模定制能力中的重要性。

第六章
模块化与大规模定制能力

一、模块化战略

20世纪初，美国福特汽车公司创建了第一条汽车生产流水线（邵晓峰等，2001），开创了以标准化产品、低成本和规模经济为特征的大规模生产时代。福特汽车公司将产品生产工序分割为多个环节，细化工人分工，大大提升了生产工艺和流程的标准化程度，产量也得到了大幅提高。这种通过标准化、规模化生产来降低生产成本的模式，象征着手工作坊型的生产模式向高效的标准化大规模生产模式转变。进入20世纪后半叶，激烈的市场竞争以及持续增长的客户需求（Saniuk et al.，2020）暴露了单品种、大规模流水线生产的诸多弱点。市场要求工业生产向多品种、小规模的方向发展。虽然完全定制化的生产模式可以更完美地迎合客户需求，但定制的高成本会导致较高的产品定价，这并不是企业与客户的最佳共赢方案。在此背景下，能够满足企业低成本和客户低价要求的大规模定制出现（Liu et al.，2006）。大规模定制的出现给想要转型的企业带来了极大的困惑：企业如何在维持同大规模生产相近的低生产成本的同时，更好地满足客户的定制化需求？怎样做到快速响应客户需求，及时提供个性化的优质产品与服务？回答这两个问题对企业大规模定制能力的提升至关重要。

企业逐渐在实践中摸索发现，模块化可以有效解决定制中的成本问题，实现企业向大规模定制转变（Staudenmayer et al.，2005）。模块化将复杂的产品分割为多个独立的模块，通过标准化接口进行模块间的信息交流，通过模块的组合、交换、拼接等来组装新产品（Wang et al.，2014）。在企业内部运营层面，模块的可重构性与可组合替换特征赋予企业模块共享的规模优势。模块化能够满足差异化、多样化和定制化的产品需求，但并不会显著增加供应链上的研发、生产、仓储、物流、维护等各个环节的成本。例如，中国石油承建的新疆独山子石化分公司 8 台 15 万吨乙烯裂解炉项目，采用模块化战略，不仅大幅提升了各个环节的效率，而且节省了人员和场地设施成本，单台裂解炉建造成本降低 260 万元。由此可见，构建模块化生产结构以强化成本优势已成为众多企业的选择。

敏捷型供应链是企业快速响应客户需求的一大驱动力（Liu et al.，2016）。在战略上，敏捷型供应链可以使企业整合并优化供应商、制造商、零售商的业务效率以及时对产品进行生产和销售。在运营上，敏捷型供应链可以使企业以最少的成本实现从采购到售后所有流程的高效率，把合适的产品，以合理的价格，及时准确地送达客户手上（Gupta et al.，2019）。例如，在客户需求个性化程度高、变化速度快且不确定的环境下，面向大规模定制的敏捷型供应链能够缩短订单交付时间，快速投放并推广满足客户定制化需求的新产品。

模块化不仅本身可以实现大规模定制中的"规模低成本"，而且还可以通过提高供应链敏捷度来达到"快速响应定制需求"的要求。供应链敏捷度可以有效规避信息冗余、错误等滞后响应带来的成本，在需求变化的情况下，也可快速重组投放，竞争优势明显。但是，随着物质文化生活水平的不断提高，客户的需求从简单的实用价值变为功能、审美、绿色与多种优质服务综合的广泛化需求，多样性特征明显，对企业提出了更严苛的客户满意度挑战。与此同时，部分客户受自身专业知识及语言表达能力限制，描述需求时往往采用主观性与模糊性较强的自然语言，难以清晰准确地传递需求，甚至其本身并不明确自己的需求，加大了企业书面表达、记录或整理客户需求的难度，不利于产品的定制生产与服务的定制提供，阻碍了企业向大规模定制生产模式转型。在此背景下，模块化生产结构是否能在敏捷型供应链网络中有效实施值得我们深入思考（Khan et al.，2016；Saeed et al.，2019；Zhang et al.，2019a）。因此，本章将基于客户需求的复杂条件，探究"模块化—供应链敏捷度—大规模定制能力"之间的关系（Jury & Matteo，2013）。

二、模块化与大规模定制能力的实证模型

1. 动态能力理论

Teece 等（1997）基于资源基础理论给出了动态能力的定义，即整合、构建以及重新配置企业自身所拥有的资源和能力，以适应快速变化的环境的能力。企业对其特定储备及能力进行有效开发、统一和重新配置，以在不断变化的环境中维持企业的最佳绩效，是构建动态能力的核心所在。Teece（2007）将动态能力划分为三种类型：①感知能力，指识别并处理外部环境的机会和威胁的能力；②获取能力，指抓住机会和抵御威胁的能力；③调度能力，指对现有资源、技术和能力进行调整与再运用的能力。

动态能力的概念提出后，学者基于不同的视角，提出了以下五种观点：①动态能力囊括了资源和能力的演化本质，是一种企业整合、建立和重新配置内部和外部能力以应对快速变化的环境的能力（Teece，2018）。②动态能力是企业使用资源的过程，特别是整合、重新配置、获取和释放资源以匹配甚至创造市场变化的过程。当市场出现碰撞、分裂、发展与消亡时，企业通过这种方式获得新的资源和配置（Kathleen & Jeffrey，

2000)。③从阶层的角度来看，动态能力是指对常规能力进行扩展、修正和创造的能力（Sidney，2003）。④基于需求角度，动态能力从市场需求的识别开始，企业需要根据市场需求进行资源的调整配置，进行新产品开发或服务创新项目，从而建立企业的需求响应能力。⑤基于流程与惯例角度，随着市场发展，企业利用资源整合转化、能力更新的特定流程与惯例优化企业的供应、制造和分销（Christiane et al.，2018；Kim et al.，2011）。如流程再造能力，它强调企业基于原有流程，通过消除多余的步骤，将组织内部的运作流程紧密联系起来，从而提高运作效率（Benner，2009）。

Wang 和 Ahmed（2007）认为，动态能力在两种类型的市场中表现出不同的特征：①中度动态市场，变化频繁发生，但遵循可预测的线性路径，行业结构相对稳定。因此，动态能力是基于企业原有的知识和能力而形成的复杂的、详细的和分析性的一系列惯例，管理者可以利用经验法则分析企业所处的内外部环境，以相对有序的方式规划和组织企业的活动，产生可预见性的结果。②高速动态市场，其中的变化是非线性且难以预测的，市场边界模糊，产业结构不明确且不断变化。此时，动态能力的重点是快速创建因地制宜的新知识，更多地依赖于企业在短时间内快速获取的、适用于新情境的新知识的能力，是一种简单的、体验式的和不稳定的行为过程，得到的是不可预测的结果。

2. 模块化与供应链敏捷度

在供应链管理领域中，出现了一个相对较新的概念：供应链敏捷度。供应链敏捷度强调供应链网络整合、建立和重新配置内外部资源以应对快速变化的环境，使供应链网络能够抓住未知的机会或者规避可能存在的风险（Dhaigude & Kapoor，2017；Ravichandran，2018）。国内学者通常将供应链敏捷度定义为在竞争、合作、动态的市场环境中，由多个供应商和客户组成的动态供需网络（冯长利等，2015），能够快速响应外部环境的变化。随着企业之间的竞争转向供应链的竞争，供应链的敏捷度不仅是供应链中的各个实体具有应对变化的敏捷度，而且是整个供应链能够适应环境的变化。在特定的情景下，企业要能迅速打破、重构失去竞争优势的供应链，参与到新的供应链竞争中去（David et al.，2016）。

越来越多的学者将供应链敏捷度视为一种能力，认为供应链敏捷度应当包含以下四个特征（Fayezi et al.，2017）：一是市场敏感度，指快速响应客户需求，灵活调整运营策略，识别机遇与威胁的能力；二是网络分布，指供应链合作伙伴合成网络进行合作、协调、重构及利益分配；三是过程集成性，指供应链合作伙伴之间的业务功能整合；四是虚拟性，指供应链合作伙伴之间通过现代信息技术交流信息，共享数据。上述四个特征与动态能力通过识别市场需求，对自身资源进行重组以快速响应市场的特点基本一致。多数研究从动态能力的角度理解供应链敏捷度，如 Swafford 等（2006）认为，供应链敏捷度是指企业对不断变化的市场环境做出快速调整或反应的供应链能力。基于此，本章将供应链敏捷度看作一种动态能力，即供应链网络对内外部资源快速重构与调整，以快速响应市场需求变化的能力。

在大规模定制的背景下，定制化的产品种类和规模化的制造流程需要更为复杂的生产制造系统以及供应链的支持，模块化提供了一个良好的解决方案。模块化实现了对复杂产品或流程异质性的分解与重组，通过生产或处理一系列具有特定功能的子模块，利用一定方式重新配置，企业能够对整体复杂系统进行更好的管理。在模块化的基础上，每一子模块的功能将满足特定部分的客户需求或作为子目标的支撑，同时对应特定的更为细分的供应商来协调运作，从而实现更敏捷的供应链。

从产品层面来看，通过对定制产品的模块拆解，针对模块对供应商进行细分管理，不仅能保证原材料、零部件、加工设备的质量，而且能实现供应链的快速协调。此外，客户的定制化产品需求往往涉及特殊材料的使用或个性化设计，模块的使用能分解复杂目标，在异质性需求上实现精准对焦并快速响应。从流程层面来看，大规模定制需要供应链合作伙伴参与到研发、采购、制造、物流以及营销和售后服务等各种业务活动中，与供应链伙伴的运营协调变得至关重要，而模块化的流程可以促进企业与供应链成员在职能层面的整合，实现流程的重组与改良，提高供应链的快速响应能力以及全流程的运作效率。利用模块化的可变性和延展性，基于模块单元的管理与设计能使供应链上下游更为紧密地连接（Ethiraj & Levinthal，2004），从而提高了供应链的快速适应和交付可靠性。因此，我们提出模块化会显著地增强供应链敏捷度。下面将从产品模块化和流程模块化两个方面对供应链敏捷度的影响作用展开具体分析。

（1）产品模块化与供应链敏捷度。指产品模块化是将复杂产品分解为基础通用的标准化子产品模块与体现产品多样性的定制子模块。通过对所有产品子模块的接口进行标准化，企业可以轻松地将所有模块进行组合，根据客户需求的变化对模块进行不同组装。基于"标准模块+定制模块"的产品设计，企业可以更好地实施产品的并行制造与延迟策略，使生产制造环节更有柔性。

首先，产品模块化的应用将产品的模块与零部件进行合理拆分，形成了由供应链中不同节点企业分别供给和组装的模式。在这种模式中，企业可以提前准备好标准模块，而定制模块推迟到获取客户订单后再进行生产。由于单个产品模块组件的独立性，企业可以对单个模块进行研发、测试、更新升级、检验维护，并且可以做到并行制造，依据标准化接口快速组合，极大地减少了产品研发设计、生产制造和交付的时间，提升了供应链响应客户需求的速度，提高了供应链的敏捷性，强化了企业的速度优势，有效地降低了生产维护、库存、物流成本。其次，产品模块化的应用使生产过程更柔性，当客户需求发生变化时，企业只需对定制模块进行更改，而无须修改产品的最终设计，产品的灵活性得到提高，大大提升了对客户的交付能力。最后，由于产品模块化设计按照一定规则，将产品拆分为标准模块与定制模块，企业可以通过增加标准模块数量、提高标准模块的通用性并对其重复利用达到规模经济（Piran et al.，2017）。此外，为了满足客户的需求，供应链上游供应商会提升知识共享水平，下游销售企业会及时向供应商反馈市场变化，物流企业不断提高运营效率，三者协作提升企业的供应链敏捷度（Juneho，2017）。因此，提出假设：

H6-1：产品模块化对供应链敏捷度具有正向促进作用。

（2）流程模块化与供应链敏捷度。流程模块化是模块化设计实践在采购、库存、加工、生产、交付等流程中的应用，将组织业务流程分解为以生产标准基础单元为主的标准化子流程与对标准基础单元进行重组的定制子流程。通过对所有流程模块进行标准化，管理者可以更加轻松地对各流程模块进行重新排序，或者根据不断变化的产品要求快速添加新的模块，实现了标准化与柔性的结合。基于"模块内标准化作业+模块间个性化重组"的流程设计，企业可以更好地实施并行制造与延迟策略。现有研究认为，流程模块化能带来更为敏捷的供应链，如游博和龙勇（2016）在研究中证实了流程模块化会促进企业的供应链敏捷度。

首先，针对流程的模块分解，在不涉及定制要求的标准化流程环节，如基础原材料采购、通用零部件制造等，可以通过标准化的运作程序来提高成本效率，并利用预测与计划进行提前作业，而对于定制子流程可以推迟到获取客户订单后或集中在配送环节，这种延迟策略不仅能满足客户的不同需求，而且在很大程度上缩短了产品开发时间，加快了产品交付（龙勇和张煜，2017）。其次，流程模块化还具有柔性重组的特性。标准化的流程模块使生产系统能够比较简单地将不同流程模块更改、调序或再组合。利用通用设备、群工艺以及单元制造等方式，不同业务目标能够通过共享的模块单元间的重新配置与良好衔接来完成，对需求变动、产品种类、生产数量的冲击的响应更柔性。例如，当客户需求的产品类型变化时，在生产线上，企业可以直接对流程模块的次序进行调整，或者更改对应产品的其他流程模块，来增强生产系统的快速适应能力。当客户需求的产品数量变化时，企业也可以通过对对应流程模块的增加或删减来重新安排生产力，或者调整生产设备数量，来增加或者减少产品生产量，从而敏捷、快速地根据订单需求来提供相应的供给量。最后，模块化的流程设计通过标准化实践推动了并行制造，满足了不同环节的顺畅衔接并保障了每一个环节的制造质量，大大增强了交付可靠性。因此，我们认为企业通过开发流程模块化能够提高供应链敏捷度，并提出假设：

H6-2：流程模块化对供应链敏捷度具有正向促进作用。

3. 供应链敏捷度与大规模定制能力

上文表明供应链敏捷度具有市场敏感度、网络分布、过程集成性、虚拟性四个特征，可以被视为一种动态能力。较高水平的供应链敏捷度，不仅意味着较高的市场响应速度、缩短的交货时间和可靠的交付，更意味着企业所在的供应链网络有着密切默契的合作以及快速的信息交流，可以高效供给客户需要的产品及增值服务内容，有效规避信息冗余、错误等滞后响应导致的成本、时间与努力浪费（Guo & Liu，2020）。因此，我们认为供应链敏捷度能提升企业的大规模定制能力。

现有研究已经证明了供应链敏捷度在大规模定制能力中的作用，如曾楚宏和吴能全（2006）认为，在企业的生产模式转变为大规模定制模式的过程中，供应链敏捷度发挥了至关重要的作用。供应链敏捷度是大规模定制能力的基石，它与企业竞争水平的结果有关，如交付能力、成本削减能力和产品的迭代速度（Chan et al.，2017；Saeed et al.，2019），这些都是企业满足客户的个性化需求，提高大规模定制能力的关键（Juneho，2017）。因此，我们提出假设：

H6-3：供应链敏捷度对（a）面向产品的大规模定制能力和（b）面向服务的大规模定制能力具有正向促进作用。

4. 供应链敏捷度的中介作用

以往的文献将模块化视为企业实现大规模定制能力的最佳方法之一（Mikkola，2007）。企业若想实现大规模定制，模块化是至关重要的基础。产品模块化和流程模块化不仅可以帮助企业应对客户需求多样化带来的生产过程的复杂性，还可以通过提供更多的产品种类、更高的敏捷度、更快的上市速度以及更低的设计、生产、分销和制造成本方面的战略灵活性来改善大规模定制能力（Sanchez，2000）。Feitzinger 和 Lee（1997）指出，模块化主要有以下三个优势：①使标准组件的数量最大化以追求规模经济，通过增加标准性模块组件数量并重复使用，根据客户需求生产新的定制模块，有效降低研发、库存与生产成本。②并行制造不同的模块，以缩短所需的总交货时间，由于产品模块、流程模块的独立性，企业可以开启多条流程模块并行生产产品的各个模块，最后进行组装形成最终产品，缩短了总交货时间，提高交付速度。③诊断生产问题并找出潜在的质量问题，由于产品模块和流程模块的独立性，企业可以单独对其进行问题诊断并维护，不仅能降低诊断维护成本，还能有效提高产品流程质量。上述三个优势是大规模定制能力提升的关键，由此可知，产品和流程体系结构越模块化，就越容易开展大规模定制实践（Bednar & Rauch，2019）。

模块化在面对外部复杂环境时能及时调整生产流程，促进了供应链敏捷度的实现，供应链敏捷度进一步提高了大规模定制能力，即模块化提高了产品生产过程中的快速配置能力，制造企业可以进一步利用这种能力去更加高效地响应客户个性化的需求。因此，模块化能够通过供应链敏捷度间接实现对大规模定制能力的影响。部分学者的研究结果也支持了这一观点，如 Saeed 等（2019）的研究表明，供应链敏捷度在产品模块化与交付能力和削减成本的关系中起到部分中介的作用，而交付能力和削减成本是大规模定制能力中最重要的组成部分。因此，我们认为模块化和供应链敏捷度对大规模定制能力的两个维度具有潜在的持续性影响，并提出假设：

H6-4：供应链敏捷度对产品模块化与（a）面向产品的大规模定制能力和（b）面向服务的大规模定制能力之间的关系有中介作用；供应链敏捷度对流程模块化与（c）面向产品的大规模定制能力和（d）面向服务的大规模定制能力之间的关系有中介作用。

5. 客户需求特征的调节作用

近几年来，客户需求呈现新的特征，主要包括隐性和多样性，这给企业正确识别客户需求进而掌握市场信息带来了难度。如果客户的原始需求信息不能被准确地识别处理，企业就无法准确全面地把客户需求对应到产品的各种属性上。在这种状态下，企业没有明确的产品目标，做不到高效设计生产，更遑论满足客户的需求。基于动态能力理论，在面对变化、模糊的外部环境时，企业需要整合、构建和重新配置内外部资源来提升企业竞争力。因此，在面对复杂的客户需求时，模块化对于企业供应链敏捷度的重要性更为明显。

（1）客户需求隐性的调节作用。客户需求隐性主要表现为客户不明确自己的需求和难以用精确的标准化语言表达需求两个方面。隐性特征越明显，企业越难正确、清晰地识别客户需求。隐性的特征可能会导致供应链合作伙伴之间沟通不畅，产品生产速度减慢，无法及时设计、生产出符合客户需求的产品。

当客户需求隐性程度较高时，产品模块化高的企业有能力根据目前的需求迅速配置不同的组件，设计或生产出基本满足客户需求的产品，在与客户协调的过程中通过与供应链合作伙伴的高度配合迅速进行重组修改，直到满足客户需求。此时，较高的模块化可变性和延展性，更能提高供应链对客户需求的响应能力。面对不确定的客户需求，企业不必单独生产产品或服务，可以通过与客户的持续沟通对某一独立模块进行更改，合成最终产品，这有助于发掘潜在的客户需求，降低生产成本，减少时间的浪费。综上所述，客户需求隐性会促进产品模块化和供应链敏捷度之间的关系。

流程模块化是一个"软"性的、不可见的过程，与产品模块组件有客观存在的标准接口可以比较简单地进行调整配置不同，企业调整流程难度较大，需要对产线、工作人员、材料等一系列准备重新安排，调整周期也比较长。因此，当客户需求隐性程度较高时，企业通过增减流程模块或修改流程模块次序进行重组来配合客户需求的变化较为困难，也比较低速，难以实现供应链对于客户需求的快速响应，此时流程模块化对供应链敏捷度的促进作用降低。综上所述，提出假设：

H6-5a：客户需求隐性对产品模块化与供应链敏捷度之间的关系有正向调节作用。

H6-5b：客户需求隐性对流程模块化与供应链敏捷度之间的关系有负向调节作用。

（2）客户需求多样性的调节作用。客户需求多样性主要表现在客户对产品的功能、外观、结构、质量、成本、环保及服务的种类、程度的偏好，需求的表达方式以及定制的参与程度三方面。当客户提出多样化的需求时，产品模块化的优势就更加明显，因为产品模块化程度较高的企业可以迅速依据客户需求进行产品模块的开发、配置。当客户要求参与定制阶段时，由于产品的模块化组件具有独立性，能够并行生产，产品模块化程度较高的企业可以快速地满足客户的参与要求。具体而言，产品模块化高的企业能够根据已知需求迅速配置不同的组件，设计或生产出基本满足客户需求的产品，同时通过与客户持续的协调迅速进行重组修改，直到满足客户需求，提高供应链对客户的需求响应能力。此外，由于客户需求的多样性，模块化可以为新产品的生产累积大量关于客户需求、细分市场的数据和经验，在后续推出新产品时，企业能够整合数据，从而提高开发新产品的速度以及适配性。因此，我们认为客户需求多样性会促进产品模块化和供应链敏捷度之间的关系。

当客户需求多样化程度较高时，通过增减流程模块或修改流程模块次序进行重组来配合客户需求的变化难度较大，需要对产线、工作人员、材料等一系列准备重新安排，调整周期也比较长，难以实现供应链对于客户需求的快速响应，此时流程模块化对供应链敏捷度的促进作用降低。综上所述，提出假设：

H6-6a：客户需求多样性对产品模块化与供应链敏捷度之间的关系有正向调节作用。

H6-6b：客户需求多样性对流程模块化与供应链敏捷度之间的关系有负向调节作用。

本章重点研究模块化和供应链敏捷度的关系、供应链敏捷度的中介作用以及客户需求特征的调节作用，概念模型如图 6-1 所示。

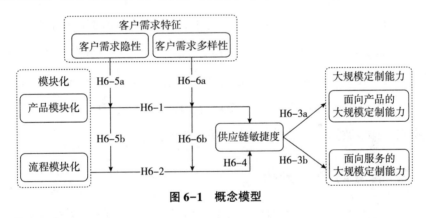

图 6-1　概念模型

三、研究方法与结果

1. 无应答偏差与共同方法偏差检验

排除非制造业企业以及 69 家未能完成调查或产生过多缺失值的企业

后，共得到 277 份样本。样本企业来自各个行业，拥有不同的所有权结构，从而增加了样本的代表性。为了体现严谨性，通过 t 检验和方差分析对无应答偏差进行评估，发现 t 统计量没有差异。因此，无应答偏差没有严重的影响。

如果问卷由同一个人填写或在同样的环境下填写，可能会造成自变量与因变量之间人为的共变性（周浩和龙立荣，2004），即共同方法偏差。虽然在调查的过程中尽可能避免此类现象的出现，但依然需要对此进行检验。以下用两种方法对共同方法偏差进行检验：①Harman 单因素检验法。这是检验共同方法偏差最常见的方法，即对所有变量进行探索性因子分析，检验未经旋转的分析结果，如果只析出一个因子或一个因子解释了大部分变异，则有严重的共同方法偏差。通过 SPSS 25.0 软件进行探索性因子分析，在未经旋转的情况下第一个公因子的解释率为 34.2%，可以得出没有严重共同方法偏差问题的结论。②潜在误差变量控制（汤丹丹和温忠麟，2020）。在结构方程模型中，同源方法偏差作为一个潜变量加入模型，结果表明，在加入同源方法偏差之后，卡方值提高了 0.093，CFI 值降低了 0.002，说明加入同源方法偏差潜变量后，模型的拟合指标并没有变好。由此可知，样本数据不存在严重的共同方法偏差问题。

2. 信度与效度分析

（1）信度检验。为了保证调查问卷的可靠性，对调查问卷的信度进行了检验，主要采用 Cronbach's α 系数、组合信度（CR 值）和 AVE 等指标来分析量表的信度，运用 SPSS 25.0 检验模块化、供应链敏捷度、客户需求特征和大规模定制能力潜变量的 Cronbach's α 系数、CR 值和 AVE 值（Cronbach's α、CR 值大于 0.8 最佳，在 0.7~0.8 可以接受，小于 0.7 则信度较差），结果如表 6-1 所示。

表 6-1　量表信度检验结果

题项	测量指标	因子载荷	Cronbach's α	CR	AVE
产品模块化	PTM1	0.840	0.926	0.927	0.719
	PTM2	0.901			
	PTM3	0.877			
	PTM4	0.891			
	PTM5	0.831			
流程模块化	PSM1	0.847	0.896	0.899	0.640
	PSM2	0.844			
	PSM3	0.766			
	PSM4	0.818			
	PSM5	0.870			
供应链敏捷度	SCA1	0.779	0.947	0.949	0.756
	SCA2	0.812			
	SCA3	0.786			
	SCA4	0.822			
	SCA5	0.842			
	SCA6	0.775			
客户需求隐性	CNT1	0.911	0.966	0.967	0.879
	CNT2	0.927			
	CNT3	0.918			
	CNT4	0.920			
客户需求多样性	CND1	0.718	0.886	0.886	0.722
	CND2	0.795			
	CND3	0.771			
面向产品的大规模定制能力	PMCC1	0.756	0.921	0.923	0.666
	PMCC2	0.816			
	PMCC3	0.708			
	PMCC4	0.852			
	PMCC5	0.795			
	PMCC6	0.824			

题项	测量指标	因子载荷	Cronbach's α	CR	AVE
面向服务的大规模定制能力	SMCC1	0.752	0.934	0.939	0.702
	SMCC2	0.774			
	SMCC3	0.751			
	SMCC4	0.816			
	SMCC5	0.860			
	SMCC6	0.811			

由表 6-1 的信度分析结果可以看出，模块化、供应链敏捷度、客户需求隐性、客户需求多样性、面向产品和面向服务的大规模定制能力的 Cronbach's α 系数均高于 0.8，表示量表的拟合性很好。表中还展示了各变量的 CR 值，均大于 0.7，并且 AVE 值都大于 0.5，表明量表的内部一致性较好。综上可知，量表具有较高的信度。

（2）效度检验。为了保证调查问卷的准确性，对调查问卷的内容效度、判别效度及收敛效度进行了检验。首先是调查问卷的内容效度，本章所采用的各个变量的题项均出自学者通用的成熟量表，经过了大量实证研究的检验，并且在专家的协助下翻译成中文版本，同时根据中国制造企业的现状进行修改，内容效度比较良好。

其次是判别效度和收敛效度，利用 AMOS 24.0 通过验证性因子分析从变量的 AVE 值与相关系数矩阵对比和因子载荷的显著性两方面分析。各变量相关系数矩阵具体分析结果如表 6-2 所示。通过比较变量 AVE 平方根和该变量与其他变量的相关系数来分析判别效度，由于变量间的相关系数均小于各自的 AVE 平方根，所以样本数据具有良好的判别效度。由表 6-1 可以看出，各题项的标准因子载荷系数在 0.71~0.95，都达到较高的显著性水平（p<0.01），且 AVE 值均大于 0.5，显示了较好的收敛效度。

表6-2 各变量描述性统计及相关系数矩阵

变量	平均值	标准差	1	2	3	4	5	6	7	8	9	10	11	12	13
1. 企业年龄	2.873	0.688	—												
2. 企业规模	6.203	1.731	0.388***	—											
3. 国有及集体企业	0.498	0.501	-0.117	-0.178**	—										
4. 私营企业	0.227	0.420	0.060	0.056	0.541***	—									
5. 行业类型	0.711	0.454	0.038	0.024	-0.002	0.042	—								
6. 竞争强度	5.471	1.322	-0.013	-0.095	0.113	0.087	0.077	—							
7. 产品模块化	5.334	1.246	-0.055	-0.010	0.063	0.051	-0.013	0.119*	**0.719**						
8. 流程模块化	4.867	1.050	-0.072	0.072	0.007	-0.086	-0.002	-0.073	0.313***	**0.640**					
9. 客户需求隐性	4.588	1.651	0.178*	-0.043	-0.011	0.192**	0.014	0.294***	0.235***	-0.073	**0.879**				
10. 客户需求多样性	5.288	1.278	0.043	-0.011	0.044	0.138**	0.057	0.437***	0.267***	0.114	0.453***	**0.722**			
11. 供应链敏捷度	5.034	1.240	-0.134*	-0.008	0.035	0.001	0.059	0.185**	0.251***	0.337***	0.074	0.382***	**0.756**		
12. 面向产品的大规模定制能力	5.160	0.964	0.025	0.029	0.084	0.012	0.031	0.133*	0.373***	0.351***	0.220***	0.351***	0.385***	**0.666**	
13. 面向服务的大规模定制能力	5.130	1.065	0.000	0.028	0.063	0.034	0.018	0.206**	0.318***	0.504***	0.225***	0.489***	0.491***	0.541***	**0.702**

注：* 表示$p<0.05$，** 表示$p<0.01$，*** 表示$p<0.001$，对角线上黑体的数值为 AVE 的算术平方根，对角线下方为各结构变量间的相关系数；$\chi^2/df=2.810$；RMSEA=0.081；NNFI=0.986；CFI=0.954；AGFI=0.857；IFI=0.922。

3. 描述性统计分析

在收集的问卷数据通过了信度和效度的检验后，对问卷数据进行直观的描述性统计分析。首先，对问卷数据的平均值与标准差进行统计分析，由表6-2可以发现，各变量的均值都在5左右浮动，标准差都在1左右浮动，离散程度低，说明收集的数据结果比较稳定。其次，为了排除多重共线性的影响，对各变量之间的相关性进行检验分析，由表6-2可知，变量之间的相关系数均小于0.6，不存在严重的多重共线性问题。

由表6-2还可以看出，产品模块化与供应链敏捷度（r=0.251，p<0.001）、面向产品的大规模定制能力（r=0.373，p<0.001）及面向服务的大规模定制能力（r=0.318，p<0.001）显著正相关，流程模块化与供应链敏捷度（r=0.337，p<0.001）、面向产品的大规模定制能力（r=0.351，p<0.001）及面向服务的大规模定制能力（r=0.504，p<0.001）显著正相关，供应链敏捷度与面向产品的大规模定制能力（r=0.385，p<0.001）及面向服务的大规模定制能力（r=0.491，p<0.001）显著正相关。以此为基础，可以对提出的假设进行下一步的检验分析。

4. 假设检验

（1）模块化对供应链敏捷度的直接作用检验。采用SPSS 25.0利用多层回归检验产品模块化、流程模块化与供应链敏捷度之间的关系，即主效应H6-1、H6-2。结果如表6-3所示。

表6-3　产品模块化和流程模块化对供应链敏捷度的回归模型结果

	供应链敏捷度		
	模型1	模型2	模型3
控制变量			
企业年龄	-0.161	-0.147	-0.122*

	供应链敏捷度		
	模型 1	模型 2	模型 3
企业规模	0.072	0.064	0.034
国有及集体企业	0.002	−0.022	0.014
私营企业	−0.010	−0.034	0.024
行业类型	0.049	0.055	0.046
竞争强度	0.187**	0.163**	0.204***
自变量			
产品模块化		0.229***	
流程模块化			0.343***
R^2	0.058	0.109	0.173
ΔR^2	0.058	0086	0.151
ΔF	2.793*	15.344***	37.166***

注：* 表示 p<0.05，** 表示 p<0.01，*** 表示 p<0.001。

从表 6-3 中的模型 2 可以看出，产品模块化显著正向影响供应链敏捷度（β=0.229，p<0.001），H6-1 得到了支持。从模型 3 可以看出，流程模块化显著正向影响供应链敏捷度（β=0.343，p<0.001），H6-2 得到了支持。

（2）供应链敏捷度对大规模定制能力的直接作用检验。同上，采用 SPSS 25.0 利用多层回归检验供应链敏捷度与面向产品的大规模定制能力、面向服务的大规模定制能力之间的关系，即主效应 H6-3a、H6-3b。检验结果如表 6-4 所示。从模型 2 可以看出，供应链敏捷度显著正向影响面向产品的大规模定制能力（β=0.383，p<0.001），H6-3a 得到了支持。供应链敏捷度显著正向影响面向服务的大规模定制能力（β=0.477，p<0.001），H6-3b 得到了支持。

表 6-4　供应链敏捷度对大规模定制能力的回归模型结果

	面向产品的大规模定制能力		面向服务的大规模定制能力	
	模型 1	模型 2	模型 3	模型 4
控制变量				
企业年龄	0.016	0.078	−0.017	0.060
企业规模	0.050	0.023	0.065	0.030
国有及集体企业	0.113	0.112	0.081	0.080
私营企业	0.058	0.062	0.057	0.062
行业类型	0.018	0.000	0.000	−0.024
竞争强度	0.118	0.047	0.198**	0.109*
自变量				
供应链敏捷度		0.383***		0.477***
R^2	0.028	0.138	0.049	0.264
ΔR^2	0.007	0.144	0.049	0.215
ΔF	1.312	44.454***	2.343*	78.404***

注：* 表示 $p<0.05$，** 表示 $p<0.01$，*** 表示 $p<0.001$。

（3）供应链敏捷度的中介作用检验。根据图 6-1 模型，我们主要通过温忠麟等（2004）提出的中介作用检验程序，采用 SPSS 25.0 软件检验了供应链敏捷度在模块化（产品模块化、流程模块化）与大规模定制能力（面向产品的大规模定制能力、面向服务的大规模定制能力）之间的关系中所起的中介作用，即检验 H6-4a、H6-4b、H6-4c、H6-4d。

对于面向产品的大规模定制能力，结果如表 6-5 所示。在模型 4 中，供应链敏捷度对面向产品的大规模定制能力的作用系数为 β = 0.383（p<0.001），表明供应链敏捷度正向影响面向产品的大规模定制能力。在模型 2 和模型 3 中，产品模块化和流程模块化对面向产品的大规模定制能力的作用系数分别为 β = 0.360（p<0.001）、β = 0.372（p<0.001），而在模型 5 和模型 6 中，考虑供应链敏捷度对面向产品的大规模定制能力的影响之后，产品模块化和流程模块化对面向产品的大规模定制能力的作用明显下降

（β＝0.288＜0.360，p＜0.001；β＝0.275＜0.372，p＜0.001）。因此，供应链敏捷度在产品模块化和流程模块化与面向产品的大规模定制能力的关系中起部分中介作用，检验结果支持了 H6-4a 和 H6-4c。

表 6-5　供应链敏捷度对模块化与面向产品的大规模定制能力关系的中介作用

	面向产品的大规模定制能力					
	模型 1	模型 2	模块 3	模型 4	模型 5	模型 6
控制变量						
企业年龄	0.016	0.038	0.059	0.078	0.084	0.094
企业规模	0.050	0.037	0.009	0.023	0.017	0.000
国有及集体企业	0.113	0.075	0.126	0.112	0.082	0.122
私营企业	0.058	0.022	0.096	0.062	0.032	0.089
行业类型	0.018	0.027	0.015	0.000	0.010	0.002
竞争强度	0.118	0.082	0.138	0.047	0.030	0.079
自变量						
产品模块化		0.360 ***			0.288 ***	
流程模块化			0.372 ***			0.275 ***
中介变量						
供应链敏捷度				0.383 ***	0.315 ***	0.285 ***
R^2	0.028	0.154	0.163	0.166	0.242	0.231
ΔR^2	0.028	0.126	0.135	0.138	0.214	0.203
ΔF	1.312	40.074 ***	43.338 ***	6.344 ***	9.41 ***	8.724 ***

注：*** 表示 p＜0.001。

对于面向服务的大规模定制能力，结果如表 6-6 所示。模型 10 中，供应链敏捷度对面向服务的大规模定制能力的作用系数为 β＝0.477（p＜0.001），表明供应链敏捷度正向影响面向服务的大规模定制能力。在模型 8 和模型 9 中，产品模块化和流程模块化对面向服务的大规模定制能力的作用系数分别为 β＝0.294（p＜0.001）、β＝0.532（p＜0.001），而在模型 11 和模型 12 中，考虑供应链敏捷度对面向服务的大规模定制能力的影响之后，产品模块化和流程模块化对面向服务的大规模定制能力的作用明显下降（β=0.196<0.294，p<0.001；β=0.420<0.532，p<0.01）。因此，供应链敏捷度在产品模块化和流程模块化与面向服务的大规模定制能力的关系中起部分中介作用，检验结果支持了 H6-4b 和 H6-4d。

表6-6　供应链敏捷度对模块化与面向服务的大规模定制能力关系的中介作用

	面向服务的大规模定制能力					
	模型 7	模型 8	模型 9	模型 10	模型 11	模型 12
控制变量						
企业年龄	−0.017	0.001	0.044	0.060	0.064	0.084
企业规模	0.065	0.054	0.006	0.030	0.026	−0.005
国有及集体企业	0.081	0.049	0.099	0.080	0.059	0.095
私营企业	0.057	0.028	0.111	0.062	0.042	0.103
行业类型	0.000	0.007	−0.004	−0.024	−0.017	−0.020
竞争强度	0.198 **	0.168 **	0.225 ***	0.109 *	0.097	0.158 **
自变量						
产品模块化		0.294 ***			0.196 ***	
流程模块化			0.532 ***			0.420 ***
中介变量						
供应链敏捷度				0.477 ***	0.431 ***	0.329 ***
R^2	0.049	0.340	0.325	0.264	0.299	0.414
ΔR^2	0.049	0.291	0.275	0.215	0.25	0.365
ΔF	2.343 *	14.927 ***	109.731 ***	11.441 ***	11.968 ***	21.355 ***

注：* 表示 $p<0.05$，** 表示 $p<0.01$，*** 表示 $p<0.001$。

（4）客户需求特征的调节作用检验。对于调节作用的检验，通常采用的方法为：检查交叉项自变量×调节变量对因变量的回归系数是否显著或检验加入交叉项前后的回归方程的 R^2 变化是否显著。本小节将构建多层回归模型，探讨客户需求隐性和客户需求多样性对产品模块化与供应链敏捷度、流程模块化与供应链敏捷度之间关系的调节作用。其中，为了尽可能地消除多重共线性的影响，在构造交互项之前，对自变量和调节变量进行了去中心化。回归分析结果如表6-7所示。

表6-7　客户需求特征对模块化与供应链敏捷度之间关系的调节作用分析结果

	供应链敏捷度			
	模型1	模型2	模型3	模型4
控制变量				
企业年龄	-0.161	-0.119	-0.109	-0.146
企业规模	0.072	0.034	0.018	0.030
国有及集体企业	0.002	-0.001	-0.006	-0.055
私营企业	-0.010	0.006	0.016	-0.046
行业类型	0.049	0.050	0.031	0.010
竞争强度	0.187	0.189 **	0.158	0.052
自变量				
产品模块化		0.129 *	0.117	0.063
流程模块化		0.300 ***	0.311 ***	0.223 ***
调节变量				
客户需求隐性			0.064	
客户需求多样性				0.321 ***
交互项				
产品模块化×客户需求隐性			0.144 **	
产品模块化×客户需求多样性				0.097
流程模块化×客户需求隐性			-0.139 **	
流程模块化×客户需求多样性				-0.262 ***
R^2	0.058	0.187	0.217	0.323
ΔR^2	0.058	0.125	0.030	0.136
ΔF	2.793 *	4.923 ***	3.871 ***	8.988 ***

注：* 表示 $p<0.05$，** 表示 $p<0.01$，*** 表示 $p<0.001$。

表6-7中，模型3的结果表明产品模块化（$\beta=0.144$，$p<0.01$）、流程模块化（$\beta=-0.139$，$p<0.01$）与客户需求隐性的交互项显著影响供应

链敏捷度，表明客户需求隐性对产品模块化与供应链敏捷度的关系具有正向的调节作用，H6-5a 得到支持。客户需求隐性对流程模块化与供应链敏捷度的关系具有负向的调节作用，H6-5b 得到支持。

模型 4 的结果表明，产品模块化与客户需求多样性的交互项对供应链敏捷度的影响并不显著（β=0.097，p>0.1），表明客户需求多样性对产品模块化与供应链敏捷度之间的关系没有调节作用，H6-6a 没有得到支持。但是，流程模块化与客户需求多样性的交互项显著影响供应链敏捷度（β=-0.262，p<0.001），表明客户需求多样性对流程模块化与供应链敏捷度之间的关系具有负向调节作用，H6-6b 得到支持。

同时，对调节作用进行二维交互作用图分析，以更直观地显示客户需求隐性和客户需求多样性对产品模块化、流程模块化与供应链敏捷度关系的调节作用。结果如图 6-2、图 6-3 和图 6-4 所示。图 6-2 表明，相对于低程度的客户需求隐性，在客户需求隐性程度较高时，产品模块化对供应链敏捷度的促进作用会增强。图 6-3 表明，相对于较低程度的客户需求隐性，在客户需求隐性程度较高时，流程模块化对供应链敏捷度的促进作用会削弱。图 6-4 表明，相对于较低程度的客户需求多样性，在客户需求多样性程度较高时，流程模块化对供应链敏捷度的促进作用会削弱。

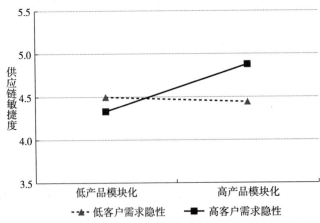

图 6-2　产品模块化和客户需求隐性的交互项对供应链敏捷度的影响

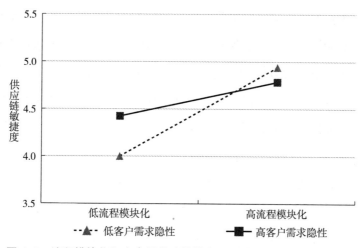

图 6-3 流程模块化和客户需求隐性的交互项对供应链敏捷度的影响

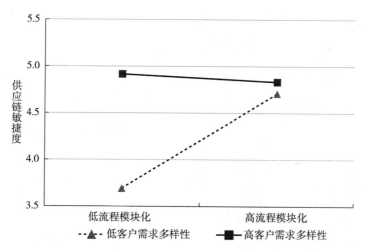

图 6-4 流程模块化和客户需求多样性的交互项对供应链敏捷度的影响

5. 稳健性检验

通过 AMOS 24.0 软件构建相关变量的结构方程模型进行稳健性检验来保证结论的可靠性及稳健性。全模型结构方程模型及路径系数估计结果如图 6-5 所示。模型拟合结果为 $\chi^2/df = 2.810$，RMSEA $= 0.081$，NNFI $= 0.986$，CFI $= 0.954$，AGFI $= 0.857$，IFI $= 0.922$。模型拟合结果良好，可以进行下一步各变量间关系的检验分析。从图6-5中可以看到，产品模块化与供应链敏捷度的作用系数为 $\beta=0.175$（$p<0.001$），流程模块化与供应链敏捷度的作用系数为 $\beta=0.311$（$p<0.001$），表明模块化的两个维度对供应链敏捷度均具有显著的正向作用，因此，H6-1、H6-2得到了支持。供应链敏捷度对面向产品的大规模定制能力与面向服务的大规模定制能力的作用系数分别为（$\beta=0.437$，$p<0.001$；$\beta=0.538$，$p<0.001$），表明供应链敏捷度对两种类型的大规模定制能力均具有显著的正向作用，因此，H6-3a、H6-3b得到了支持。客户需求隐性对产品模块化与供应链敏捷度之间关系的调节作用系数为 $\beta=0.177$（$p<0.001$），表明客户需求隐性具有正向的调节作用，对流程模块化与供应链敏捷度之间关系的调节作用系数为 $\beta=-0.146$（$p<0.001$），表明客户需求隐性具有负向的调节作用，支持H6-5。客户需求多样性对产品模块化与供应链敏捷度之间的关系没有显著调节作用，不支持假设H6-6a，而对于流程模块化与供应链敏捷度之间关系的调节作用系数为 $\beta=-0.260$（$p<0.001$），表明客户需求多样性具有负向的调节作用，支持H6-6b。以上结构方程模型的检验结果与回归结果完全对应。

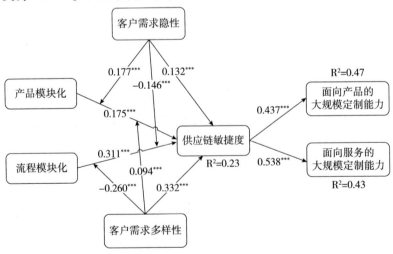

图6-5 全模型结构方程模型及路径系数估计结果

注：*** 表示 $p<0.001$。

在全模型中，23%的供应链敏捷度由两种模块化与两种客户需求特征共同引起。当大规模定制能力作为被解释变量，模块化、客户需求特征、供应链敏捷度共同作为解释变量时，面向产品的大规模定制能力的变异有47%被解释，面向服务的大规模定制能力的变异有43%被解释。

由上文分析可知，供应链敏捷度在产品模块化、流程模块化和大规模定制能力中起到了中介作用。为了保证结果的可靠性，按照 Zhao 等（2010）提出的中介作用检验程序以及 Preacher 和 Hayes（2004）提出的 Bootstrapping 方法进一步检验中介关系，提供中介效应的95%置信区间估计，如果间接作用区间估计含有0就表示中介效应不显著，如果区间估计不含有0，则表示中介作用显著。在此前提下，进一步分析中介变量的作用效果。如果直接作用区间不含0，那么中介变量起到的是部分中介作用。如果直接作用区间包含0，那么中介变量起到的是完全中介作用。运用SPSS 25.0 软件在95%的置信区间下进行检验，检验结果如表6-8所示。

表 6-8　供应链敏捷度的中介作用 Bootstrapping 分析结果

模型	总作用路径系数	直接作用			间接作用		
		路径系数	置信区间下限	置信区间上限	路径系数	置信区间下限	置信区间上限
1. 产品模块化→面向产品的大规模定制能力	0.279***	0.223***	0.139	0.307	0.056	0.017	0.117
2. 产品模块化→面向服务的大规模定制能力	0.252***	0.168***	0.078	0.257	0.084	0.031	0.159
3. 流程模块化→面向产品的大规模定制能力	0.342**	0.252***	0.147	0.357	0.089	0.033	0.172
4. 流程模块化→面向服务的大规模定制能力	0.540***	0.425***	0.324	0.526	0.114	0.046	0.205

注：** 表示 $p<0.01$，*** 表示 $p<0.001$，样本量5000，置信度95%。

产品模块化与面向产品的大规模定制能力的间接作用置信区间取值范

围为 [0.017, 0.117]，不包含 0，说明供应链敏捷度在产品模块化和面向产品的大规模定制能力中起到了中介作用。两者的直接作用大小为 0.223（p<0.001），置信区间取值范围为 [0.139, 0.307]，不包含 0，说明供应链敏捷度发挥部分中介作用，H6-4a 得到了支持。

产品模块化与面向服务的大规模定制能力的间接作用置信区间取值范围为 [0.031, 0.159]，不包含 0，说明供应链敏捷度在产品模块化和面向服务的大规模定制能力中起到了中介作用。两者的直接作用大小为 0.168（p<0.001），置信区间取值范围为 [0.078, 0.257]，不包含 0，因此，供应链敏捷度发挥部分中介作用，H6-4b 得到了支持。

流程模块化与面向产品的大规模定制能力的间接作用置信区间取值范围为 [0.033, 0.172]，不包含 0，说明供应链敏捷度在流程模块化和面向产品的大规模定制能力中起到了中介作用。两者的直接作用大小为 0.252（p<0.001），置信区间取值范围为 [0.147, 0.357]，不包含 0，因此供应链敏捷度发挥部分中介作用，H6-4c 得到了支持。

流程模块化与面向服务的大规模定制能力的间接作用置信区间取值范围为 [0.046, 0.205]，不包含 0，说明供应链敏捷度在流程模块化和面向服务的大规模定制能力中起到了中介作用。两者的直接作用大小为 0.425（p<0.001），置信区间取值范围为 [0.324, 0.526]，不包含 0，因此，供应链敏捷度发挥部分中介作用，H6-4d 得到了支持。

四、结果与讨论

1. 结果讨论

本章主要采用实证研究的方法，通过问卷调查法收集制造企业有关模块化、供应链敏捷度与大规模定制能力等相关变量的样本数据，利用 SPSS 25.0 和 AMOS 24.0 软件进行信度、效度分析和多层回归分析，验证相关假设。研究结论如下：

首先，模块化对供应链敏捷度具有正向影响作用。产品模块化和流程模块化显著正向影响供应链敏捷度。该结果证实了产品模块化、流程模块化对于供应链敏捷度的重要作用，即企业通过提高其产品模块化及流程模块化的程度，可以降低生产成本，对外界市场环境的变化快速做出反应，强化企业的速度优势，提高供应链敏捷度。

其次，供应链敏捷度在模块化和大规模定制能力之间发挥中介作用。即产品模块化、流程模块化提高大规模定制能力，一部分是产品模块化、流程模块化的直接影响；另一部分是通过供应链敏捷度的间接影响，企业与供应链合作伙伴联合能够对外界市场环境的变化快速做出反应，通过供应链敏捷度正向影响企业的大规模定制能力。

最后，客户需求隐性对产品模块化与供应链敏捷度的关系具有正向的调节作用，相对于低程度的客户需求隐性，在客户需求隐性程度较高时，产品模块化对供应链敏捷度的促进作用会增强。客户需求隐性对流程模块化与供应链敏捷度的关系具有负向的调节作用，相对于低程度的客户需求隐性，在客户需求隐性程度较高时，流程模块化对供应链敏捷度的促进作用会削弱。客户需求多样性对产品模块化与供应链敏捷度的关系没有调节作用，对流程模块化与供应链敏捷度的关系具有负向的调节作用，相对于较低程度的客户需求多样性，在客户需求多样性程度较高时，流程模块化对供应链敏捷度的促进作用会削弱。

2. 理论意义

通过对以客户需求特征为边界条件的"模块化—供应链敏捷度—大规模定制能力"的理论和实证研究，主要有以下理论贡献：

　　结合动态能力理论剖析模块化对大规模定制能力的影响路径，推动了模块化与大规模定制能力间的中介机制研究。在现有文献中，对于模块化是如何影响大规模定制能力的还缺乏深入的研究，不同类别的模块化对大规模定制能力的影响机理也未达成一致的结论。本章选取了供应链敏捷度作为中介变量，揭示了供应链敏捷度在模块化与大规模定制能力之间的中介作用，并分别研究了不同维度的模块化与大规模定制能力的影响路径，更加明确了模块化对大规模定制能力的影响作用及机理，为企业通过模块化应用实践来增强大规模定制能力提供了理论依据。

　　探讨了客户需求特征在模块化与供应链敏捷度之间关系中的作用机制。现有研究中常将企业模块化、大规模定制与客户需求割裂开来，未在影响机理研究中考虑客户需求的影响。当前客户需求隐性与多样性的特征十分明显，从客户需求的角度研究其对模块化与供应链敏捷度的关系的调节作用，揭示了面对不同客户需求时模块化的作用效果研究，为模块化和大规模定制能力之间关系的边界条件提供了更加深入的解释。

　　对大规模定制能力进行了维度划分，丰富了大规模定制能力的相关理论。大多数学者仅聚焦于面向产品的大规模定制能力，忽略了面向服务的大规模定制能力。将大规模定制能力分为面向产品的大规模定制能力和面向服务的大规模定制能力，更贴合社会消费需求的变化趋势。分别研究模块化、供应链敏捷度对两个维度大规模定制能力的影响，弥补面向服务的大规模定制能力的研究空白，为后续研究提供了更好的参考。

3. 管理启示

　　本章得出以下实践启示，对企业管理者充分发挥模块化及供应链敏捷度资源优势具有重要意义，能够更好地帮助企业提高大规模定制能力。

　　大规模定制能力已经成为企业的竞争优势之一。企业如果能有效实施大规模定制，可以做到以接近批量生产的成本、高标准质量和高速度响应来满足客户个性化需求的定制产品与服务。企业可以通过自身不断摸索学习或与现有成熟的大规模定制平台成为合作伙伴来进行转型升级，实现大规模定制模式的有效落地。例如，海尔构建的用户全流程参与体验的工业互联网平台卡奥斯 COSMOPlat，打造了模块化、云化形成交互定制、开放创新、精准营销等 7 大模块系列产品矩阵，实践大规模定制模式，帮助企业实现高精度、高效率的定制化转型，为企业持续赋能。

　　企业应当协同发展模块化和敏捷型供应链。首先，企业应重视模块化水平，对标准模块进行再利用，对定制模块进行创新研发，提高接口标准度。其次，企业应当对两者进行合理资源部署，综合发展模块化和供应链敏捷度，在进行模块化升级的同时，及时进行产品研发或调整生产过程，优化模块创新与质量，保障模块化升级。两者协同发展能够提高企业的响应能力和交付能力，降低生产成本，从而提高企业的大规模定制能力。

　　企业应当建立有效的客户需求识别机制。在如今市场环境不断变化、客户需求日益复杂的背景下，企业如果不能对客户复杂、不明确的需求进行准确清晰的识别，就无法将需求一一对应到产品属性，影响产品的设计生产和客户满意度。虽然我们并未对企业如何建立有效的客户需求识别机制进行研究，但从现有研究来看，企业或许可以通过提高客户参与程度、建立大数据分析预测中心或加入客户驱动的大规模定制平台等方法来优化企业的客户需求识别能力。

第七章
供应链整合与大规模定制能力

一、用户/资源/企业价值共创的大规模定制

科学技术的突飞猛进和社会经济的快速发展带来了个性化的客户需求。为了满足客户的个性化需求以及在激烈的市场竞争中站稳脚跟，企业需要考虑向大规模定制转型从而以快速、低成本的方式提供满意的产品给客户。大规模定制是指企业以与非定制产品相当的成本，快速地大规模生产定制化的产品与服务，为客户提供最佳体验和创造最大价值。它的核心是产品品种的多样化与定制化的增加而不相应增加成本；其范畴是个性化定制产品和服务的大规模生产；其最大的优点是能够提供企业战略优势和经济价值（关增产和吴清烈，2009）。目前，家电、家具和服装等行业都通过有意识地实施大规模定制，成功地实现了市场扩张。但是，也有不少企业在实施不久后就不同程度地陷入了发展的困境。鉴于国内不少发展迅速的行业都期望通过大规模定制来获得竞争优势，因此，有必要研究企业成功建设大规模定制能力的机制。

目前，学者主要从产品设计（如标准化和产品模块化）、流程管理（如基于时间的制造业实践和基于模块的制造业实践）、供应链管理（如职能整合和供应链整合）和组织管理（如组织结构和组织学习）四个方面对

大规模定制能力进行了探究（Sheng et al.，2020）。大规模定制本质上属于企业的信息密集型活动，信息的获取十分重要。虽然已有学者单独探究了来自供应链伙伴的信息以及来自客户的信息的重要性（Liu et al.，2012），但从整体上考虑用户/资源/企业三元生态体系的研究并未得到充分的关注。本章基于用户/资源/企业三元生态体系识别出三种不同类型的信息，即资源社群信息（供应链信息整合）、社交媒体信息（社交媒体使用）以及用户社群信息（以客户为中心的管理系统），探究三者对大规模定制能力的影响。

大规模定制以客户需求为中心，即要求企业能够准确把握客户的内在需求，并将客户的个性化、多样化的需求有效转化为大规模定制产品与服务的功能属性，从而实现客户的价值。然而，近几年来客户需求开始展现新的特征：隐性和多样性。客户需求隐性指的是难以用书面形式表达和记录客户需求，客户需求多样性是指客户对产品偏好的范围和广度（Zhang & Xiao，2020）。如果不能对客户的需求进行区分，而是一概而论，则难以识别出真正影响大规模定制能力的因素。此外，从客户的角度来看，虽然每一个客户的需求都与众不同，但是一般而言，客户的需求既具有个性也具有共性。在一定范围内，可以使同一产品或服务对于具有相似需求的客户都获得较高的满意度，这就需要我们通过对客户需求聚类的方式构建大规模定制能力。本章通过聚类分析识别出四种感知类型：内部感知（日用品等）、社群感知（家电等）、场景感知（家具等）以及体验感知（服装等），并基于此探究了不同类型的信息对大规模定制能力的影响，从而真正服务于组织的大规模定制能力建设。

大规模定制产品的形成过程可以划分为客户需求分析、开发设计、制造三个环节，其中，客户需求是大规模定制能力提升的首要步骤，是产品开发的起点。本章针对目前大规模定制能力提升机制中存在的不足，面向大规模定制产品形成过程的客户需求阶段，利用聚类方法和面向对象的思想，探究了资源社群信息（供应链信息整合）、社交媒体信息（社交媒体使用）以及用户社群信息（以客户为中心的管理系统）对面向产品和面向服务的大规模定制能力的影响。

二、客户需求聚类下的大规模定制能力

1. 面向客户需求的大规模定制能力优化模型

在传统模式和优化模式下，企业对大规模定制客户需求信息的处理流程如图 7-1 所示。由图 7-1 可以看出，传统模式在处理客户需求时存在诸多弊端。一是没有对客户需求信息进行处理就直接检索产品族模型，使产品对产品族模型种类的需求增加，产品族模型不能很好地发挥作用；二是对于不适宜定制的需求没有及时淘汰，造成了时间和资源的极大浪费；三是将客户需求直接存储到企业数据库中，可能出现数据重复的问题，不利于数据的维护和管理。

在优化模式下，企业首先对客户需求信息进行聚类分析，把大量客户需求归类为少数的需求群，并且在归类的过程中会及时淘汰不适宜定制的客户需求。根据需求群的需求参数在产品族模型中进行检索，其需要的产品族模型比较少，产品族模型更具有针对性。利用面向对象的思想对客户需求信息按类存储，不仅有利于企业管理、维护需求数据，也有利于企业后期对这些需求信息的利用（苏少辉等，2018）。

2. 客户需求聚类分析

聚类指的是根据对象的相似性，对其进行归类整理，并分组成为多个类。通过聚类过程将大量对象分类成为多个簇，每个簇中的对象都是

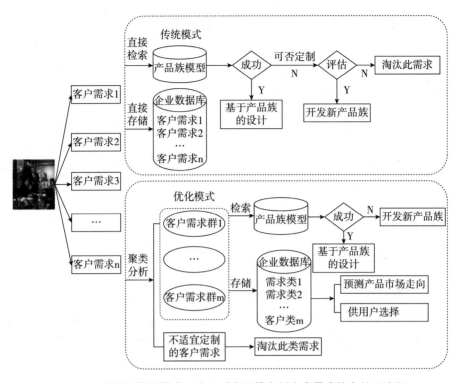

图7-1　传统和优化模式下企业对大规模定制客户需求信息处理流程

资料来源：苏少辉，刘桂英，陈昌，朱佳栋. 面向大批量定制的客户需求聚类分析及优化[J]. 杭州电子科技大学学报（自然科学版），2018，38（4）：75-81.

相似的，而与其他簇中的对象不同。在大规模定制能力客户需求分析的实际应用中，将同一个簇中的客户需求当作一个整体。产品和服务的定制不再针对单个客户需求，而是针对某一个簇的客户需求（魏中龙和郭辰，2007）。

客户需求的隐性和多样性特征使我们可以通过聚类的方法对大规模定制能力提升过程中的客户需求进行聚类分析与定制优化，以识别面向产品或面向服务的大规模定制能力的提升路径，并以此为基础为产品与服务的模块化设计等提供需求信息。

3. 资源社群信息与大规模定制能力

供应链信息整合是企业资源社群信息的重要来源。供应链信息整合反映了企业与渠道合作伙伴共享各种供应链活动信息的程度，如关于整个供应链的销售、库存持有、生产和交付时间表的信息（Leuschner et al., 2013）。主要存在两种类型的供应链信息整合：内部信息整合，包括企业内部各部门之间可以实现基于互联网的信息、资源交换和共享，协同工作和知识共享；外部信息整合，包括共享实时销售点数据、协同需求预测、协作客户分析和客户关系管理、协调订货策略、共享库存信息和主生产计划等（周驷华和万国华，2017）。通过供应链信息整合，供应链伙伴之间可以准确地分享信息、制订计划和安排生产，提升企业响应客户需求的能力，有助于构建大规模定制能力。

企业在提升大规模定制能力的过程中，需要面对来自三个方面的不确定性：需求、供应和生产过程。首先，需求不确定性是客户需求管理中固有的。当客户需求是异质的且不确定时，企业很难精确匹配供应和需求。因此，企业在满足客户需求时要付出更大的成本，反应速度也更慢。企业需要更好地评估多样化的信息，并在组织内部有效地进行沟通（Liu et al., 2016）。其次，在供应方面，大规模定制能力的提升需要增加供应的种类，这会导致预测各类型部件需求的不确定性更高。这种不确定性进一步增加了对供应链信息整合的需求。最后，在生产过程中，产品和服务的多样性增加了企业内部的调度和协调复杂性，增加了企业内部的信息处理需求。此时，企业需要更丰富的信息流。因此，为了有效和高效地进行大规模定制，企业需要进行运营整合以获取资源社群信息。供应链信息整合使企业内部以及与供应链伙伴之间的信息传递更加准确和快速，这增强了大规模定制能力。如果没有有效的供应链信息整合，任何两个业务功能之间信息转换的错误或延迟都可能导致无法向客户快速交付定制的产品和服务。综上所述，供应链信息整合会正向影响面向产品和面向服务的大规模定制能力。

4. 社交媒体信息与大规模定制能力

社交媒体是一组基于互联网的应用程序，它建立在 Web 2.0 的技术基础之上，能够创建和交换用户生成的内容。社交媒体包括社交网站、基于网络的社区、协作项目、用户生成的内容社区、多媒体共享网站和虚拟世界（Cheng & Krumwiede，2018）。近几年来，社交媒体与移动手机相结合，出现了诸如微博等旨在建立内部社交网络的应用程序。英特尔、台积电、戴尔等企业的成功表明了制造商使用社交媒体的潜在优势。社交媒体的使用可能尤其适用于大规模定制能力的提升，因为它提供了专门的讨论平台，该平台作为企业与外部连接的重要通道，能够使供应链管理者更好地提高知识库的质量，并且在供应链网络中更有效地分享知识和信息。

社交媒体包括促进供应链合作伙伴之间的互动和知识交换的各种数字手段。它将参与者从被动的内容读者转变为内容发布者，从而增加了他们角色的重要性。这种转变具有鲜明的技术特征，激发参与者参与知识共享的热情。此外，社交媒体的开放性和参与性使制造企业与其供应商之间的知识和信息流动更加高效，关系也更加紧密。知识和信息又可以帮助他们更精确地把握客户需求，降低生产成本，从而提高大规模定制能力。具体而言，在定制化开始之前，制造企业可以要求其供应商注册为成员（如企业官网的讨论区）。此时，制造商可以提供他们对定制产品和服务设计、制造过程的意见并实时反馈，而供应商可以提供关于当前定制产品和服务的想法、市场知识或技术知识。因此，作为制造商和供应商有效的互动和知识分享的平台，社交媒体对企业面向产品和面向服务的大规模定制能力的提升具有重要的作用。

5. 用户社群信息与大规模定制能力

产品始于客户需求并终于满足客户需求，客户需求是大规模定制形成和发展的驱动力，在大规模定制思想的基础上最大限度迎合客户需求是企业具备竞争力、占据市场份额的核心问题和战略选择。为了促使企业的经营向以客户为中心转变，以客户为中心的管理系统是必然选择。

企业为服务客户定制业务流程和系统的程度被称为以客户为中心的管理系统（Trainor et al.，2014）。现有的客户关系管理文献表明，该系统由结构和技术元素组成，是支持企业以客户为导向文化的重要因素，确保组织行动由客户需求驱动。以客户为中心的管理系统增强了组织关注客户互动的能力，影响信息流程的开发，并且可能影响大规模定制能力。

围绕以客户为中心的流程实现管理系统和配置组织可以帮助企业与客户建立紧密的联系并且获取信息。首先，通过以客户为中心的管理系统，企业可以收集、分享和使用关于客户的情报，并基于该情报协调定制活动，从而有助于提升大规模定制能力。其次，以客户为中心的管理系统支持与客户的活动协调，使企业能够更好地了解客户，并对他们的需求及时做出反应。最后，这些系统促进了信息技术的实施，并为员工提供激励，以打破功能障碍，鼓励企业范围内的客户需求信息共享（Trainor et al.，2014）。因此，以客户为中心的管理系统将影响大规模定制能力的发展。

三、研究方法与结果

1. 信度与效度分析

利用 Cronbach's α 系数和组合信度（Composite Reliability，CR）来检

验量表的内部一致性。从表 7-1 中可以看出，各变量的 Cronbach's α 和 CR 值均大于 0.8，因此，量表的可靠性和稳定性均较好。

表 7-1　信度分析

量表	测量指标	因子载荷	Cronbach's α	CR	AVE
面向产品的大规模定制能力	PMCC1	0.774	0.921	0.916	0.647
	PMCC2	0.814			
	PMCC3	0.722			
	PMCC4	0.857			
	PMCC5	0.813			
	PMCC6	0.838			
面向服务的大规模定制能力	SMCC1	0.757	0.934	0.904	0.611
	SMCC2	0.752			
	SMCC3	0.744			
	SMCC4	0.804			
	SMCC5	0.838			
	SMCC6	0.791			
供应链信息整合	II1	0.864	0.952	0.937	0.788
	II2	0.891			
	II3	0.907			
	II4	0.888			
社交媒体使用	SMU1	0.893	0.933	0.925	0.804
	SMU2	0.913			
	SMU3	0.884			

续表

量表	测量指标	因子载荷	Cronbach's α	CR	AVE
以客户为中心的管理系统	CM1	0.882	0.965	0.962	0.810
	CM2	0.880			
	CM3	0.917			
	CM4	0.915			
	CM5	0.920			
	CM6	0.884			
客户需求隐性	CNT1	0.920	0.966	0.960	0.857
	CNT2	0.933			
	CNT3	0.927			
	CNT4	0.924			
客户需求多样性	CND1	0.724	0.886	0.831	0.621
	CND2	0.794			
	CND3	0.842			

接下来进行效度检验，效度包括内容效度和结构效度，其中，结构效度又包括聚合效度和区分效度。量表借鉴了现有研究中被广泛认可且经过验证的测量工具，保证了内容效度。使用探索性因子分析和验证性因子评估聚合效度和区分效度。表7-1的结果显示，面向产品的大规模定制能力、面向服务的大规模定制能力、供应链信息整合、社交媒体使用、以客户为中心的管理系统、客户需求隐性和客户需求多样性的因子载荷均大于0.7，AVE值均大于0.5。因此，量表具有收敛效度。我们通过比较AVE的平方根和两个变量之间的相关性来评估判别效度。结果表明，每一个变量的AVE的平方根均大于它们的相关性（见表7-2）。因此，量表满足区分效度的要求。

表7-2 各变量描述性统计及相关系数矩阵

变量	1	2	3	4	5	6	7	8	9	10	11	12	13
1. 企业年龄	—												
2. 企业规模	0.388***	—											
3. 国有及集体企业	-0.117	-0.178**	—										
4. 私营企业	0.060	0.056	-0.541***	—									
5. 行业类型	0.038	0.024	-0.002	0.042	—								
6. 竞争强度	-0.013	-0.095	0.113	0.087	0.077	—							
7. 面向产品的大规模定制能力	0.025	0.029	0.084	0.012	0.031	0.133*	**0.804**						
8. 面向服务的大规模定制能力	0.000	0.028	0.063	0.034	0.018	0.206**	0.541***	**0.782**					
9. 供应链信息整合	-0.041	0.021	-0.005	-0.011	0.072	0.223***	0.357***	0.476***	**0.888**				
10. 社交媒体使用	0.045	0.098	-0.067	0.103	0.020	0.251***	0.207***	0.244***	0.191***	**0.897**			
11. 以客户为中心的管理系统	0.041	-0.015	0.072	0.053	-0.062	0.125*	0.232*	0.381***	0.187***	0.297***	**0.900**		
12. 客户需求隐性	0.178**	-0.043	-0.011	0.192**	0.014	0.294***	0.220**	0.225***	0.125***	0.309***	0.113	**0.926**	
13. 客户需求多样性	0.043	-0.011	0.044	0.138*	0.057	0.437***	0.351***	0.489***	0.354***	0.361***	0.294***	0.453***	**0.788**
平均值	2.873	6.203	0.498	0.227	0.711	5.471	5.161	5.130	5.182	4.984	5.109	4.588	5.289
标准差	0.688	1.731	0.501	0.42	0.454	1.322	0.965	1.065	1.370	1.252	1.276	1.651	1.279

注：* 表示 $p<0.05$，** 表示 $p<0.01$，*** 表示 $p<0.001$；对角线上黑体的数值为各结构变量 AVE 的算术平方根，对角线下方为各结构变量间的相关系数。

2. 聚类分析

数据收集之后，利用 K 均值聚类算法，基于客户需求的隐性和多样性对其进行聚类分析，共得到四种类型结果，如表 7-3 所示。

表 7-3　聚类分析结果

	类别 1	类别 2	类别 3	类别 4
客户需求隐性	2.46	1.91	4.68	6.00
客户需求多样性	3.23	5.77	4.78	6.45

基于聚类分析结果以及企业实践进一步对四种类型进行定义，四种类型分别为：内部感知（如日用品行业）、社群感知（如家电行业）、场景感知（如家具行业）以及体验感知（如服装行业），如图 7-2 所示。

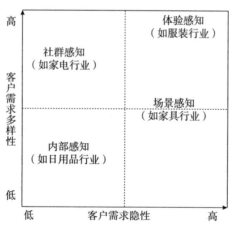

图 7-2　基于客户需求特征的聚类分析

内部感知，即客户需求隐性和多样性程度均处于较低的水平，如日用品行业。在这一需求市场上，客户能够明确地表达自己对产品的需求，如希望牙膏具有美白的功能，洗衣液能够清除油渍等。同时，在这一市场上，对多样性的需求也较低，他们会更倾向于使用具有某种单一功效的产品，因为功效的变化可能会给生活带来不便。如图 7-3 所示，通过工业互联网联结用户需求，实现需求上云，为日用品行业大规模制造转型提供数据支撑。

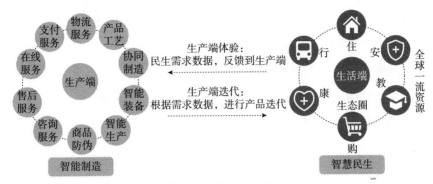

图 7-3　以用户内部感知为特征的日用品行业

社群感知，即客户需求隐性处于较低水平，而客户需求多样性程度处于较高的水平，如家电行业。在这一需求市场上，客户的需求较为明晰，能够被明确地记录下来，并且客户对产品的偏好更为广泛，如"宝妈们"希望干衣机既具有杀菌功能、线屑收集功能、定期抖散功能，又具有自动感知衣物湿度的功能。如图 7-4 所示，针对家电行业特征，通过网器等智能终端和用户社群交互获取个性化需求小数据合成大规模定制订单大数据，实现用户个性化定制和产品的大规模生产，用户以众创社区模式参与定制全过程。

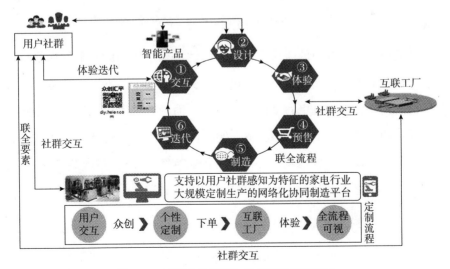

图 7-4　以用户社群感知为特征的家电行业

场景感知，即客户需求隐性水平较高，多样性水平中等，如家具行业。在这一需求市场上，客户的需求更为隐性，以沙发为例，客户在购买沙发时对于沙发的颜色、材质、形状等并没有明确的要求，需要通过不断的体验才能选择。由于家具的功效相对固定，所以客户需求的多样性处于中等水平。如图7-5所示，基于地域、房型、户型、装修风格、家庭成员结构等生活场景感知用户个性化小众消费需求汇聚成大规模定制订单大数据，实现以用户消费需求驱动的大规模定制生产。

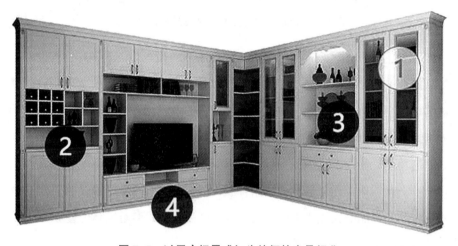

图7-5　以用户场景感知为特征的家具行业

体验感知，即客户的需求隐性和多样性均处于较高的水平，如服装行业。在这一需求市场上，客户在做出购买决策之前，并不确定自己的需求是什么。而且，需求也更为多样性，以女性消费者为例，她们会选择购买哈伦裤、喇叭裤、铅笔裤、小脚裤、阔腿裤等多种类型的裤子以满足自己的搭配需求。如图7-6所示，针对服装行业特征，通过厂/店/家物联互联和用户"O+O"参与体验，满足极端个性化定制需求，促进传统产业转型升级。

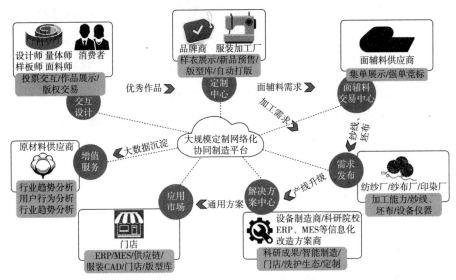

图 7-6 以用户体验感知为特征的服装行业

3. 数据分析结果

在聚类分析结果的基础上，本章探究了资源社群信息、社交媒体信息和用户社群信息与面向产品和面向服务的大规模定制能力之间的关系，结果如表 7-4 所示。

表 7-4 不同细分市场上信息与大规模定制能力的关系结果

	面向产品的大规模定制能力				面向服务的大规模定制能力			
	内部感知 （日用品）	社群感知 （家电）	场景感知 （家具）	体验感知 （服装）	内部感知 （日用品）	社群感知 （家电）	场景感知 （家具）	体验感知 （服装）
资源社群信息	√			√	√		√	√
社交媒体信息				√				
用户社群信息		√					√	

注：√ 表示在不同的感知类型中，三种类型的信息是否对大规模定制能力发挥作用。

对于面向产品的大规模定制能力，在内部感知中，资源社群信息十分重要；在社群感知中，用户社群信息发挥着重要的作用；在场景感知中，三种信息均未发挥作用；在体验感知中，资源社群信息和社交媒体信息均发挥着重要的作用。对于面向服务的大规模定制能力，在内部感知中，资源社群信息十分重要；在社群感知中，三种信息均未发挥作用；在场景感知中，资源社群信息和用户社群信息均发挥着重要的作用；在体验感知中，资源社群信息十分重要。

四、结果与讨论

面对激烈的市场竞争，客户对产品和服务的需求趋向于多样化和个性化，企业需要利用有限的资源为市场提供大量的、多样化的产品和服务，以满足客户的需求。大规模定制以大批量的效益进行定制产品的生产，在不牺牲企业经济效益的前提下，最大限度地满足不同客户的个性化需求，实现了生产的规模经济性与范围经济性。在大规模定制模式下产品设计的目标是在设计的早期既要考虑生产的低成本和高效率，又要考虑客户的个性化需求，产品的设计成本中产品需求变动对成本的影响从占全生命周期过程的5%提升至60%。在这种情况下，对大规模定制过程中客户需求的聚类分析显得尤为关键。此外，作为企业的信息密集型活动，大规模定制需要来自资源社群、社交媒体和用户社群多方面的信息。但是，面对不同的客户需求，信息的重要性也不同，有必要基于不同的需求程度探究资源社群信息（供应链信息整合）、社交媒体信息（社交媒体使用）以及用户社群信息（以客户为中心的管理系统）对大规模定制能力的影响。基于277份有效问卷，本章得出了以下结论：

基于客户需求隐性和多样性，共识别出四种类型的客户需求：内部感知（如日用品行业）、社群感知（如家电行业）、场景感知（如家具行业）

以及体验感知（如服装行业）。把众多客户需求信息进行聚类之后，企业可以以更少的产品族模型覆盖更多的客户需求。也就是说，企业不必对每一个客户的需求进行建模，而是把各个类中所有的客户需求当作一个整体进行建模。

在内部感知中，资源社群信息在面向产品和面向服务的大规模定制能力提升中均发挥着十分重要的作用。这可能是因为内部感知下的客户需求较为稳定，仅需要资源社群信息即可满足企业对信息的需求。

在社群感知中，用户社群信息对面向产品的大规模定制能力十分重要，但是对面向服务的大规模定制能力并不重要。社群感知的特征为客户需求的多样性程度较高，收集来自用户社群的信息对于企业来说更为有效。

在场景感知中，三种类型的信息均未对面向产品的大规模定制能力产生影响，资源社群信息和用户社群信息对面向服务的大规模定制能力十分重要。这可能是因为单一的信息来源不能支撑面向产品大规模定制能力的提升，需要对三种信息进行交互，以更有效地发挥作用。

在体验感知中，资源社群信息和社交媒体信息对面向产品的大规模定制能力更为重要，而资源社群信息对面向服务的大规模定制能力更为重要。这可能是因为客户需求的隐性和多样性均处于较高的水平，企业需要通过其他渠道如社交媒体或供应商来获取客户需求的信息，从而提升大规模定制能力。

第八章
大数据分析能力与大规模定制能力

一、基于大数据分析能力的大规模定制能力

在全球化进程中，致力于追求低成本、高效率的大规模生产模式是长期以来我国制造业实现盈利的武器，却也导致企业深陷产品同质化的泥潭，竞争优势难以凸显而面临利润持续低迷的困境。人们逐渐意识到，同类产品规模化会存在批量性缺陷和库存积压等潜在问题，而灵活、多变的客户需求无疑助长风险给企业带来巨大的挑战，致使企业向"高质量发展"的步伐处处受限。因此，企业亟须进行模式创新，为缓解大量释放的多样性客户需求做出努力。在"十四五"发展战略规划奠定的主基调下，企业寻求提质、增效的转型升级要以数字化、智能化为核心，以供需双方紧密嵌入的供应链体系为依托，从而为构建"以国内大循环为主体、国内国际双循环相互促进"的新发展格局提供强有力的支撑（冯泰文和绳鸿燕，2020）。

"双循环"背景强调了对超大规模内需的开发，而我国作为制造业大国，如何利用制造优势叠加消费潜力以实现产业向高质量发展升级是值得深思的问题。大规模定制生产具备以规模化的成本与效率实现对多样、隐性的客户需求的快速响应能力，是能够持续适应技术条件和市场需求环境

的制造模式（祁国宁和杨青海，2004）。以海尔为例，作为国内较早探索大规模定制模式的企业，它通过重构价值链首创家电大规模定制平台"众创汇"，同时依托智能互联设计和柔性制造能力，实现用户创意产品化并快速交付到用户手中。在新冠肺炎疫情期间，海尔智家凭借以用户为中心的大规模定制模式，深化"研发—制造—营销"三位一体布局，推出一系列契合疫情期间消费者需求变化的产品和解决方案，并持续推进工业互联平台卡奥斯 COSMOPlat 引领产业转型升级，在实现本土化高质量发展的同时加速全球协同制造，助力"双循环"发展格局。因此，在"双循环"背景下，大规模定制是传统产业转型升级的关键着力点，以持续优化供需结构来推动制造业向产业链中高端升级，实现高质量发展。

当前，以大数据、云计算、物联网等为代表的新一代信息技术正处于持续、高速的发展中，推动着企业数字化的浪潮，尤其在疫情防控时期，大数据技术在刺激创新活力方面的表现充分展示了"数字蝶变"的力量。在我国，以电子商务为代表的第三产业数字化已经见证了消费互联给数字经济带来的跨越式增长，而在"供给侧"，数字技术不仅能为实体经济高质量发展提供强有力的支撑，也将为我国数字经济的再次飞跃带来巨大的潜力。2017 年，我国发布《国务院关于深化"互联网+先进制造业"发展工业互联网的指导意见》，指出要深入推进"互联网+先进制造业"，积极构建数字驱动的工业新生态，利用工业互联网实现产业上下游的互联互通，促进信息集成共享。2020 年，党的十九届五中全会强调了要以数字化赋能传统产业转型升级，并对其在"十四五"期间的发展做出重要战略部署，在总体发展战略的指导下，制造企业需要重新审视自身的资源和能力，构建围绕"数字化"的核心竞争力以适应瞬息万变的市场与技术环境。目前，我国数字经济发展规模居全球第二，其中，制造业已逐步成为数字经济主战场，制造企业的数字化基础能力（如设备数字化率、联网率）作为数字化转型的坚实支撑处于稳步提升阶段，加之与制造业务的深度融合，正持续推动着新模式、新业态的培育。根据《中国数字经济发展白皮书（2020）》报告，截至 2018 年，我国规模以上工业企业的关键工序数控化率达到 48.7%，生产设备数字化率达到 45.9%，数字化设备联网率达到 39.4%。同时，分别有 33.7%、24.7% 和 7.6% 的企业开展了网络化协同、服务型制造和个性化定制，可以看到，伴随数字化转型，数据技术已成为驱动制造企业生产模式变革的新引擎。根据《亚太区中小企业数字化成熟度报告（2020）》，越来越多的中小企业在寻求通过数字化转型来推出新产品和服务，他们希望利用技术满足客户个性化需求并提供新体验，从而在竞争中保持领先地位。那么，投资开发大数据分析能力是否真的能为企业的大规模定制模式升级提供成功的解决方案？如何有效发挥大数据技术在优化企业运营效率方面的价值，使企业数字化潜力得到充分释放成为当前亟待解决的现实问题。

　　企业提升大规模定制能力时面临的一项重要挑战是：需求与供应市场的不确定性日益增长，高度分散的全球制造系统对企业与客户/供应商之间的信息协调带来巨大挑战。以雀巢公司为例，为迎合终端消费市场日益凸显的个性化、高品质需求，应对我国市场的消费升级，雀巢公司在大中华区不断推出新品，并布局广泛的"线上+线下"渠道以提供高品质服务，形成了包含 30 多家工厂、40 多个配送中心以及 150 多个分公司的庞大供应链网络。针对这种新的变化，大中华区的供应链及采购高级副总裁提到，在传统供应链管理下将会出现不同渠道间信息割裂、需求数据调配费时困难、供应链上下游无法协同运作等问题，从而直接影响供应链的成本与效率。因此，一个更加准确、高效、柔性的供应链对企业的大规模定制发展至关重要。面对这些挑战，雀巢的做法是通过与菜鸟合作建立"智慧供应链大脑"系统，将品牌旗舰店、天猫超市等多个平台的货物信息整体打通，实时获取从生产端、仓储端到消费者的全链路数据，并充分利用大数据技术进行分析，从而实现需求与供应的信息协调。可以看到，企业的大数据分析能力可以实现全链路信息可视化来协调供应—需求相匹配，从而高效灵活地向客户提供定制化的产品或服务，同时，与供应链合作伙伴的协同创新也发挥着至关重要的作用。

二、大数据分析能力与大规模定制能力的实证模型

1. 理论基础

（1）资源基础观。资源基础观为现有大规模定制能力研究提供了坚实的理论基础。目前文献中以资源基础观为基础提出了一些通过资源配置创新来支持大规模定制能力发展的能力，例如，大数据分析智能（Yu et al.，2018）、精益和敏捷实践（Zhang et al.，2014）、员工高参与（Salvador et al.，2015）、吸收能力（Trentin et al.，2019）、职能部门整合（Liu et al.，2006）等，这些能力都表现为对多种有形资源、人力资源和无形资源的独特配置。同时，从供应链上下游获得外部知识与资源的重要性也被强调（Lai et al.，2012；Liu et al.，2010；Wang et al.，2016a）。资源基础观的核心是用企业异质性的资源或能力来解释差异，认为企业竞争优势的来源是一系列有价值的、稀有的、组织得当且不可被复制的资源配置，即企业独特的调动资源的能力提供了可持续的竞争优势（Zhang & Xiao，2020）。相比资源，能力嵌入多知识来源的动态互动中，对企业来说异质性更高而可转移性更低。另外，能带来竞争优势的能力往往联系着资源与使用该资源的预期目标，现有关于资源基础观的研究在不断发展中，形成了"资源—能力—绩效"的理论框架（Barney，1991）。本章也试图参照该结构对大数据分析能力、供应链可视性、组织间学习以及大规模定制能力的内涵进行阐述，从而为构建变量间的关系模型打下基础。

　　大数据分析能力是符合资源基础观逻辑的重要资源，企业通过使用各种统计和分析技术可以从大数据中提取有价值的信息和见解，反映为与大数据分析相关的数据、设施、分析工具、技术技能、管理人才、决策文化、组织学习等多种资源的集合（Seddon & Currie，2017）。我们将大数据分析能力视为有效增强大规模定制能力的关键资源，其在与特定业务相结合后会发展出不同的能力，从而在大规模定制能力这一预期绩效上也可能发挥出不同的作用。结合供应链环境，供应链可视性是企业在供应链上获取高质量的需求和供应信息，并以可视化手段实现信息共享的能力，根据资源基础观可被定位为组织能力（Dubey et al.，2020）。通过前文的文献梳理，供应链可视性不仅表现为大数据分析能力这一技术资源的有效实践，更突出了能够获取并整合外部资源的特点，是大数据分析结合供应链业务发展出的一种关键能力。它作为一种技术支持的供应链能力，可以整合并重新配置大数据分析能力与来自客户和供应商的外部信息资源，以快速应对客户需求的多样性与不确定性，从而有效提升大规模定制能力。因此，从"资源—能力—绩效"这一框架来看，资源基础观提供了一个深入的视角，可以帮助理解通过使用大数据分析能力来创建供应链可视性，从而提高大规模定制能力这一内在机制。

　　（2）组织信息处理理论。为探究大数据分析能力如何影响大规模定制能力，立足供应链视角，提出通过发展供应链可视性这一能力连接两者关系，即大数据分析能力对大规模定制能力的促进作用通过供应链可视性实现。本章使用组织信息处理理论（Organizational Information Processing Theory，OIPT）来解释大数据分析能力与大规模定制能力间的作用机制。该理论最早源于对组织结构中信息及应用信息的方法的探讨。Galbraith（1973）整合前人的研究成果发展了组织信息处理理论，他检查了组织利用信息来减少任务不确定性时产生的结构上的变化，发现组织结构的变化与减少任务不确定性所需的信息量有关。其中，"不确定性"被普遍接受为所拥有信息和完成一项任务所需信息之间的差距，而"信息处理"通过收集、解释和整合信息是不确定性的解决办法，协助组织决策。

在此基础上，Tushman 和 Nadler（1978）识别并阐述了任务不确定性的三种来源：任务环境、单元内部任务特征以及单元间任务的相互依赖。我们注意到不确定性能分别对应到大规模定制的典型现象中。第一，大规模定制的市场与技术环境处于持续、快速的变化中，企业难以施加有效的控制，将给企业带来巨大的环境不确定性（Wang et al.，2016b）。第二，产品/服务的大规模定制旨在满足客户的定制化要求并提高客户满意度，组织会采用模块配置的方式进行产品/服务创新。尽管模块管理帮助固定了一部分任务计划，如在基础原材料、常规零部件、通用附件等方面的预测与管理，但是仍有很大一部分联系定制需求的特殊、复杂、相互关联的任务是无法进行预先计划的，给企业带来了更大的不确定性（吴义爽等，2016）。第三，考虑企业的供应链性质，不同供应链成员高度参与产品/服务的大规模定制任务，企业与不同供应链成员具有较强的相互依赖性，将提高企业与客户和供应商保持持续有效的互动来交换和协调信息的需求（Liu et al.，2021）。因此，大规模定制能力的解决方案与信息处理理论的逻辑相一致。

组织信息处理理论由三个核心要素组成：信息处理需求、信息处理能力以及需求—能力的匹配（Galbraith，1973）。在任务的不确定性增加时，信息处理需求也随之增加，这时就需要提高信息处理能力来与之匹配。而不同的组织结构反映了有效处理信息的不同能力，当组织面临的信息处理需求与组织结构中的信息处理能力相匹配时，组织将更有效。由此，三种应对不确定性的组织设计方案被普遍接受：提高预先计划能力，主要通过目标设置、层次结构和规则进行有效协调的机制/能力，来处理好相互依赖的角色所必需的信息需求；提高对难以预先计划的任务的响应能力，主要通过投资垂直信息系统和创建横向关系来提高信息处理能力；降低信息处理需求，主要通过增加冗余资源和自包容任务两种方式。

充分借鉴组织信息处理理论的观点，大规模定制活动给组织带来更为复杂、不确定的处理任务，如新产品的设计、新市场的进入或新技术的使用都使组织任务目标变得不确定，这将带来更多的"异常场景"以及重载的层次结构，使日常工作中必要处理的信息量激增，因此，需要企业持续地提高信息处理能力来与不断扩大的信息处理需求相匹配，从而更好地响应不确定的市场环境（Gunasekaran et al.，2017）。大数据分析能力与供应链可视性都可为企业提供信息处理能力，大数据分析能力使组织能够快速组合和处理多种信息类型和提要，从而产生解决方案；在大数据分析能力的帮助下，高管可以适当分配稀缺资源、增加或减少生产、改变产品结构或产量，并从替代生产地点重新定向发货，使企业能够根据供应短缺和需求变化来检查替代方案，从而帮助制定成本效率高的行为决策。而供应链可视性是通过外部的横向关系产生的，这种关系可以由连接的信息系统、重叠的规划过程和协调的决策发展而成，它不仅为企业带来了更多、更丰富的数据信息，还通过可视化工具的使用使供应与需求信息更易共享与访问，增强了决策制定的有效性（陈凌峰和赵剑冬，2018）。因此，在组织信息处理理论视角下，大数据分析能力与供应链可视性相辅相成，为大规模定制创新提供了信息处理能力。

以组织信息处理理论为依据，对大数据分析能力与供应链可视性对大规模定制能力的影响作用展开论述，并对供应链可视性在大数据分析能力与大规模定制能力间发挥的中介作用进行阐释。之后，同样从组织信息处理理论来看，组织间学习也可被视为一种通过建立横向关系提高信息处理能力的途径，其与供应链可视性的交互作用也在下文中得到分析。

2. 大数据分析能力与大规模定制能力

互联网时代下爆炸式信息授权客户对产品和服务提出更高、更多变的要求，这种异质性客户需求能够通过定制产品得以满足，而同时考虑保持较高的成本效率，大规模定制能力是解决这些问题的关键着力点，也成为企业发展竞争优势的重要能力（吴义爽等，2016）。大规模定制能力需要满足以相同设备和批量性组件为不同的细分市场提供异质产品和服务，这种特性要求企业具备强大的设计和部署产品或流程组件的处理能力来实现创新（Liu et al.，2021），而大数据分析能力可以为这种创新提供持续的技术支撑。企业在大数据分析能力方面的投资与培育，可以实现更多途径获取数据资源，利用更新颖的工具处理数据得到新见解，并熟练地对数据资源进行整合、编排和管理（Gupta & George，2016），数据能力的集成性和灵活性能够帮助企业实时捕获及预测需求以指导设计，调整资源配置以提升运营效率，重构产品/服务的生产制造流程以刺激业务创新，最终使客户体验得到全面升级（孙新波等，2019）。

大数据分析能力作为新引入的信息技术能力需要自上到下的组织人员的参与和内化，主要包括大数据分析技能的培育、大数据分析在业务管理中的内化以及数据决策的文化形成。首先，为满足快速、高效地响应大规模定制中的多样性客户需求，企业需要开发和使用更为复杂的流程来处理客户的订单信息，这在技术能力方面对企业员工提出了新要求。销售部门员工需要学习并掌握更多先进技能，如机器学习、数据提取、数据清理、统计分析和编程等方法来更及时、准确地将客户需求"翻译"为组织内部语言以保证信息的后续流动顺畅。同时，对于大规模定制的产品往往会涉及更多的非标准化组件以及更为复杂的组件装配程序，这时，企业一贯使用的、传统的"订货提前期"或"流水线生产"方法可能失效（Wu et al.，2020），生产/供应链部门员工的日常任务变为应对更多的紧急订单，这要求员工具备良好的信息处理能力以应对不断调整、更新的生产计划。因此，大数据技术能力的提升能使企业更从容地以大规模定制模式提供产品。

通过招聘、培训在大数据处理方面具有技术性技能的员工，企业能做到快速、准确地应对多变需求的挑战，而管理层面的技能将帮助企业实现不同职能部门的协同。在大规模定制模式下，高效、低成本地完成复杂的资源调配，就需要打通从需求端到供应端的信息通道（Liu et al.，2010），这要求大数据高管人员具备解读数据深层内涵的能力，从客户订单数据以及市场需求数据中挖掘客户隐性需求，提前做出计划以保证快速响应。此外，经验丰富的高管人员熟知组织业务流程并在不同职能部门间建立起了紧密关系，相互的信任与良好的工作关系降低了信息沟通成本，并能使从数据中获得的见解在全组织流程内传递，实现数据的同化。这种大数据管理能力的提升，能进一步帮助企业主动识别客户需求并做出提前计划，从而更高效地提供大规模定制产品（Tziantopoulos et al.，2019）。同时，数据驱动的决策能力也是大规模定制生产的关键。大数据分析在大规模定制生产中产生效果还需组织内全体人员的认同，只有真正意识到重要性并将数据驱动的决策制定落到实处，才能将大数据的价值发挥出来。这种能力是长期以来的文化培养，具有数据驱动决策文化的企业将在大规模定制转型升级中表现得更好。

因此，企业练就高超的大数据分析能力能够进一步提升其面向产品的大规模定制能力。具体而言，不同维度的大数据分析能力对面向产品的大规模定制能力的影响如下子假设所示：

H8-1a：大数据技术能力正向影响面向产品的大规模定制能力。

H8-1b：大数据管理能力正向影响面向产品的大规模定制能力。

H8-1c：数据驱动的决策能力正向影响面向产品的大规模定制能力。

近年来，越来越多的企业通过"产品+服务"的创新来实现核心产品的价值增值，从而增强企业的竞争格局，而大数据分析能力能为大规模定制服务的实现提供关键支持，例如，数字系统的使用将实现更充分的资源分配、更高的透明度和组织间更好的信息流动，充分利用服务相关的数据处理和解释，通过对销售产品实施远程监控并进行预测性维护，从售后服务方面提高质量及客户满意度（Abou-Foul et al.，2020）。同时，大规模定制模式下客户高度参与的特性在大规模定制服务中得到很好体现，企业可以利用平台化的运营手段围绕产品增加服务定制并提供定制的解决方案，这时，具有大数据分析能力和平台运营知识的技术性人才在成功实施面向服务的大规模定制中发挥重要作用。但是，有时候技术性的数字解决方案并不能发挥效果，对于成功转型更为重要的因素是服务导向的高管承诺。大数据分析相关的管理人员是催生数字服务化能力的关键力量，他们能从数据中获取独特的见解，并通过前端服务工程师、后端服务运营和服务销售之间的多角色耦合，实现全流程各环节的协同创新来制定与改善服务计划（Raja et al.，2018）。同时，企业的身份认知对大规模定制服务的转型也至关重要，当企业开始将自己定位为"数字技术企业"，从规划导向转变为发现导向时，它们将专注于探索技术促进的新工作方式（Tronvoll et al.，2020）。在这种数据驱动的决策文化下，企业对服务定制的开发将得到增强，这是根植在组织内部的柔性，是组织长期处于应对快节奏的数字软件迭代更新环境下练就的更为开放、创新的思维，也为面向服务的大规模定制能力提供了强大的支持。

因此，企业练就高超的大数据分析能力能够进一步提升其面向服务的大规模定制能力。具体而言，不同维度的大数据分析能力对面向服务的大规模定制能力的影响如下子假设所示：

H8-1d：大数据技术能力正向影响面向服务的大规模定制能力。

H8-1e：大数据管理能力正向影响面向服务的大规模定制能力。

H8-1f：数据驱动的决策能力正向影响面向服务的大规模定制能力。

3. 供应链可视性的中介作用

大规模定制要求企业快速、准确地理解客户需求，并及时、适当地采购供应来制造产品，但是产品的高定制需求和短生命周期将给企业的供应链管理带来极大的不确定性。因此，解决需求和供应不确定问题是提升大规模定制能力的关键（Liu et al.，2010）。供应链可视性反映了以达成互惠为目的，企业从客户和供应商处获取更多高质量的、有用的信息的能力，这时企业获取的信息量和信息丰富度都得到提升，能帮助企业应对大规模定制活动中所需处理的任务的模糊性和不确定性。本节将从组织信息处理理论的观点出发，先后论述大数据分析能力对供应链可视性的影响、供应链可视性对大规模定制能力的影响，以及供应链可视性在大数据分析能力与大规模定制能力间发挥的中介效应。

（1）大数据分析能力对供应链可视性的影响。在供应链管理的背景下，为了缓解需求与供应在实践中的不平衡问题，企业需要持续不断地分析从客户和供应商处收集的数据来洞察他们的运营活动，以驱动、改善组织内部的决策和计划（Wei & Wang，2010）。例如，客户的促销活动可能会导致需求的短期波动，这就要求制造商在组织内部调配产能和库存，或搜寻额外的供应来满足需求，而通过建立客户数据和供应商数据的可视性，可以更好地监控和预测即时的需求趋势，并迅速重构供应资源或制订采购计划来做出响应。因此，供应链可视性是组织运营过程中至关重要的能力。现有研究一致认为，这种能力发展的关键是形成关系支撑和获得来自信息技术要素的助力（Barratt & Oke，2007）。因此，在数字化背景下，企业投资于大数据分析能力能提高对供应链成员（客户/供应商）信息的可视程度。

大数据技术能力可以帮助企业获取多来源的需求数据，包括客户直接提供的订单、观察到的客户促销活动、通过社交媒体搜寻到的市场需求、客户创新意向、消费者情感相关数据以及移动设备数据等海量、结构化/非结构化、质量水平不一的数据，通过数据提取、清洗等技术筛选加工成保真保质、可在组织内部顺畅流动的信息，实现客户需求可视性（Jimenez et al.，2019）。这些丰富的信息能够帮助提高企业在需求预测上的准确性

（Akter et al.，2016）。例如，沃尔玛每小时约收集 2.5 PB 的数据，其中包含了交易、客户行为、位置和设备等信息，以全面了解客户的购买行为并评估"真实"客户生命周期价值（Wamba et al.，2020）。对于上游供应商，企业利用大数据技术能力能及时获取有关供应商可用容量、原材料或组件短缺、装运状态以及库存可用性的信息，从而提高供应可视性（Zhu et al.，2018）。通过技术处理后的需求/供应信息将上传到企业特定的信息系统中以方便访问与查询，大数据经理将整合和管理所有数据信息，并在不同职能部门间建立联系，实现数据的跨部门整合。同时，大数据管理能力在内部业务信息与外部获取的信息的组合联系中发挥着至关重要的作用，进一步增强供应链的可视性。对于那些将数据驱动决策根植到企业文化中的企业来说，组织全体员工在长期与数据打交道的过程中培养了对数据的敏感度，他们会更容易地接受和利用大数据带来的丰富信息，并凭借数据分析的结果来支持决策，而不是仅凭过去的经验（Yu et al.，2018），这种全体员工一致达成的文化意识能促使组织更好地利用可视化工具，增强在需求和供应信息上的可视程度。

因此，大数据分析能力将正向影响企业的供应链可视性。具体而言，不同维度的大数据分析能力分别对需求可视性和供应可视性的影响如下子假设所示：

H8-2a～H8-2b：大数据技术能力正向影响需求可视性（a）和供应可视性（b）。

H8-3a～H8-3b：大数据管理能力正向影响需求可视性（a）和供应可视性（b）。

H8-4a～H8-4b：数据驱动的决策能力正向影响需求可视性（a）和供应可视性（b）。

（2）供应链可视性对大规模定制能力的影响。大规模定制生产对供应链流程提出了新挑战：①产品/服务以客户为中心的定制；②具有竞争力的成本和交付期；③环境动态性。供应链可视性通过解决供应链任务的不确定性，促进柔性敏捷的生产流程，帮助企业更好地应对这些挑战。通过使用信息系统及对产品模块、销售和库存的持续调整，供应链可视性可以实现信息的实时交换，促进协同供应链的实践来增强大规模定制能力。

首先考虑需求可视性的作用。大规模定制生产的特性强调了以客户为中心的设计，它确保了企业能够真正满足客户提出的定制属性，是全流程质量管理的基础，这需要客户的深度参与，也要求客户定制需求信息能准确、快速地传播到组织内部。从组织信息处理理论来看，需求可视性实现了与客户连接的横向关系的建立，拓展了组织边界，并通过相应信息系统使需求信息得到整合，从而避免了定制活动中的高沟通成本和市场中介成本（Liu et al., 2010）。同时，需求可视性的增强有助于企业持续地获取和维护有价值的客户需求信息，并以统一的语言、格式使需求信息在系统中可视，组织内部各职能能够快速地访问、处理、使用需求信息，并做出响应。因此，需求可视性是企业应对大规模定制活动中的需求不确定性挑战的关键。

除此之外，供应可视性在大规模定制活动中也发挥了重要作用。由客户提出的可定制的产品/服务需求存在模糊性和不确定性，不仅增加了企业处理这种任务所需的信息量，也给企业的库存和交付带来了巨大的挑战。以往研究指出，较长的提前期会增加整个供应链系统的"牛鞭效应"，导致库存堆积和低效率，增加了库存成本，因此，缩短提前期能在一定程度上减少不确定性，特别是面对大规模定制生产中快速变动、无例程可循的需求，提前期的缩短能使企业更有效率地控制库存，更敏捷地应对需求（Tu et al., 2001）。但是，通过缩短提前期来减少库存并实现快速交付，这不仅对企业，也对供应商的运营效率提出了高要求。供应可视性能够提高供应链上游和采购市场的透明度，通过建立连接供应商的信息系统，企业可以充分掌握供应商的库存、物流、交付等信息，有助于避免沟通成本，并保持对供应商在准时交货和产品质量方面的表现的持续评估，在供应商选择方面做出更好的决策（Zhu et al.，2018）。另外，对不同供应商的信息进行整合和管理，根据不同供应商的能力并结合多样性的定制需求进行匹配，可以实现快速调配资源来满足客户的定制化需求，同时也能保证具有竞争力的库存成本与交付期（Wu et al.，2020）。可以看到，供应可视性的建立有助于厘清上游供应市场复杂性带来的不确定，为最优决策的制定提供高质量的信息支撑，对提升大规模定制能力具有重要意义。

因此，我们提出，供应链可视性对企业大规模定制能力具有正向促进作用。具体而言，需求可视性和供应可视性对不同维度的大规模定制能力的影响如下子假设所示：

H8-5a~H8-5b：需求可视性（a）和供应可视性（b）正向影响面向产品的大规模定制能力。

H8-6a~H8-6b：需求可视性（a）和供应可视性（b）正向影响面向服务的大规模定制能力。

（3）供应链可视性的中介作用。结合上述两条对大数据分析能力与供应链可视性以及供应链可视性与大规模定制能力关系的论证分析，本节提出并阐述了供应链可视性在大数据分析能力与大规模定制能力两者间发挥中介作用的假设。多数研究提出大数据分析能力是大规模定制能力的关键驱动因素，然而，尽管对大数据资源的管理与利用能为企业制订转型方案提供新颖见解，但也会带来成本负累、信息冗余等风险，为充分发挥大数据分析的价值，企业还需综合考虑供应链层面的治理与兼容、合作与整合等挑战（Kache & Seuring，2017）。若大数据分析能力没能很好地与供应链业务活动相融合，将在提取有用的、高质量的供应链信息方面产生障碍，从而影响大数据分析能力在大规模定制实践中发挥的作用效果。因此，增强大数据分析能力并不能保证获取足够有效的信息量来弥补任务处理所需信息与已知信息之间的缺口以消除供应链的不确定性，供应链可视性作为一种中间机制值得被重视。

从组织信息处理理论视角来看，大数据分析能力和供应链可视性都能提高企业的信息处理能力，从而与大规模定制下需求信息的高度不确定性和生产流程的复杂性所带来的激增的信息处理需求相匹配，以缓解大规模定制模式下供应链不确定性问题。现有研究提出，大数据分析能力作为新引入的技术资源能够加速决策，促进沟通并快速响应持续的变化，在与具体流程惯例相结合后将产生驱动效应，帮助企业解决问题和创造增量价值（孙新波等，2019）。供应链可视性是企业对从需求端到供应端的信息实现全链透明的能力，它通过横向关系的建立获取来自组织外部的信息以收获新见解，从而增强组织信息处理能力。可以看到，大数据分析能力作为技术支持能为供应链可视性的增强提供新动能，同时供应链伙伴对技术的信任以及支持可见性惯例的协作关系的建立也对透明的实现至关重要（Roy，2021）。因此，供应链可视性是一种数据支持的能力，也是一种反映强供应链关系的能力，将大数据资源与能力应用于供应链信息的整合和分析中，实现需求信息与供应信息的透明与相协调，将有效促进大规模定制活动的实施。

具备熟练使用大数据技术的员工能够利用新颖、先进的工具捕获更多的需求信息，而产品的定制需求往往涉及更多来自客户的非结构性数据，如从产品虚拟社群、微博、搜索引擎等途径搜寻到的客户对产品提出的需求数据。这些海量数据在扩大了信息量和信息丰富度的同时也带来了低质量的风险，需要进一步被处理转化为组织可识别的、高质量的、有用的客户信息，并实现需求的可视形式以保证被快速读取。另外，需求可视性通常伴随成熟信息系统的建立，实现组织内部各职能部门对需求信息的畅通访问，这有助于对存储累积的数据价值的深度挖掘并在管理实践中加以利用。一方面，提炼定制产品制造规律，有利于以产品模块化为核心的柔性制造系统的实现，帮助企业扩大产品品种范围；另一方面，利用不断成长的定制需求信息可以促进新惯例的建立，信息的可视、可用也将降低企业与客户的沟通成本。同时以数据分析为指导的决策机制是根植在组织文化中的无形资源，它反映出全组织对数据及其内在价值的敏感度，能够增强企业对客户隐性需求的探索能力（张明超等，2018），这种文化也能感染客户，在联合设计的接触互动中影响客户的决策方式，使其更愿意提供有价值的信息来达到互惠目的。通过需求可视性，企业与客户可以在同一操作界面实现信息共享，客户的自主创造潜力得到激发，系统软件使用的统一语言也使客户的设计知识更易被识别，使产品质量在设计阶段得以保障。因此，需求可视性在传递大数据分析能力对规模化定制产品的驱动力上发挥关键作用。

多样性需求要求的快速响应，不仅对企业的运营能力提出高要求，也对供应商的供应能力提出挑战。例如，一个反映客户快速变化的新产品需求往往需要对产品特性、制造工艺甚至原材料部件进行更改，特别是对于复杂产品，这时需要使用信息技术、系统平台来监控这些产品变更请求，以协调企业的内部运营与供应商基础相契合，实现快速、有效的客户需求响应（Wu et al.，2020）。供应可视性代表对供应商信息的整合管理，能够确保供应端的整体效率和有效性，其实现关键包括两点：先进技术的支持与供应商的认同和合作。如大数据等新技术、新例程的有效实施需要所有参与者的一致行为，相对于客户需求信息，供应商的库存、物流、交付等信息往往存在更大的不确定性。只有供应商愿意并能够提供有效的供应端信息，企业的大数据分析能力才能真正发挥作用，实现快速的资源调配以支持柔性制造。因此，供应可视性对于定制产品"落地"，特别是后续量产的实现具有重要意义。

因此，我们提出，供应链可视性对大数据分析能力与大规模定制能力的关系发挥中介作用。具体而言，不同维度的大数据分析能力通过需求可视性和供应可视性对面向产品的大规模定制能力产生影响的中介路径如下子假设所示：

H8-7a~H8-7b：需求可视性（a）和供应可视性（b）对大数据技术能力和面向产品的大规模定制能力之间的关系起中介作用。

H8-7c~H8-7d：需求可视性（a）和供应可视性（b）对大数据管理能力和面向产品的大规模定制能力之间的关系起中介作用。

H8-7e~H8-7f：需求可视性（a）和供应可视性（b）对数据驱动的决策能力和面向产品的大规模定制能力之间的关系起中介作用。

现有研究指出，企业在服务运营中通过推进数字化激励能够提高服务质量，促进更有成本效益的运营发展（Abou-Foul et al.，2020）。尽管信息技术要素的投入与服务运营能力的增强存在紧密联系，仍要关注该作用效果的实现路径以确保其价值有效性的良好表现。企业以数字化技术手段为支撑，将通过更充分的资源分配、更高的透明度和供应链网络中更好的信息流动实现服务创新（杨蕙馨等，2020）。我们认为，供应链可视性作为实现供应链智能连接的强有力工具，将在大数据分析能力促进面向服务的大规模定制能力的影响路径中发挥关键作用。当前越来越常见的服务差异化方法是引入选项和选择，让客户对服务内容和可用性进行一些定制和控制，这种产品的增值服务可以通过需求端界面模块的自由组合实现，以数字化服务提升客户体验，同时，利用售后监控系统使产品/服务的全链路透明化有助于企业快速识别产品缺陷并进行预测性维护，提高服务质量（Abou-Foul et al.，2020）。

因此，我们提出，需求可视性和供应可视性对大数据分析能力与面向服务的大规模定制能力的关系具有中介作用，具体中介路径如下子假设所示：

H8-8a~H8-8b：需求可视性（a）和供应可视性（b）对大数据技术能力和面向服务的大规模定制能力之间的关系起中介作用。

H8-8c~H8-8d：需求可视性（a）和供应可视性（b）对大数据管理能力和面向服务的大规模定制能力之间的关系起中介作用。

H8-8e~H8-8f：需求可视性（a）和供应可视性（b）对数据驱动的决策能力和面向服务的大规模定制能力之间的关系起中介作用。

4. 组织间学习的调节作用

（1）组织间学习对供应链可视性直接作用的调节作用。前文分析了企业通过培育大数据分析能力来实时地获取、处理更多来自客户/供应商的高质量信息，并以可视化的形式使信息在组织内部、外部顺畅流动，从而提高对供应端和需求端的洞察力。新技术的使用和供应链关系的紧密连接为这种洞察力提供了坚实基础，从而帮助企业实现快速调配资源/能力以响应变化。可以看到，供应链可视性是实现大规模定制能力的关键，其最终表现为通过供应链透明化对需求—供应信息进行快速高效的匹配处理。而在大规模定制下，多样性的定制需求带来的是大量增加的、复杂的与产品/服务设计相关的任务需求，企业需要更多的专业技能、知识来满足产品创新或支持流程创新。定制产品和服务要求企业与客户共同设计，利用客户的专业知识为最终产品设计模块，有助于企业设计时间的缩短和设计成本的减少，同时，共同设计也是研发阶段的质量控制措施，从而提高新产品/服务的质量。但是，客户创意落地还需供应端的支持，新产品的开发往往涉及新材料、新配件或新工艺，这就需要企业与供应商进行联合开发。供应商作为材料、配件生产者，对于规格、模具、工艺等具备更专业的知识，对于无法或难以有效识别的客户需求，企业还能通过与供应商间的相互学习来协作创新。因此，在业务逐渐展开大数据、信息化的变革时，组织间学习依然是客户需求实现的关键，特别是对于隐性的客户需求。

作为基于供应链关系的两种关键能力，供应链可视性和组织间学习都实现了信息共享，在大规模定制中表现出重要意义。而在组织间学习研究领域，有学者提出组织间学习悖论，认为组织间知识的转移能够帮助企业获取额外的资源/能力，但是当合作伙伴开始疑虑核心企业"不良的知识转移行为"意图，产生"竞争优势削减"的危机意识时，他们会对核心企业的知识利用、转移行为施加约束，并影响合作关系的可持续性（Mohr & Sengupta，2002）。因此，组织间学习和供应链可视性作为两种不同的信息获取途径可以相互补充，但根据悖论认知，过强的组织间学习反而会导致更严苛的行为约束或合作关系的破裂。有效的信息共享和机会主义，将分别在企业绩效表现上产生正面和负面的作用（Feng et al.，2020）。现有研究对供应链可视性和组织间学习在大规模定制能力上发挥的作用展开的论述大多从因素的单独作用进行讨论，对两者的联动作用缺乏见解。

在企业数字化背景下，我们提出，组织间学习将会削弱供应链可视性对大规模定制能力的促进作用，高程度的组织间学习表现出与大数据分析能力匹配不佳。组织间学习是企业通过联盟关系吸收难以获得的、隐性知识的途径，其与供应链可视性是两种不同的基于供应链关系的能力，前者往往通过频繁的非正式沟通、近距离深入的观察接触、直接教授等方式来获取专业技能知识，而后者更依赖于信息系统中整合后的数据信息，并以信任为基础来实现用"同一语言"交流。这两种供应链能力分别代表对显性、高质量信息的可视性和对隐性、经验性知识的吸收，可能存在相互作用的关系。根据组织间学习悖论，在知识转移中良好的合作关系并不是必定存在。结合核心企业与合作伙伴的竞争位势，供应链合作伙伴在向核心企业转移知识时可能会出现"竞争力削减"的危机意识，从而弱化合作伙伴间的信任程度，并激发他们对核心企业实施输出约束，反而抑制了其他基于供应链关系的能力的有效性。因此，组织间学习和供应链可视性这两种供应链能力可能存在竞争替代的关系。当企业的组织间学习程度增强，即企业更多地依赖于以隐性转移的方式吸收合作伙伴的知识与资源来实现创新时，供应链可视性对大规模定制能力的促进作用可能会变弱。

因此，我们提出，组织间学习负向调节供应链可视性对大规模定制能力的影响关系。具体而言，组织间学习在需求可视性和供应可视性与不同维度的大规模定制能力间关系上发挥的调节效应如下子假设所示：

H8-9a~H8-9b：组织间学习的程度越高，需求可视性（a）、供应可视性（b）对面向产品的大规模定制能力的正向促进作用越弱。

H8-9c~H8-9d：组织间学习的程度越高，需求可视性（c）、供应可视性（d）对面向服务的大规模定制能力的正向促进作用越弱。

（2）组织间学习对供应链可视性中介作用的调节效应。组织间学习能反映企业在与合作伙伴的长期协作中为吸收更多知识而设计形成的例行程序的程度。客户或供应商独特的知识结构和其对企业的接受能力将影响他们对价值创造过程的贡献能力。新技术带来的新例程并不一定能被客户或供应商广泛接受或消化，能力上或认知上的限制可能会影响大数据技术驱动的组织变革的有效性。将供应链关系中的组织间学习视为嵌入供应链结构中的旧惯例，在受到大数据技术带来的新工作方式的冲击时，可能会对技术能力的有效实施产生影响。

在前文论述中假定：①供应链可视性在大数据分析能力和大规模定制能力间起中介作用；②组织间学习会弱化供应链可视性对大规模定制能力的促进作用（调节中介效应第二阶段的影响），但不会作用于大数据分析能力与供应链可视性的关系中（不调节中介效应第一阶段的影响）。根据这些假定，本部分进一步推论，组织间学习程度越高，大数据分析能力通过供应链可视性进而对大规模定制能力产生的促进作用（间接效应）就越弱。

因此，我们提出，组织间学习负向调节供应可视性在大数据分析能力与大规模定制能力间的中介效应。具体而言，组织间学习对需求可视性和供应可视性在不同维度大数据分析能力与不同维度的大规模定制能力间的中介效应的调节作用如下子假设所示：

H8-10a、H8-10c、H8-10e：组织间学习的程度越高，需求可视性在大数据技术能力（a）、大数据管理能力（c）、数据驱动的决策能力（e）与面向产品的大规模定制能力之间所起的中介效应就越弱。

H8-10b、H8-10d、H8-10f：组织间学习的程度越高，供应可视性在大数据技术能力（b）、大数据管理能力（d）、数据驱动的决策能力（f）与面向产品的大规模定制能力之间所起的中介效应就越弱。

H8-11a、H8-11c、H8-11e：组织间学习的程度越高，需求可视性在大数据技术能力（a）、大数据管理能力（c）、数据驱动的决策能力（e）与面向服务的大规模定制能力之间所起的中介效应就越弱。

H8-11b、H8-11d、H8-11f：组织间学习的程度越高，供应可视性在大数据技术能力（b）、大数据管理能力（d）、数据驱动的决策能力（f）与面向服务的大规模定制能力之间所起的中介效应就越弱。

基于资源基础观和组织信息处理理论对大数据分析能力、供应链可视性和组织间学习在大规模定制能力上的作用关系进行论述，概念模型如图8-1所示。

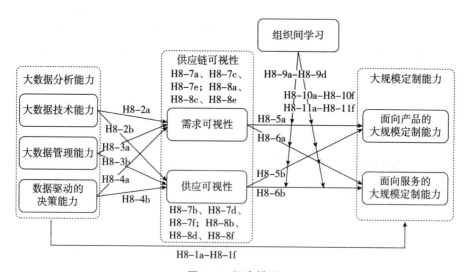

图8-1　概念模型

三、研究方法与结果

1. 样本数据质量评估

（1）无应答偏差和受访者偏差。我们选取意向调研企业共600家，最终回收的有效问卷277份，答复率为46.2%，还有许多企业未做应答（拒绝调研或回收的问卷无效），导致回收样本的覆盖性受到限制。因此，我们对无应答偏差进行了检验。借鉴现有文献中普遍采用的检验方法，对最先收回和最后收回的样本答复各40份，进行独立样本t检验。检验结果显示，这两组数据在企业年限、企业规模以及行业类型等基本特征信息的上都没有显著差异（p>0.1），表明无应答偏差问题不明显。

在调研中，每一份样本数据由两名高管人员汇报，因此可能存在受访者偏差问题。我们对回答不同部分问卷问题的两组受访者进行了Mann-Whitney U检验和Kolmogorov-Smirnov（K-S）检验，观察两个子样本中受访者的职位情况是否存在显著差异。Mann-Whitney U检验（Z=-0.582，p>0.1）和两次抽样的K-S检验（Z=0.680，p>0.1）的结果表明，回答问卷不同部分的受访者在职位方面不存在显著差异。因此，受访者偏差问题可以忽略。

（2）共同方法偏差。共同方法偏差是问卷调查研究中最常见的一种误差问题，是系统性误差。例如，单一受访者以一种相同的方法影响结构变量的测量，会在结构变量之间引入个人或组织因素产生的协方差，使结果无法得到结构变量间的"真实"关系（Armstrong & Overton，1977）。大多学者结合程序设计和统计检验的方法来控制研究中的共同方法偏差问题（Podsakoff & Organ，1986）。制定严谨的研究设计来降低偏差影响通常是最好的方法。相比于在数据收集完成后进行统计检验来加以控制，严谨、细致的数据收集程序更具有优势。从不同来源获得自变量和因变量的测量数据是一种可取的解决方案，比如在样本企业中选取多个受访者来进行回答。遵循以往学者的建议，采用多受访者调查，在数据收集过程中对潜在的共同方法偏差问题进行了控制。

尽管在程序上采用了多来源数据收集方法，我们仍对收集完成后的样本数据进行了统计检验，运用多种检验方法来评估共同方法偏差问题。目前研究中常见的对共同方法偏差进行统计检验的方法包括：偏相关分析法、Harman 单因素检验分析、潜在误差变量控制法等。首先，我们使用 Harman 单因素检验方法，借助 SPSS 25.0 软件进行了一个包含所有测量指标的探索性因子分析，其中，我们固定公因子数为 1，根据未旋转的因子分析结果来判断是否存在由单一因子解释所有变异的现象。结果显示，单一因子最大解释 35.78% 的方差（KMO = 0.914；Bartlett's X^2 (990) = 12937.02，p<0.001），在可接受的范围内，表明共同方法偏差问题不严重。此外，我们还使用结构方程模型方法，通过将所有题项加载到一个因子中，构建了一个引入潜在方法变量的模型，发现每个指标在方法变量上的载荷不显著，且该模型的各项拟合指标均劣于初始设定的测量模型。因此，共同方法偏差问题不明显，产生的误差对研究结论影响不大。

2. 信度与效度分析

运用 SPSS 25.0 软件计算每一个结构变量对应的分量表的 Cronbach's α 值以及修正的项目总相关（CITC）值，并结合以往研究提供的指标阈值建议，来检验量表的信度。结果表明，量表具有较高的内部一致性（见表 8-1）。

表 8-1　量表信度检验结果

变量	测量指标	因子载荷	修正的项目总相关（CITC）	Cronbach's α	AVE	CR
大数据技术能力	BDT1	0.895	0.878	0.963	0.836	0.962
	BDT2	0.857	0.857			
	BDT3	0.910	0.907			
	BDT4	0.913	0.910			
	BDT5	0.926	0.917			
大数据管理能力	BDM1	0.868	0.859	0.954	0.781	0.955
	BDM2	0.862	0.835			
	BDM3	0.906	0.898			
	BDM4	0.858	0.880			
	BDM5	0.838	0.848			
	BDM6	0.814	0.825			
数据驱动的决策能力	DD1	0.818	0.781	0.923	0.705	0.923
	DD2	0.859	0.856			
	DD3	0.857	0.834			
	DD4	0.832	0.769			
	DD5	0.814	0.762			
需求可视性	DD1	0.857	0.795	0.937	0.750	0.938
	DD2	0.894	0.852			
	DD3	0.894	0.841			
	DD4	0.889	0.839			
	DD5	0.879	0.831			
供应可视性	SV1	0.823	0.753	0.926	0.718	0.927
	SV2	0.849	0.786			
	SV3	0.897	0.850			
	SV4	0.889	0.825			
	SV5	0.882	0.821			
组织间学习	IL1	0.893	0.819	0.957	0.855	0.959
	IL2	0.964	0.930			
	IL3	0.946	0.902			
	IL4	0.964	0.929			

变量	测量指标	因子载荷	修正的项目总相关（CITC）	Cronbach's α	AVE	CR
面向产品的大规模定制能力	PMCC1	0.778	0.727	0.921	0.665	0.922
	PMCC2	0.818	0.790			
	PMCC3	0.737	0.687			
	PMCC4	0.869	0.848			
	PMCC5	0.826	0.783			
	PMCC6	0.851	0.816			
面向服务的大规模定制能力	SMCC1	0.785	0.758	0.934	0.705	0.935
	SMCC2	0.799	0.788			
	SMCC3	0.784	0.772			
	SMCC4	0.855	0.813			
	SMCC5	0.897	0.862			
	SMCC6	0.862	0.833			
竞争强度	CI1	0.927	0.869	0.946	0.819	0.948
	CI2	0.921	0.858			
	CI3	0.940	0.890			
	CI4	0.923	0.861			

注：$\chi^2 (953) = 2037.87$，NNFI = 0.97，CFI = 0.97，RMSEA = 0.065 和 SRMR = 0.042。

效度检验需要对量表的内容效度和结构效度进行检验，其中，结构效度又包括聚合效度和区分效度。

（1）内容效度。通过严谨的量表设计程序来保证量表的内容效度，主要体现在以下三个方面：第一，量表充分借鉴了现有文献中被广泛认可且经过不同情境下的现实验证的测量工具，这使量表在使用时降低了试错成本也更具说服力；第二，我们采用了"英→汉→英"三阶段回译法来形成中文量表，确保了原版量表中测量内容的完整体现；第三，我们并非直接采用译文照搬以往研究的测量方法，而是通过咨询相关领域的学者以及研究受众企业的高管、专家，结合反馈意见对量表题项进行反复修正，使量表测量更能反映中国情境。综上所述，量表符合良好内容效度的要求。

（2）结构效度。采用验证性因子分析方法和 AVE 方法对量表的结构效度（聚合效度和区分效度）进行检验。我们构建了包含 9 个结构变量的测量模型，使用 LISREL 8.53 软件进行验证性因子分析，得到测量指标的标准化因子载荷量，进而根据标准化因子载荷量计算结构变量的 CR 和 AVE，结果如表 8-1 所示。

由结构变量对应的所有测量指标构成了测量模型，我们通过比对几个关键指标的值与推荐的临界值来判断 CFA 模型的拟合度。测量模型的拟合情况如下：Chi-Square = 2037.87，df = 953，Chi-Square/df = 2.138，介于 2～3；RMSEA = 0.065，小于 0.08；SRMR = 0.042，小于 0.08；NNFI = 0.97，CFI = 0.97，均大于 0.9，因此量表的测量模型拟合良好。同时，表 8-1 中显示，所有测量题项的标准化因子载荷均大于以往文献中推荐的最低水平 0.5，且对应的 t 值均大于 2.0，达到了 0.05 的显著性水平。另外，表 8-1 的最后两列分别汇报了基于标准化因子载荷值计算的结构变量的组合信度和 AVE 值。所有结构变量的组合信度值都大于 0.9，表现了高度的内部一致性，这在前文的"信度检验"部分已有提及。所有结构变量的 AVE 值也都大于 0.5，表现了量表良好的聚合效度。

良好的聚合效度反映了结构变量的每一个测量题项都与其余题项高度相关，而区分效度要求每一个测量题项与其他结构变量的测量题项间不存在相关关系，即每个结构变量的测量应当能够明显地相互区分开来。我们使用 AVE 法和异质—单质（Heterotrait-Monotrait，HTMT）比率方法进行检验。AVE 方法采用传统的 Fornell 和 Lacker 准则，通过比较结构变量的 AVE 值的平方根与两两结构变量间的相关系数的大小来判定区分效度。如表 8-2 所示，对角线上汇报了各个结构变量的 AVE 值的平方根，用粗体格式突出显示，其余数值（除最后四行汇报变量的描述性特征值）为各结构变量间的相关系数。可以看到，每一个 AVE 值的平方根都比汇报在同行同列的相关系数大，可以验证量表具有良好的区分效度。

表 8-2 各变量的相关性及统计性指标结果

	1	2	3	4	5	6	7	8	9	10	11	12	13	14
1. 大数据技术能力	**0.914**													
2. 大数据管理能力	0.424 ***	**0.884**												
3. 数据驱动的决策能力	0.368 ***	0.489 ***	**0.840**											
4. 需求可视性	0.450 ***	0.345 ***	0.348 ***	**0.866**										
5. 供应可视性	0.468 ***	0.461 ***	0.393 ***	0.316 ***	**0.847**									
6. 组织间学习	0.493 ***	0.304 ***	0.564 ***	0.419 ***	0.355 ***	**0.925**								
7. 面向产品的大规模定制能力	0.258 ***	0.353 ***	0.371 ***	0.255 ***	0.449 ***	0.383 ***	**0.815**							
8. 面向服务的大规模定制能力	0.347 ***	0.347 ***	0.360 ***	0.448 ***	0.361 ***	0.494 ***	0.541 ***	**0.840**						
9. 竞争强度	0.263 ***	0.247 ***	0.284 ***	0.073	0.183 *	0.238 ***	0.133 *	0.206 **	**0.905**					
10. 企业年限	-0.068	0.059	-0.061	-0.006	0.149 *	-0.142 *	0.025	0.000	-0.013	—				
11. 企业规模	0.002	0.050	0.040	0.124 *	0.053	0.047	0.029	0.028	-0.095	0.388 ***	—			

续表

	1	2	3	4	5	6	7	8	9	10	11	12	13	14
12. 所有制:私有	0.039	-0.002	0.077	0.020	0.105†	0.063	0.084	0.063	0.113†	-0.117†	-0.178**	—		
13. 所有制:外资	0.047	0.104†	0.016	0.037	0.026	-0.024	0.012	0.034	0.087	0.060	0.056	-0.541***	—	
14. 行业类型	-0.058	0.021	0.091	0.011	-0.035	0.081	0.031	0.018	0.077	0.038	0.024	-0.002	0.042	—
平均值	4.918	5.400	5.846	5.004	5.466	5.314	5.161	5.130	5.471	2.873	6.203	0.498	0.227	0.711
标准差	1.369	1.139	0.949	1.005	1.140	1.283	0.965	1.065	1.322	0.688	1.731	0.501	0.420	0.454
偏度	-0.396	-0.716	-0.941	-0.337	-0.670	-0.576	-1.213	-1.413	-0.943	-0.559	-0.250	0.007	1.308	-0.937
峰度	0.035	0.948	1.876	0.347	0.882	0.328	2.634	2.991	0.460	1.853	-1.167	-2.015	-0.292	-1.130

注：†表示$p<0.1$，* 表示$p<0.05$，** 表示$p<0.01$，*** 表示$p<0.001$；对角线上黑体的数值为各变量 AVE 值的平方根，对角线下方为各结构变量间的相关系数。

采用 HTMT 方法计算不同结构变量间指标相关的均值相对于同一结构变量指标相关的均值的比值（HTMT 值），根据 HTMT 值的大小来判断量表的区分效度，该值越小，说明不同结构变量间的区分越好。HTMT 方法检验区分效度的结果如表 8-3 所示。一般选择 0.85 作为 HTMT 阈值（Mcdonald & Ho，2002），可以看到，所有结构变量之间的 HTMT 值都小于 0.85，再一次验证量表具有较好的区分效度。

表 8-3 　HTMT 方法下区分效度检验结果

	1	2	3	4	5	6	7	8
1. 竞争强度								
2. 大数据技术能力	0.276							
3. 大数据管理能力	0.259	0.444						
4. 数据驱动的决策能力	0.303	0.390	0.519					
5. 需求可视性	0.078	0.473	0.365	0.374				
6. 供应可视性	0.194	0.497	0.488	0.427	0.338			
7. 组织间学习	0.250	0.514	0.320	0.600	0.442	0.377		
8. 面向产品的大规模定制能力	0.142	0.275	0.376	0.402	0.275	0.485	0.408	
9. 面向服务的大规模定制能力	0.218	0.366	0.369	0.389	0.479	0.390	0.524	0.584

3. 变量的描述性统计

在样本数据质量以及结构变量分量表的信度、效度通过检验后，我们根据观测变量的值来计算结构变量的值，结构变量的测量题项都是反映型指标，可以采用将变量的所有测量题项的值加和求平均的方法对变量进行赋值，后续分析都以计算获得的结构变量的值作为分析单元，研究变量与变量之间的关系，主要涉及的分析变量有：大数据技术能力、大数据管理能力、数据驱动的决策能力、需求可视性、供应可视性、组织间学习、面向产品的大规模定制能力、面向服务的大规模定制能力、竞争强度、企业年限、企业规模、所有制类型（两个虚拟变量）以及所属行业类型。我们运用 SPSS 25.0 软件对分析变量进行描述性统计分析，其中，相关性分析采用双变量皮尔逊相关系数。我们对变量的平均值、标准差、偏度、峰度以及相关性系数进行了汇报，结果如表 8-2 所示。

可以看到，分析变量的偏度绝对值最大为 1.413<3，峰度绝对值最大为 2.991<10，因此，所有分析变量在 277 份样本数据上都近似正态分布，可以用于后续的多元回归分析。同时，通过观察两两变量的相关系数可以了解分析变量间线性关系的方向、强度，皮尔逊相关系数 r 的判断标准是：若 r 的绝对值介于 0~0.2，则两变量极弱相关或无相关；若 r 的绝对值介于 0.2~0.4，则两变量弱相关；若 r 的绝对值介于 0.4~0.6，则两变量中等程度相关；若 r 的绝对值介于 0.6~0.8，则两变量强相关；若 r 的绝对值介于 0.8~1.0，则两变量极强相关，表中还以上标形式对所有相关系数的显著性水平进行汇报。可以看到，八个核心变量中，任意两两变量间都表现显著的正向线性相关关系（p<0.001），且程度为弱相关或中等程度相关。而对于五个控制变量，竞争强度与需求可视性不存在显著的线性相关关系（r=0.073，p>0.1），与其余七个核心变量都存在正向的弱相关关系，且都在 0.05 水平上显著。另外，关于企业基本特征的四个控制变量仅与个别核心变量存在极弱但显著的线性相关关系，但考虑理论分析的影响作用，我们仍旧将它们作为控制变量保留，纳入后续的研究分析中。

4. 假设检验

多元回归分析采用对反映性测量指标取平均的方法形成的潜变量数据，使用 SPSS 25.0 软件操作运算，通过观察回归方程模型结果中自变量的估计系数及显著性、回归方程的决定系数 R^2 及显著性来判断变量的影响作用。涉及的所有回归模型都包含了对"企业年限""企业规模""所有制类型""行业类型""竞争强度"这五个控制变量的影响的考虑，并通过计算各变量的方差膨胀因子（Variance Inflation Factor，VIF）值判断变量之间的共线性问题。

（1）大数据分析能力对大规模定制能力的影响检验。在前面章节中，H1a-H1f假设了大数据技术能力、大数据管理能力和数据驱动的决策能力分别对面向产品及面向服务的大规模定制能力具有正向促进作用。根据假设构建回归模型，被解释变量是面向产品的大规模定制能力和面向服务的大规模定制能力，大数据技术能力、大数据管理能力和数据驱动的决策能力作为解释变量。回归模型运算结果如表8-4所示。首先，在表中最后一行汇报的VIF最大值都小于10，说明每个回归模型中变量间的共线性问题不严重。其次，观察回归模型运算结果，仅包含控制变量的控制模型对被解释变量的回归结果显示企业年限、企业规模、所有制类型和行业类型对大规模定制能力无显著影响。而竞争强度对面向产品的大规模定制能力（$\beta = 0.118$，$p < 0.1$）和面向服务的大规模定制能力（$\beta = 0.198$，$p < 0.01$）具有显著的正向促进作用。加入三个解释变量形成的模型1和模型2的回归结果显示，控制变量对面向产品和面向服务的大规模定制能力都无显著的影响作用。大数据技术能力对面向产品的大规模定制能力的影响不显著（$\beta = 0.090$，$p > 0.1$），大数据管理能力（$\beta = 0.195$，$p < 0.01$）和数据驱动的决策能力（$\beta = 0.243$，$p < 0.001$）对面向产品的大规模定制能力都具有显著的正向促进作用。而对于面向服务的大规模定制能力，大数据技术能力（$\beta = 0.195$，$p < 0.01$）、大数据管理能力（$\beta = 0.151$，$p < 0.05$）和数据驱动的决策能力（$\beta = 0.194$，$p < 0.01$）都显著地发挥了正向影响。结果还显示，模型1相比控制模型1（$\Delta R^2 = 0.160$，$p < 0.001$）、模型2相比控制模型2（$\Delta R^2 = 0.157$，$p < 0.001$）模型的拟合度都显著地提高了。因此，H8-1a不成立，H8-1b-H8-1f成立。

表 8-4 大数据分析能力对大规模定制能力的影响假设检验结果

被解释变量	面向产品的大规模定制能力		面向服务的大规模定制能力	
	控制模型 1	模型 1	控制模型 2	模型 2
控制变量				
企业年限	0.016	0.040	−0.017	0.013
企业规模	0.050	0.005	0.065	0.021
所有制：私有	0.113	0.085	0.081	0.055
所有制：外资	0.058	0.029	0.057	0.028
行业类型	0.018	0.009	0.000	0.002
竞争强度	0.118†	−0.020	0.198**	0.055
解释变量				
大数据技术能力		0.090		0.195**
大数据管理能力		0.195**		0.151*
数据驱动的决策能力		0.243***		0.194**
R^2	0.028	0.189	0.049	0.207
调整后的 R^2	0.007	0.161	0.028	0.180
ΔR^2		0.160		0.157
ΔR^2 的 F 值		17.589***		17.617***
VIF 最大值	1.508	1.514	1.508	1.514

注：†表示 $p<0.1$，*表示 $p<0.05$，**表示 $p<0.01$，***表示 $p<0.001$。

（2）大数据分析能力对供应链可视性的影响检验。采用与上一节相同的分析方法与步骤，本节检验了 H8-2、H8-3 和 H8-4，大数据技术能力、大数据管理能力和数据驱动的决策能力对需求可视性及供应可视性的正向影响假设检验结果如表 8-5 所示。

表 8-5 大数据分析能力对供应链可视性的影响假设检验结果

被解释变量	需求可视性		供应可视性	
	控制模型 3	模型 3	控制模型 4	模型 4
控制变量				
企业年限	−0.065	−0.022	0.153*	0.188**

被解释变量	需求可视性		供应可视性	
	控制模型 3	模型 3	控制模型 4	模型 4
企业规模	0.164^{*}	0.114^{*}	0.034	-0.020
所有制：私有	0.066	0.037	0.157^{*}	0.125^{*}
所有制：外资	0.061	0.027	0.088	0.046
行业类型	0.001	0.018	-0.057	-0.044
竞争强度	0.075	$-0.098^{\dagger}$	0.167^{**}	-0.022
解释变量				
大数据技术能力		0.356^{***}		0.313^{***}
大数据管理能力		0.126^{*}		0.234^{***}
数据驱动的决策能力		0.173^{**}		0.176^{**}
R^2	0.030	0.273	0.076	0.363
调整后的 R^2	0.008	0.248	0.055	0.341
ΔR^2		0.243		0.287
ΔR^2 的 F 值		29.737^{***}		40.037^{***}
VIF 最大值	1.508	1.514	1.508	1.514

注：$\dagger$ 表示 $p<0.1$，$*$ 表示 $p<0.05$，$**$ 表示 $p<0.01$，$***$ 表示 $p<0.001$。

表 8-5 中控制模型 3 和控制模型 4 汇报了控制变量关于被解释变量需求可视性和供应可视性的回归结果，其中，对于需求可视性，企业规模发挥了显著的促进作用（$\beta=0.164$，$p<0.05$），其他控制变量不产生显著的影响作用。而对于供应可视性，企业年限（$\beta=0.153$，$p<0.05$）、私有制类型（$\beta=0.157$，$p<0.05$）及竞争强度（$\beta=0.167$，$p<0.01$）具有显著的促进作用，其他控制变量无显著影响作用。在加入解释变量形成模型 3 和模型 4 后，回归结果显示，大数据技术能力对需求可视性（$\beta=0.356$，$p<0.001$）和供应可视性（$\beta=0.313$，$p<0.001$）具有显著的正向促进作用。大数据管理能力能够显著提升需求可视性（$\beta=0.126$，$p<0.05$）和供应可视性（$\beta=0.234$，$p<0.001$）。数据驱动的决策能力在需求可视性（$\beta=0.173$，$p<0.01$）和供应可视性（$\beta=0.176$，$p<0.01$）上都具有显著的正

向促进作用。上述四个回归模型的 VIF 最大值都小于 10，说明不存在严重的多重共线性问题，且相比对应的控制模型，模型 3（$\Delta R^2 = 0.243$，p<0.001）和模型 4（$\Delta R^2 = 0.287$，p<0.001）的拟合度都显著地提高。因此，H8-2a、H8-2b、H8-3a、H8-3b、H8-4a、H8-4b 均得到支持。

（3）供应链可视性对大规模定制能力的影响检验。继续对供应链可视性和大规模定制能力间的关系，即 H8-5 和 H8-6 进行检验。将需求可视性和供应可视性作为解释变量，面向产品及面向服务的大规模定制能力作为被解释变量构建回归模型 5 和回归模型 6，模型中各变量的 VIF 值都小于 10，说明多重共线性问题不严重。回归结果显示，需求可视性（β = 0.120，p<0.05）和供应可视性（β = 0.404，p<0.001）对面向产品的大规模定制能力具有显著的正向影响。需求可视性（β = 0.367，p<0.001）和供应可视性（β = 0.223，p<0.001）能够显著地正向影响面向服务的大规模定制能力，且模型 5（$\Delta R^2 = 0.194$，p<0.001）和模型 6（$\Delta R^2 = 0.225$，p<0.001）的拟合度都比控制模型更优。因此，H8-5a、H8-5b 和 H8-6a、H8-6b 均得到支持。

表 8-6 供应链可视性对大规模定制能力的影响假设检验结果

被解释变量	面向产品的大规模定制能力		面向服务的大规模定制能力	
	控制模型 5	模型 5	控制模型 6	模型 6
控制变量				
企业年限	0.016	−0.038	−0.017	−0.027
企业规模	0.050	0.017	0.065	−0.004
所有制：私有	0.113	0.041	0.081	0.021
所有制：外资	0.058	0.016	0.057	0.015
行业类型	0.018	0.041	0.000	0.012
竞争强度	0.118†	0.042	0.198**	0.133*
解释变量				
需求可视性		0.120*		0.367***

续表

被解释变量	面向产品的大规模定制能力		面向服务的大规模定制能力	
	控制模型 5	模型 5	控制模型 6	模型 6
供应可视性		0.404 ***		0.223 ***
R^2	0.028	0.222	0.049	0.275
调整后的 R^2	0.007	0.199	0.028	0.253
ΔR^2		0.194		0.225
ΔR^2 的 F 值		33.397 ***		41.588 ***
VIF 最大值	1.508	1.536	1.508	1.536

注：† 表示 $p<0.1$，* 表示 $p<0.05$，** 表示 $p<0.01$，*** 表示 $p<0.001$。

（4）供应链可视性的中介作用检验。接下来采用两种方法对供应链可视性的中介作用进行检验：逐步回归法和拔靴（Bootstrapping）法。

1）逐步回归法。逐步回归法是检验中介效应比较传统的方法，它通过依次检验相关变量系数的显著性来判断中介作用，该方法间接地检验了中介效应，虽然检验力度较低，但更易理解与解释。H8-7 和 H8-8 分别以面向产品和面向服务的大规模定制能力作为因变量，提出需求可视性和供应可视性在三个维度的大数据分析能力与大规模定制能力间具有中介作用。首先仅加入控制变量对因变量（面向产品/面向服务的大规模定制能力）进行回归。其次加入自变量（大数据技术能力/大数据管理能力/数据驱动的决策能力）进行回归，观察自变量对因变量的影响系数及显著性。再次同时加入两个维度的中介变量（需求可视性和供应可视性）进行回归，观察中介变量对因变量的影响系数及显著性，以及加入中介变量后自变量对因变量的影响系数及显著性，并结合回归模型结果中 R^2 的变动值及显著性对供应链可视性的中介作用进行分析。涉及三个自变量和两个因变量，共构建六次中介分析模型，其中，模型中的变量 VIF 值都小于 10，不存在严重的多重共线性问题。

由表 8-7 中模型 7 的结果可得，大数据技术能力对面向产品的大规模定制能力具有显著的正向促进作用（c=0.243，p<0.001），且相比控制模型 1 拟合度显著提高（ΔR^2=0.054，p<0.001）。模型 8 结果显示，需求可视性（b_1=0.002，p<0.1）和供应可视性（b_2=0.404，p<0.001）都显著地促进面向产品的大规模定制能力，且相比模型 7 拟合得更好（ΔR^2=0.140，p<0.001）。比较模型 8 和模型 7 中大数据技术能力对面向产品的大规模定制能力的影响作用，其直接影响作用降低且变得不显著（c'=0.022，p>0.1）。参照中介效应检验程序并结合分析结果可知：①大数据技术能力对面向产品的大规模定制能力具有显著的正向影响；②大数据技术能力对需求可视性和供应可视性具有显著的正向影响；③需求可视性和供应可视性对面向产品的大规模定制能力具有显著的正向影响；④供应链可视性的加入使大数据技术能力对面向产品的大规模定制能力的影响作用显著降低，因此，需求可视性和供应可视性在大数据技术能力和面向产品的大规模定制能力间的关系上存在中介作用，并且二者加入后一起发挥了完全中介作用，H8-7a 和 H8-7b 成立。

表 8-7 供应链可视性在大数据技术能力与大规模定制能力间的中介作用检验结果

被解释变量	面向产品的大规模定制能力			面向服务的大规模定制能力		
	控制模型 1	模型 7	模型 8	控制模型 2	模型 9	模型 10
控制变量						
企业年限	0.016	0.037	−0.037	−0.017	0.010	−0.020
企业规模	0.050	0.034	0.017	0.065	0.044	−0.004
所有制：私有	0.113	0.104	0.041	0.081	0.069	0.024
所有制：外资	0.058	0.047	0.016	0.057	0.043	0.016
行业类型	0.018	0.038	0.042	0.000	0.025	0.016
竞争强度	0.118†	0.054	0.042	0.198**	0.114†	0.121*
自变量						
大数据技术能力		0.243***	0.022		0.315***	0.063
大数据管理能力						

被解释变量	面向产品的大规模定制能力			面向服务的大规模定制能力		
	控制模型 1	模型 7	模型 8	控制模型 2	模型 9	模型 10
数据驱动的决策能力						
中介变量						
需求可视性			$0.002^{\dagger}$			0.347^{***}
供应可视性			0.404^{***}			0.201^{**}
R^2	0.028	0.082	0.222	0.049	0.140	0.277
调整后的 R^2	0.007	0.058	0.196	0.028	0.118	0.253
ΔR^2		0.054	0.140		0.091	0.137
ΔR^2 的 F 值		15.783^{***}	24.030^{***}		28.396^{***}	25.281^{***}
VIF 最大值	1.508	1.514	1.536	1.508	1.514	1.536

注：$\dagger$ 表示 $p<0.1$，$*$ 表示 $p<0.05$，$**$ 表示 $p<0.01$，$***$ 表示 $p<0.001$。

采用同样方法和步骤对需求可视性和供应可视性在大数据技术能力和面向服务的大规模定制能力间的中介作用进行检验。由表 8-7 中模型 9 的结果可得，大数据技术能力对面向服务的大规模定制能力具有显著的正向促进作用（$c=0.315$，$p<0.001$），模型 10 结果显示，需求可视性（$b_1=0.347$，$p<0.001$）和供应可视性（$b_2=0.201$，$p<0.01$）都对面向服务的大规模定制能力具有显著的正向促进作用，而大数据技术能力对面向服务的大规模定制能力的影响作用变为不显著（$c'=0.063$，$p>0.1$），且在相继加入自变量（$\Delta R^2=0.091$，$p<0.001$）和中介变量（$\Delta R^2=0.137$，$p<0.001$）后模型拟合度都得到了显著提高。因此，需求可视性和供应可视性在大数据技术能力和面向服务的大规模定制能力间的关系上存在中介作用，并且二者加入后一起发挥了完全中介作用，H8-8a 和 H8-8b 成立。

表 8-8 汇报了供应链可视性在大数据管理能力和大规模定制能力间的中介作用检验结果。由模型 11~模型 14 可知，需求可视性在大数据管理能力和面向产品的大规模定制能力间不具有中介作用（$b_1=0.086$，$p>0.1$），供应可视性在大数据管理能力和面向产品的大规模定制能力间发挥中介效

应（$b_2 = 0.346$，p<0.001），且起到部分中介作用（c=0.339，p<0.001；c'=0.016，p<0.05）。在大数据管理能力对面向服务的大规模定制能力的影响作用中，需求可视性（$b_1 = 0.342$，p<0.001）和供应可视性（$b_2 = 0.179$，p<0.01）都显著地发挥了中介作用，且大数据管理能力的部分影响效果通过两种供应链可视性的共同作用间接地作用在大规模定制能力上（c=0.314，p<0.001；c'=0.119，p<0.1）。同时，模型12相比模型11（$\Delta R^2 = 0.105$，p<0.001）、模型14相比模型13（$\Delta R^2 = 0.144$，p<0.001）在模型拟合度方面都得到了显著的提升，因此，H8-7c不成立，H8-7d成立，而H8-8c、H8-8d都得到支持。

表 8-8 供应链可视性在大数据管理能力与大规模定制能力间的中介作用检验结果

被解释变量	面向产品的大规模定制能力			面向服务的大规模定制能力		
	控制模型 1	模型 11	模型 12	控制模型 2	模型 13	模型 14
控制变量						
企业年限	0.016	0.003	−0.037	−0.017	−0.029	−0.027
企业规模	0.050	0.030	0.015	0.065	0.046	−0.005
所有制：私有	0.113	0.100	0.046	0.081	0.068	0.025
所有制：外资	0.058	0.025	0.007	0.057	0.026	0.009
行业类型	0.018	0.020	0.039	0.000	0.001	0.010
竞争强度	0.118†	0.037	0.016	0.198**	0.122*	0.113*
自变量						
大数据技术能力						
大数据管理能力		0.339***	0.016*		0.314***	0.119†
数据驱动的决策能力						
中介变量						
需求可视性			0.086			0.342***
供应可视性			0.346***			0.179**
R^2	0.028	0.135	0.240	0.049	0.141	0.285
调整后的 R^2	0.007	0.112	0.215	0.028	0.118	0.261
ΔR^2		0.107	0.105		0.091	0.144

被解释变量	面向产品的大规模定制能力			面向服务的大规模定制能力		
	控制模型 1	模型 11	模型 12	控制模型 2	模型 13	模型 14
ΔR^2 的 F 值		33.124 ***	18.533 ***		28.519 ***	26.900 ***
VIF 最大值	1.508	1.514	1.536	1.508	1.514	1.536

注：† 表示 p<0.1， * 表示 p<0.05， ** 表示 p<0.01， *** 表示 p<0.001。

供应链可视性在数据驱动的决策能力和大规模定制能力间的中介作用如表 8-9 所示，模型 15 和模型 16 结果显示，在数据驱动的决策能力对面向产品的大规模定制能力的影响中，需求可视性无显著的中介作用（b_1 = 0.074，p>0.1），而供应可视性发挥了显著中介效应（b_2 = 0.343，p<0.001），且起到部分中介作用（c = 0.362，p<0.001；c' = 0.205，p<0.01），供应链可视性变量的加入使模型 16 相比模型 15 对面向产品的大规模定制能力的解释力度显著提高（ΔR^2 = 0.106，p<0.001）。模型 17 和模型 18 结果显示，需求可视性（b_1 = 0.335，p<0.001）和供应可视性（b_2 = 0.180，p<0.01）都显著地在数据驱动的决策能力对面向服务的大规模定制能力的影响上起中介作用，且二者一同起到了部分中介的作用（c = 0.327，p<0.001；c' = 0.142，p<0.05），模型 18 相比模型 17 模型拟合度也得到了显著提升（ΔR^2 = 0.144，p<0.001）。因此，H8-7e 不成立，H8-7f、H8-8e、H8-8f 得到支持。

表 8-9 供应链可视性在数据驱动的决策能力与大规模定制能力间的中介作用检验结果

被解释变量	面向产品的大规模定制能力			面向服务的大规模定制能力		
	控制模型 1	模型 15	模型 16	控制模型 2	模型 17	模型 18
控制变量						
企业年限	0.016	0.052	-0.011	-0.017	0.015	-0.009
企业规模	0.050	0.009	0.003	0.065	0.027	-0.013
所有制：私有	0.113	0.088	0.040	0.081	0.058	0.020

续表

被解释变量	面向产品的大规模定制能力			面向服务的大规模定制能力		
	控制模型 1	模型 15	模型 16	控制模型 2	模型 17	模型 18
所有制：外资	0.058	0.049	0.019	0.057	0.049	0.018
行业类型	0.018	−0.007	0.024	0.000	−0.023	0.000
竞争强度	$0.118^†$	0.018	−0.001	0.198^{**}	$0.107^†$	$0.103^†$
自变量						
大数据技术能力						
大数据管理能力						
数据驱动的决策能力		0.362^{***}	0.205^{**}		0.327^{***}	0.142^*
中介变量						
需求可视性			0.074			0.335^{***}
供应可视性			0.343^{***}			0.180^{**}
R^2	0.028	0.146	0.253	0.049	0.145	0.289
调整后的 R^2	0.007	0.124	0.227	0.028	0.123	0.265
ΔR^2		0.118	0.106		0.096	0.144
ΔR^2 的 F 值		37.132^{***}	19.005^{***}		30.170^{***}	27.004^{***}
VIF 最大值	1.508	1.514	1.536	1.508	1.514	1.536

注：† 表示 p<0.1，* 表示 p<0.05，** 表示 p<0.01，*** 表示 p<0.001。

2）拔靴法。逐步回归法的检验结果证明，大数据分析能力对大规模定制能力的影响存在中介效应，需求可视性和供应可视性在大数据分析能力对大规模定制能力的影响路径中会发挥显著的中介作用。本节继续采用Bootstrapping 检验显著性的方法对中介效应进行再一次检验，以明晰需求可视性和供应可视性在每一路径中具体发挥怎样的中介作用，以增强检验结果的精度。利用 SPSS 25.0 软件中的 PROCESS 插件，设定模型为第 4 种类型，选择 1000 次自主抽样样本运算，以 α=5% 作为显著性水平判断标准。本小节涉及需求可视性和供应可视性两个中介变量，构成多重平行中介模型。关于供应链可视性在大数据分析能力对大规模定制的影响中的中介作用检验结果如表 8-10 所示。

表 8-10　供应链可视性在大数据分析能力与大规模定制能力间的中介作用检验结果

路径模型	直接效应	间接效应[①]					总效应
	c'	a_1b_1	95%置信区间[②]	a_2b_2	95%置信区间		c
BDT→PMCC	0.001	0.039	[−0.016, 0.090]	0.131	[0.069, 0.212]		0.171 ***
BMT→PMCC	0.135 *	0.025	[−0.018, 0.067]	0.127	[0.056, 0.223]		0.287 ***
DD→PMCC	0.208 **	0.026	[−0.033, 0.088]	0.134	[0.058, 0.232]		0.368 ***
BDT→SMCC	0.049	0.124	[0.049, 0.206]	0.072	[0.014, 0.136]		0.245 ***
BMT→SMCC	0.112[†]	0.109	[0.043, 0.184]	0.073	[0.004, 0.142]		0.294 ***
DD→SMCC	0.159[†]	0.130	[0.049, 0.224]	0.078	[0.014, 0.153]		0.367 ***

注：①每条路径中有需求可视性和供应可视性两个中介变量；②1000 个 Bootstrapping 样本，间接效应的置信区间水平：0.95；a_1b_1：需求可视性发挥的中介效应，a_2b_2：供应可视性发挥的中介效应；BDT：大数据技术能力，BMT：大数据管理能力，DD：数据驱动的决策能力，PMCC：面向产品的大规模定制能力，SMCC：面向服务的大规模定制能力；† 表示 $p<0.1$，* 表示 $p<0.05$，** 表示 $p<0.01$，*** 表示 $p<0.001$。

可以看到，在大数据技术能力对面向产品的大规模定制能力的影响作用中，通过需求可视性的间接效应为 0.039，95%水平下置信区间（Confidence Interval，CI）为 [−0.016−0.090]，包含 0，因此认为需求可视性在大数据技术能力对面向产品的大规模定制能力的影响中不存在中介效应，H8-7a 不成立。供应可视性在该路径中发挥了显著的中介作用（a_2b_2 = 0.131，95%CI = [0.069，0.212]），H8-7b 成立，此时该路径的直接效应和总效应分别为 0.001（$p>0.1$）和 0.171（$p<0.001$），说明在该路径中供应可视性发挥了完全中介的作用，中介效应比为 76.61%。表 8-10 内第二行汇报了需求可视性和供应可视性在大数据管理能力和面向产品的大规模定制能力间发挥的中介作用，结果显示，需求可视性没有发挥中介效应（a_1b_1 = 0.025，95%CI = [−0.018，0.067]），H8-7c 不成立，而通过中介变量供应可视性的间接效应显著（a_2b_2 = 0.127，95% CI = [0.056，0.223]），H8-7d 得到支持，且直接效应显著（c' = 0.135，$p<0.05$），说

明供应可视性发挥了部分中介作用。大数据管理能力对面向产品的大规模定制能力的总效应为 0.287 （p<0.001），供应链可视性发挥的部分中介作用的中介效应比为 44.25%。对于数据驱动的决策能力与面向产品的大规模定制能力间的关系，需求可视性没有发挥中介作用（$a_1b_1 = 0.026$, 95%CI = [-0.033, 0.088]），而供应可视性产生的间接效应显著（$a_2b_2 = 0.134$, 95%CI = [0.058, 0.232]），此时直接效应显著（c' = 0.208, p<0.01），总效应为 0.368（p<0.001），说明供应可视性发挥了部分中介作用，中介效应比为 36.41%，因此 H8-7e 不成立，H8-7f 得到支持。

表 8-10 中的后三行汇报了因变量为面向服务的大规模定制能力时，需求可视性和供应可视性间接作用大数据分析能力的影响的检验结果。结果显示，需求可视性（$a_1b_1 = 0.124$, 95%CI = [0.049, 0.206]）和供应可视性（$a_2b_2 = 0.072$, 95%CI = [0.014, 0.136]）都显著地在大数据技术能力对面向服务的大规模定制能力的影响中起中介作用，且此时直接效应不显著（c' = 0.049, p>0.1），总效应为 0.245（p<0.001），说明需求可视性和供应可视性共同发挥了完全中介作用，其中，需求可视性发挥的中介效应比为 50.61%，供应可视性发挥的中介效应比为 29.39%。对于大数据管理能力的影响作用，分别以需求可视性（$a_1b_1 = 0.109$, 95%CI = [0.043, 0.184]）和供应可视性（$a_2b_2 = 0.073$, 95%CI = [0.004, 0.142]）为中介变量的间接效应都显著，直接效应也显著（c' = 0.112, p<0.1），说明供应链可视性在大数据管理能力与面向服务的大规模定制能力间发挥了部分中介作用，此时大数据管理能力对面向服务的大规模定制能力的影响的总效应为 0.294（p<0.001），需求可视性和供应可视性发挥的中介效应比分别为 37.07% 和 24.83%。而在数据驱动的决策能力与面向服务的大规模定制能力间，需求可视性（$a_1b_1 = 0.130$, 95%CI = [0.049, 0.224]）和供应可视性（$a_2b_2 = 0.078$, 95%CI = [0.014, 0.153]）也都发挥了显著的中介作用，此时直接效应和总效应分别为 0.159（p<0.1）和 0.367（p<0.001），因此供应链

可视性发挥了部分中介作用，需求可视性和供应可视性发挥的中介效应比分别为35.42%和21.25%。关于供应链可视性在大数据分析能力对面向服务的大规模定制能力的影响路径中发挥的中介效应假设均得到支持，即H8-8a~H8-8f都成立。

（5）组织间学习的调节作用。前文假设中分别对组织间学习在供应链可视性和大规模定制能力的作用关系上（H8-9a~H8-9d）以及对供应链可视性在大数据分析能力与大规模定制能力间的中介效应上（H8-10a~H8-10f，H8-11a~H8-11f）发挥的调节作用提出假设。本节先汇报对H8-9中的调节作用假设的层次回归方法检验结果，进而汇报采用Bootstrapping方法对H8-10和H8-11中被调节的中介效应的检验结果。

1）组织间学习对供应链可视性和大规模定制能力关系的调节作用检验。

在层次回归中，首先只加入控制变量对被解释变量（面向产品/面向服务的大规模定制能力）进行回归得到控制模型结果，其次加入解释变量（需求可视性和供应可视性）和调节变量（组织间学习）进行回归，最后在回归模型中加入解释变量和调节变量的交互项进行运算。组织间学习在供应链可视性和大规模定制能力关系上发挥的调节作用检验结果如表8-11所示。

表8-11 组织间学习对供应链可视性和大规模定制能力关系的调节作用检验结果

被解释变量	面向产品的大规模定制能力			面向服务的大规模定制能力		
	控制模型1	模型19	模型20	控制模型2	模型21	模型22
控制变量						
企业年限	0.016	0.014	-0.034	-0.017	0.042	-0.010
企业规模	0.050	-0.005	0.019	0.065	-0.032	-0.008
所有制：私有	0.113	0.051	0.037	0.081	0.034	0.020
所有制：外资	0.058	0.034	0.015	0.057	0.04	0.020
行业类型	0.018	0.022	0.010	0.000	-0.014	-0.027
竞争强度	0.118[†]	-0.001	0.000	0.198[**]	0.075	0.077

续表

被解释变量	面向产品的大规模定制能力			面向服务的大规模定制能力		
	控制模型 1	模型 19	模型 20	控制模型 2	模型 21	模型 22
解释变量						
需求可视性		0.045	0.022		0.266 ***	0.240 ***
供应可视性		0.342 ***	0.349 ***		0.139 *	0.150 **
调节变量						
组织间学习		0.242 ***	0.183 **		0.323 ***	0.261 ***
交互项						
需求可视性×组织间学习			−0.234 ***			−0.236 ***
供应可视性×组织间学习			−0.042			−0.072
R^2	0.028	0.263	0.323	0.049	0.347	0.418
调整后的 R^2	0.007	0.238	0.295	0.028	0.325	0.394
ΔR^2		0.234	0.060		0.298	0.071
ΔR^2 的 F 值		28.282 ***	11.819 ***		40.567 ***	16.121 ***
VIF 最大值	1.508	1.538	1.542	1.508	1.538	1.542

注：† 表示 $p<0.1$，* 表示 $p<0.05$，** 表示 $p<0.01$，*** 表示 $p<0.001$。

可以看到，在以面向产品的大规模定制能力作为被解释变量时，增加组织间学习变量的考虑会影响供应链可视性的效果。如表 8-11 中模型 19 的结果所示，需求可视性没有表现出显著的影响作用（$\beta = 0.045$，$p > 0.1$），供应可视性（$\beta = 0.342$，$p<0.001$）和组织间学习（$\beta = 0.242$，$p<0.001$）会发挥显著的正向促进作用。继续引入交互项变量形成回归模型 20，模型整体拟合度相比于模型 19 得到了显著的提升（$\Delta R^2 = 0.060$，$p<0.001$）。此时，交互项"需求可视性×组织间学习"的系数结果表明，组织间学习在需求可视性和面向产品的大规模定制能力之间起到了负向的调节作用（$\beta = -0.234$，$p<0.001$），而交互项"供应可视性×组织间学习"的系数不显著（$\beta = -0.042$，$p>0.1$），说明组织间学习在供应可视性与面向产品的大规模定制能力间的关系上不存在调节作用。模型 21 的结果表明，需求可视性（$\beta = 0.266$，$p<0.001$）、供应可视性（$\beta = 0.139$，$p<$

0.05）和组织间学习（$\beta = 0.323$，$p<0.001$）都能显著正向影响面向服务的大规模定制能力。加入交互项后的模型22结果显示，组织间学习负向调节了需求可视性对面向服务的大规模定制能力的促进作用（$\beta = -0.236$，$p<0.001$），而对供应可视性产生的作用没有显著影响（$\beta = -0.072$，$p>0.1$），此时，模型拟合度相较于未加入交互项的模型21显著提高（$\Delta R^2 = 0.071$，$p<0.001$）。因此，H8-9a、H8-9c成立。

采用简单斜率检验方法进一步确定了调节效应的性质。该方法将调节变量固定为高/低两个水平（均值加/减一个标准差）的值，进而分别在两种程度的调节变量下分析因变量对自变量的回归结果，观察线性回归线的斜率的变动及差异，以更直观地理解调节作用。图8-2是组织间学习对需求可视性与面向产品的大规模定制能力间关系的二维交互图。可以看到，当组织间学习程度高时，需求可视性对面向产品的大规模定制能力产生显著负向的作用（$\beta_{高} = 0.212$，$p<0.001$），而当组织学习程度低时，需求可视性对面向产品的大规模定制能力产生显著的正向促进作用（$\beta_{低} = 0.256$，$p<0.01$），表明随着组织间学习程度的升高，需求可视性对面向产品的大规模定制能力的影响作用从正向促进变为负向抑制，进一步说明了组织学习在需求可视性与面向产品的大规模定制能力间的负向调节作用。

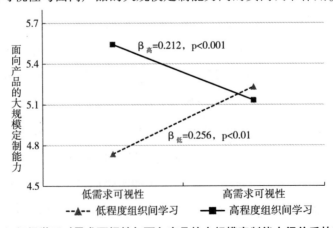

图8-2　组织间学习对需求可视性与面向产品的大规模定制能力间关系的调节作用

采用同样的程序对组织间学习在需求可视性与面向服务的大规模定制能力间关系上发挥的调节效应进行简单斜率检验。在高程度的组织间学习下，需求可视性对面向服务的大规模定制能力的影响作用不显著（$\beta_高$ = 0.004，p>0.1），而低程度的组织间学习下，需求可视性显著地促进了面向服务的大规模定制能力（$\beta_低$ = 0.476，p<0.001），由结果可知，组织间学习程度的升高反而抑制了需求可视性对面向服务的大规模定制能力的正向促进作用，高程度的组织间学习使需求可视性的影响作用变得不显著，体现了组织间学习在需求可视性与面向服务的大规模定制能力间关系上的负向调节作用。组织间学习对需求可视性与面向服务的大规模定制能力间关系的二维交互图如图8-3所示。

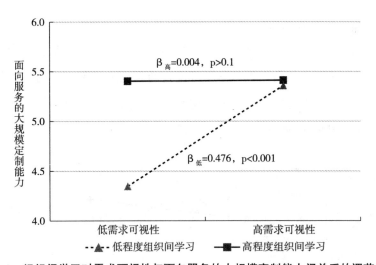

图8-3　组织间学习对需求可视性与面向服务的大规模定制能力间关系的调节作用

前文的检验结果显示，组织间学习在供应可视性对面向产品的大规模定制能力和面向服务的大规模定制能力的影响关系中不存在显著的调节作用，所表现出的作用情况如图8-4和图8-5所示。

图8-4中两条线性回归线近似平行，在高/低程度的组织间学习下，面向产品的大规模定制能力对供应可视性的回归系数都显著为正（$\beta_高$ = 0.307，p<0.001；$\beta_低$ = 0.391，p<0.001），无明显差异。同样，供应可视

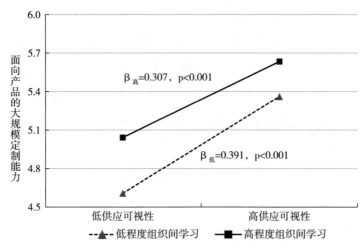

图8-4　组织间学习对供应可视性与面向产品的大规模定制能力间关系的调节作用

性对面向服务的大规模定制能力的影响作用在高程度（$\beta_{高} = 0.078$，$p < 0.1$）和低程度（$\beta_{低} = 0.222$，$p < 0.01$）的组织间学习下都显著为正，从两种情形下的影响系数来看，供应可视性的作用差异不大，两条回归线近似平行。组织间学习对供应可视性与面向服务的大规模定制能力间关系的调节作用如图8-5所示。

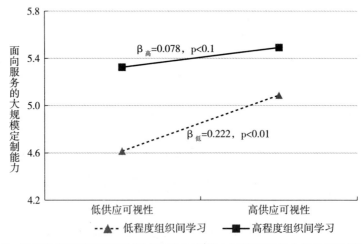

图8-5　组织间学习对供应可视性与面向服务的大规模定制能力间关系的调节作用

2）组织间学习对供应链可视性在大数据分析能力与大规模定制能力间的中介效应的调节作用检验。

接下来将汇报 H8-10 和 H8-11 的检验结果，即关于需求可视性和供应可视性在大数据分析能力与大规模定制能力间发挥的中介作用是否会受到组织间学习的调节影响的假设。本小节假设提出了第二阶段被调节的中介作用，此时中介效应的削弱或增强源自不同调节水平下中介变量对因变量的影响作用的变动，在统计检验中，需要对自变量对中介变量的影响、中介变量对因变量的影响、中介变量和因变量间关系如何随着调节变量的变化而变化进行分析，并综合上述步骤分析自变量对因变量的间接效应如何因中介变量—因变量在不同调节水平下的变动而变动（Hayes，2013）。本节构建了被调节的中介模型，利用 SPSS 25.0 软件的 PROCESS 程序，选择 14 号分析模型进行统计分析，并采用 1000 个 Bootstrapping 样本进行显著性检验。分别以面向产品的大规模定制能力和面向服务的大规模定制能力作为因变量，被组织间学习调节的供应链可视性的中介作用检验结果如表 8-12 和表 8-13 所示。

表 8-12　组织间学习对供应链可视性在大数据分析能力与面向产品的大规模定制能力间的中介效应的调节作用检验结果

自变量		第一阶段		第二阶段		直接效应	间接效应		总效应
		a_1	a_2	b_1	b_2	c'	a_1b_1	a_2b_2	c
大数据技术能力	W_1	0.337***	0.383***	0.219*	0.334***	-0.035	0.074**	0.128***	0.167**
	W_2	0.337***	0.383***	-0.153	0.280***	-0.035	-0.052†	0.107***	0.020
	D	0.000	0.000	-0.372***	-0.054	0.000	-0.126***	-0.021	-0.147**
大数据管理能力	W_1	0.301***	0.435***	0.181*	0.280**	0.123*	0.055*	0.122**	0.300***
	W_2	0.301***	0.435***	-0.193*	0.224**	0.123*	-0.058*	0.097**	0.162*
	D	0.000	0.000	-0.374***	-0.056	0.000	-0.113***	-0.025	-0.138**

续表

自变量		第一阶段		第二阶段		直接效应	间接效应		总效应
		a_1	a_2	b_1	b_2	c'	a_1b_1	a_2b_2	c
数据驱动的决策能力	W_1	0.366 ***	0.462 ***	0.199 *	0.295 **	0.124 †	0.073 *	0.136 **	0.333 ***
	W_2	0.366 ***	0.462 ***	-0.179 †	0.253 ***	0.124 †	-0.065 †	0.117 ***	0.176 *
	D	0.000	0.000	-0.378 ***	-0.042	0.000	-0.138 ***	-0.019	-0.157 ***

注：1000 个 Bootstrapping 样本；a_1/a_2：自变量对中介变量（需求可视性/供应可视性）的直接影响系数，b_1/b_2：中介变量（需求可视性/供应可视性）对因变量的直接影响系数；a_1b_1：需求可视性发挥的中介效应，a_2b_2：供应可视性发挥的中介效应；W_1：低程度组织间学习，W_2：高程度组织间学习；D：低/高程度组织间学习情境的差异；† 表示 $p<0.1$，* 表示 $p<0.05$，** 表示 $p<0.01$，*** 表示 $p<0.001$。

表 8-12 汇报了中介变量（需求/供应可视性）和调节变量（组织间学习）在大数据技术/管理/数据驱动的决策能力对面向产品的大规模定制能力的影响路径中发挥的作用，每一自变量都对应三行中介效应相关的检验结果，分别为调节变量处于低（W_1）、高（W_2）水平下，以供应链可视性（包括需求/供应可视性）为中介变量时自变量对因变量的直接效应、间接效应和总效应，以及两种调节水平下中介过程的差异（D）。在本小节中调节变量只作用于中介变量—因变量的关系上，因此，当调节变量处于不同程度时，自变量对中介变量的影响（a_1/a_2）以及自变量对因变量的直接效应（c'）不发生变化（$D=0.000$），而中介变量对因变量的影响（b_1/b_2）以及自变量对因变量的间接效应（a_1b_1/a_2b_2）和总效应（c）产生不同程度的差异。具体分析，在大数据技术能力对面向产品的大规模定制能力的影响路径中，当组织间学习处于低水平时，需求可视性（$W_{1a1b1}=0.074$，$p<0.01$）和供应可视性（$W_{1a2b2}=0.128$，$p<0.001$）都发挥了显著的中介作用，总效应显著为正（$W_{1c}=0.167$，$p<0.01$）。在组织间学习变为高程度时，供应可视性仍发挥显著的中介效应（$W_{2a2b2}=0.107$，$p<0.001$），而需求可视性的中介作用却变为发挥了显著的负向传导效应（$W_{2a1b1}=-0.052$，$p<0.1$），大数据技术能力对面向产品的大规模定制能力的总效应

也变为不显著（c＝0.020，p＞0.1）。观察"差异 D"行"第二阶段"的结果，当组织间学习程度升高时，需求可视性对面向产品的大规模定制能力的影响显著降低（D_{b1}＝－0.372，p＜0.001），而供应可视性对面向产品的大规模定制能力的影响无显著变化（D_{b2}＝－0.054，p＞0.1），该结果也是对 H8-9a 和 H8-9b 的再次验证。由于调节变量对"第二阶段"作用关系的影响，间接效应也发生变化，随着组织间学习程度的增强，需求可视性发挥的间接效应显著降低（D_{a1b1}＝－0.126，p＜0.001），供应可视性发挥的间接效应无显著变化（D_{a2b2}＝－0.021，p＞0.1），总效应显著降低（D_c＝－0.147，p＜0.01）。因此，组织间学习负向调节需求可视性在大数据技术能力与面向产品的大规模定制能力间发挥的中介作用，但不影响供应可视性在该路径中的中介作用，H8-10a 成立，H8-10b 未得到支持。

对于大数据管理能力对面向产品的大规模定制能力的影响作用，在前文的假设检验中发现需求可视性不发挥中介作用，而供应可视性发挥中介作用。引入组织间学习这一变量的调节作用，如表 8-12 中第 4~6 行的结果所示，组织间学习会负向调节需求可视性在大数据管理能力对面向产品的大规模定制能力的正向影响中的中介作用（D_{a1b1}＝－0.113，p＜0.001），即当组织间学习程度由低变为高时，需求可视性发挥的间接效应由显著为正（W_{1a1b1}＝0.055，p＜0.05）变成显著为负（W_{2a1b1}＝－0.058，p＜0.05）。而组织间学习程度的变动对供应可视性发挥的间接效应无显著影响（D_{a2b2}＝－0.025，p＞0.1），此时，总效应显著降低（D_c＝－0.138，p＜0.01）。因此，H8-10c 成立，而 H8-10d 不成立。

由表 8-12 的最后三行结果可知，在组织间学习程度低时，需求可视性在数据驱动的决策能力与面向产品的大规模定制能力间的中介作用（W_{1a1b1}＝0.073，p＜0.05）传递了正向影响，而在组织间学习程度高时，需求可视性在二者关系间反而发挥了显著的负向间接效应（W_{2a1b1}＝－0.065，p＜0.1），即随着组织间学习程度加深，需求可视性中介数据驱动的决策能力对面向产品的大规模定制能力的正向影响的作用削弱（$D_{a1b1}=-0.138$，$p<0.001$），H8-10e成立。而不管组织间学习的程度处于高水平还是低水平，供应链可视性发挥的间接效应都显著为正（$W_{1a2b2}=0.136$，$p<0.01$；$W_{2a2b2}=0.117$，$p<0.001$），且差异不明显（$D_{a2b2}=-0.019$，$p>0.1$），即组织间学习对供应可视性的中介作用无显著调节影响，H8-10f不成立。还可以看到，在组织间学习程度由低变为高时，数据驱动的决策能力对面向产品的大规模定制能力总效应显著削弱（$D_c=-0.157$，$p<0.001$）。

以面向服务的大规模定制能力作为因变量，前文检验分析发现大数据分析能力对其正向影响将被中介变量需求可视性和供应可视性传递，而组织间学习对中介作用的调节效应如表8-13所示，具体调节作用在中介过程的"第二阶段"影响系数和"间接效应"的差异及显著性中体现。

表8-13　组织间学习对供应链可视性在大数据分析能力与面向服务的大规模定制能力间的中介效应的调节作用检验结果

自变量		第一阶段		第二阶段		直接效应	间接效应		总效应
		a_1	a_2	b_1	b_2	c'	a_1b_1	a_2b_2	c
大数据技术能力	W_1	0.337***	0.383***	0.463***	0.195*	-0.003	0.156***	0.075**	0.228***
	W_2	0.337***	0.383***	0.047	0.087	-0.003	0.016	0.033	0.046
	D	0.000	0.000	-0.416**	-0.108	0.000	-0.140**	-0.042	-0.182***
大数据管理能力	W_1	0.301***	0.435***	0.442***	0.161†	0.093	0.133***	0.070†	0.296***
	W_2	0.301***	0.435***	0.026	0.053	0.093	0.008	0.023	0.124†
	D	0.000	0.000	-0.416**	-0.108	0.000**	-0.125**	-0.047	-0.172***
数据驱动的决策能力	W_1	0.366***	0.462***	0.462***	0.193*	0.004	0.169***	0.089*	0.262***
	W_2	0.366***	0.462***	0.046	0.085	0.004	0.017	0.039	0.060
	D	0.000	0.000	-0.416*	-0.108	0.000	-0.152**	-0.050	-0.202***

注：1000个Bootstrapping样本；a_1/a_2：自变量对中介变量（需求可视性/供应可视性）的直接影响系数，b_1/b_2：中介变量（需求可视性/供应可视性）对因变量的直接影响系数；a_1b_1：需求可视性发挥的中介效应，a_2b_2：供应可视性发挥的中介效应；W_1：低程度组织间学习，W_2：高程度组织间学习；D：低/高程度组织间学习情境的差异；†表示$p<0.1$，*表示$p<0.05$，**表示$p<0.01$，***表示$p<0.001$。

在表 8-13 中，根据"第二阶段"的两列结果可以看出，组织间学习能够负向调节需求可视性对面向服务的大规模定制能力的影响作用（D_{b1} = -0.416，p<0.01），在供应可视性对面向服务的大规模定制能力的正向促进作用上无显著影响（D_{b2} = -0.108，p>0.1），再次验证前文对 H8-9c 和 H8-9d 的检验结果。根据"间接效应"的两列结果得出，需求可视性在大数据技术能力（D_{a1b1} = -0.140，p<0.01）、大数据管理能力（D_{a1b1} = -0.125，p<0.01）、数据驱动的决策能力（D_{a1b1} = -0.152，p<0.01）与面向服务的大规模定制能力间发挥的中介作用将被组织间学习负向调节，而供应链可视性在大数据技术能力（D_{a2b2} = -0.042，p>0.1）、大数据管理能力（D_{a2b2} = -0.047，p>0.1）、数据驱动的决策能力（D_{a2b2} = -0.050，p>0.1）与面向服务的大规模定制能力间发挥的中介作用不随组织间学习程度的变动而变动，即组织间学习对供应可视性的中介作用无显著调节影响。因此，H8-11a、H8-11c、H8-11e 成立，但 H8-11b、H8-11d、11f 未得到支持。

四、结果与讨论

1. 结果讨论

（1）研究问题一的结果讨论。第一个研究问题是大数据分析能力如何影响大规模定制能力，具体分析了大数据技术能力、大数据管理能力和数据驱动的决策能力如何影响面向产品及面向服务的大规模定制能力。研究发现，大数据技术能力仅对面向服务的大规模定制能力具有正向促进作用，对面向产品的大规模定制能力无显著影响。大数据管理能力和数据驱动的决策能力对面向产品及面向服务的大规模定制能力都具有显著的正向影响，H8-1a 不成立，H8-1b-H8-1f 成立。

在数字化发展战略背景下，企业通过加强大数据分析能力来充分发挥大数据价值，能够有效提升大规模定制能力。现有研究主要关注大数据资源在大规模定制模式创新中的应用，且多采用案例研究来剖析实现途径（Jitpaiboon et al.，2013；Qi et al.，2020）。尽管也有学者对大数据分析能力与大规模定制能力的关系进行实证研究，但大多没有对大数据分析能力的作用效果进行细分论证，且缺乏对面向服务的大规模定制能力的见解（Yu et al.，2018）。通过调查277家中国制造企业，本章发现大数据技术能力、大数据管理能力和数据驱动的决策能力都能增强面向服务的大规模定制能力，说明无论是在技术型人才还是管理型人才，还是贯穿组织上下的文化认同方面做出的努力都会使企业在服务定制方面实现相应的预期。而对于面向产品的大规模定制能力，大数据管理能力和数据驱动的决策能力需要发挥作用，说明企业想要利用大数据分析来实现定制产品的规模化，更为重要的是管理者的角色和组织决策文化的培养。

对于大数据技术能力正向影响面向产品的大规模定制能力的假设没有得到验证，这里给出可能的理论解释。从大数据技术能力的定义内涵来看，企业的投资重心放在提升员工处理分析原始数据的能力上，实现多途径获取大容量、多类型数据信息并有能力高效准确地将其"翻译"为组织语言传递到组织内部，这种能力的提升能够快速、精准地捕获和分析异质性客户需求，从而为定制产品的创新设计提供依据，但是对大数据进行技术分析收获的见解与知识不能在各职能部门间进行整合（Gupta & George，2016），无法实现需求端到供应端的信息打通来实现定制产品的规模化。另外，该假设未得到支持还可能是因为我们将大数据技术能力、大数据管理能力和数据驱动的决策能力同时加入研究模型分析三者的作用效果，大数据分析能力的三个维度变量间可能存在相互影响关系。在数据分析中，我们分别以三种大数据分析能力单独作为自变量进行供应链可视性的中介效应检验，其中，表8-7中模型7的估计结果显示考虑控制变量的情况下，大数据技术能力显著地促进面向产品的大规模定制能力，而大数据管理能力和数据驱动的决策能力的同时进入，大数据技术能力的影响系数就表现为不显著。因此，我们认为大数据技术能力的作用效果不直接影响面向产品的大规模定制能力，这种对原始信息数据的处理结果可能需要进一步应用于跨组织职能部门的实践活动或战略决策中，创造与组织业务深度融合的见解来助力定制产品实现规模化。

（2）研究问题二的结果讨论。为了更清晰地理解大数据分析能力如何作用于大规模定制能力，探讨了供应链可视性在大数据分析能力对大规模定制能力的影响路径中的中介效应。研究发现，大数据技术能力、大数据管理能力和数据驱动的决策能力对需求可视性和供应可视性都具有正向促进影响，需求可视性和供应可视性对面向产品及面向服务的大规模定制能力都具有正向促进影响，H2-H6均成立。对中介效应的检验结果发现，需求可视性在大数据分析能力对面向产品的大规模定制能力的三条影响路径中都不发挥中介效应，而三种大数据分析能力都会通过供应可视性间接地促进面向产品的大规模定制能力。对于面向服务的大规模定制能力，需求可视性和供应可视性分别能在大数据技术能力、大数据管理能力和数据驱动的决策能力的影响中起中介作用，H8-7a、H8-7c、H8-7e 不成立，H8-7b、H8-7d、H8-7f 和 H8-8a-H8-8f 成立。

可以看到，可视性是应对供应链不确定性的关键突破口，也在很大程度上解释了为什么对大数据分析能力的投资有可能带动企业大规模定制能力的提升。然而，实证分析结果表明，需求可视性和供应可视性在大数据分析能力对不同维度的大规模定制能力的影响中的作用机制不同。对面向产品的大规模定制能力来说，需求可视性对三种大数据分析能力产生的影响不具有明显的传递作用，而三者的作用效果都会通过供应可视性得到体现，也就是说，利用大数据分析增强对供应商信息的掌握在产品的大规模定制创新中更为重要。这可能存在以下几点原因：首先，大规模定制实践需要更多地通过对现有设备、组件、模块的重新配置来形成创新产出，这时企业需要充分了解和掌握后端供应信息，以快速重置与协调产品和流程组件，从而响应实时变化的客户需求。现有研究中也有类似的观点，强调了供应商信息透明度对产品的大规模定制的重要性（Liu et al.，2021）。尽管有研究发现供应商整合对大规模定制能力无显著影响，认为供应商的知识与能力对以市场为导向的能力不那么重要（Liu et al.，2010），但本章主要探讨的是易于显性表示的供应信息（如产品库存、提前期、物流状态等），这种可视能力实现的是对来自供应市场的丰富信息的访问、存储与内化，有助于消除供应不确定性。其次，本章得出需求可视性在大数据分析能力与面向产品的大规模定制能力间无中介作用的结论，可能的原因是我们主要通过对销售、客户库存、促销等客户信息可视来试图掌握需求，这种可视能力可以帮助解决由于多变需求产生的不确定性，但大规模定制中的客户需求具有更为隐性和多样的特性，特别是在有形产品的个性化需求方面，这类需求可能用当前的可视化工具还无法实现显性表达。而在服务定制方面，对需求和供应信息的可视能力确实联系起了大数据分析能力与预期绩效的关系。这个结果与 Vendrell 等（2017）在数字化和服务化联系上的观点也相一致，进一步证实数字化推动服务创新在供应链中的良好表现。

（3）研究问题三的结果讨论。第三个研究问题探讨了组织间学习的影响，具体而言，分析了组织间学习如何通过改变供应链可视性对大规模定制能力提升方面的影响使大数据分析能力的作用效果发生变化。研究结果显示，需求可视性在大数据分析能力与大规模定制能力间发挥的作用会受到组织间学习的负向调节，而供应可视性发挥的中介效应不受组织间学习的影响，H8-9a 和 H8-9c 成立，H8-9b 和 H8-9d 不成立。同时，组织间学习也仅对由需求可视性中介的影响效果产生负向的调节作用，H8-10a、

H8-10c、H8-10e 和 H8-11a、H8-11c、H8-11e 成立，假设 H8-10b、H8-10d、H8-10f 和 H8-11b、H8-11d、H8-11f 不成立。可以看到，组织间学习对需求可视能力和供应可视能力的作用效果具有不同影响，在分别通过需求可视性和供应可视性的大数据分析能力和大规模定制能力的作用机制中的影响也不同。对于这些结果，下文进行了讨论。

本章结果表明，组织间学习会对需求可视性与大规模定制能力的关系起到负向削弱的作用，即当企业已经具备较强的组织间学习能力时，需求可视性对大规模定制就显得没有那么重要了。这验证了前文的假设，也可以为组织间学习悖论提供一个现实证据。组织间悖论主要从行为视角对知识转移的有效性展开探讨，重点关注了合作关系的治理机制在其中扮演的关键角色。对于客户来说，参与采购产品或服务的设计与制造过程中虽能使自身的个性化需求得到较高程度的满足来助力差异化，但同时也需要大量有形及无形资源的投入，而供应商机会主义行为往往会成为良好的合作关系的阻碍因素（Zhu et al.，2018）。若在大规模定制中，企业恶意转移知识资产用于竞争对手或自身的同类产品，将会严重稀释客户的竞争力，因此客户会采取一定的治理手段来限制企业有关需求信息的获取与使用，这也解释了组织间学习对需求可视性作用效果的削弱作用。从供应链能力视角来看，二者在大规模定制能力上的作用存在相互替代的关系。

然后是关于组织间学习对需求可视性发挥的中介效应的负向调节作用。通过影响间接效应，组织间学习对大数据分析能力的作用发挥产生了影响。当组织间学习程度处于较高水平时，由于需求可视性的作用受限，由该路径传导的大数据分析能力对大规模定制能力的影响也受到了削弱。这种现象也反映出组织原有结构会在一定程度上对新引入技术的有效使用产生阻碍。而在供应信息可视性方面，组织间学习并未表现出相互影响作用。可能的原因是对于以客户为中心的大规模定制创新来说，与供应商的合作关系涉及的知识密度较低（Liu et al.，2010），而关于原材料、产成品、制造设备、运输工具的状态信息的透明度更显重要性。

2. 理论意义

基于资源基础观和组织信息处理理论，剖析了大数据分析能力对大规模定制能力的影响路径，研究具有以下三方面的理论意义：①同时关注面向产品和面向服务的大规模定制能力，从资源基础观视角出发分析了大数据分析能力的内涵及维度，更为系统、全面地研究了不同维度的大数据分析能力与不同维度的大规模定制能力之间的关系；②考虑到大数据能力与供应链分析的结合，重点关注了面向需求和供应的可视能力在大规模定制实践中的重要性，并利用组织信息处理理论阐释了需求可视性和供应可视性在大数据分析能力与大规模定制能力间发挥的中介效应，帮助深入理解大数据分析能力对大规模定制能力的具体影响路径；③将组织间学习视为一种情境因素，分析了其对供应链可视性作用效果的影响，以及其对大数据分析能力促进大规模定制能力这一路径关系产生的影响，补充了关于不同供应链能力间可能存在替代效应的观点，有助于揭示大数据分析能力与大规模定制能力间的作用机制。研究结论可以丰富供应链视角下大数据分析能力的理论成果，推进大规模定制能力研究的发展，以及补充和检验组织信息处理理论的内容框架。

3. 管理启示

在大规模定制模式下，管理者倾向于在降低制造系统总成本的同时牢记差异化和高服务水平的产品要求，因此，他们希望能以大数据资源的最佳部署来加强供应链以在高密度的竞争环境中脱颖而出。基于实证分析所得的研究结果，本章清楚地指出将大数据分析能力与供应链信息处理相联系的重要性，通过合理地规划供应链可视性和组织间学习，来使大数据分析能力的作用价值在大规模定制能力得到充分体现。研究结果对于数字化战略实施具有以下三个方面的管理实践启示：

首先，管理者应该意识到，开发大数据分析能力对大规模定制能力的提升具有重要意义。我们重点关注了能够体现企业大数据分析能力的三个方面，技术能力反映了企业通过招聘和培训来获得具备熟练使用数据分析技能的员工，管理能力反映了企业具备能够将大数据分析所得的见解与跨职能部门的业务流程相联系的管理人才，数据驱动的决策能力反映了企业在组织内部培养起了一种倾向于以数据分析结果为依据制定决策的文化，研究发现，无论在哪一方面做出努力来提高大数据分析能力，都有机会带动企业大规模定制能力的发展。因此，企业管理者应抓住大数据时代的机遇，合理地组织好人力资源和无形资源以充分挖掘大数据资源的价值，并不断探索数字化战略的创新实践，尤其是在大规模定制业务中，从而获得可持续的竞争优势。

其次，管理者需要正确认识大数据分析能力的作用路径，重视对供应链可视性的加强来提高大数据分析能力的价值转化。管理者需要注意对大数据分析能力的投资并不能直接影响大规模定制模式升级，还需利用该信息技术能力对供应链信息进行统筹管理，实现供应链信息的可视化来提高供应链透明度，才能更好地管理供应链不确定性，从而有效提升大规模定制能力。这同样也说明，企业的重心不能仅放在大数据分析能力的开发和培养上，一个"顶天立地"的数字化战略布局既要在大规模定制绩效图景上有所规划，也要将数据资源切实地落实到供应链体系的能力发展中。特别是对供应端信息的整合与可视化被证实是非常重要的，对从供应商处收集的数据进行处理与整合并利用信息系统实现实时的调取与使用，能及时地消除潜在的供应中断问题，也能提高供应链响应能力。另外，本章并未证实需求可视性在大数据分析能力与面向产品的大规模定制能力关系中的中介作用。因此，管理者应当认识到，在定制产品的开发中不能过于依赖客户或销售端数据来预测需求，与客户展开联合设计可能得到更有效的结果。

　　最后，管理者应当仔细分析企业当前通过学习途径获取外部知识的程度，清楚地认识到这种学习机制对供应链可视化技术的使用效果的影响。研究发现了组织间学习对需求可视性的作用效果的抑制作用。定制创新往往需要通过与客户的联合设计得以实现，通过学习这一方式企业能从客户那里了解到更多隐性知识或经验，能帮助企业更好地掌握客户的定制需求。而这种通过长期培养的隐性知识汲取途径可能需要在组织内部或组织间形成一些例程，如特定资源锁定、关系规范等，这种已经扎根在企业和客户处的惯例，在新技术系统引入初期，可能会产生资源或认知上的冲突，阻碍或抑制可视系统的实施效果。因此，企业需要仔细分析当前与客户的关系及业务惯例，来合理地规划与客户建立可视信息系统，并需要加强客户关系管理，以支持大数据分析能力与大规模定制业务的有效融合。

第九章

基于组态视角的大规模定制能力提升路径

一、大规模定制能力提升的组态视角

随着竞争压力的加剧和产品生命周期的缩短，客户需求已成为影响企业竞争力的重要因素。作为"面向未来"的生产范式，大规模定制保证企业快速大量生产定制的产品和服务，有效地满足了客户需求，在为企业赢得竞争优势的同时促进了社会经济的发展。2020年10月，党的十九届五中全会通过《中共中央关于制定国民经济和社会发展第十四个五年规划和二〇三五年远景目标的建议》，将"加快构建以国内大循环为主体、国内国际双循环相互促进的新发展格局"纳入其中。构建基于"双循环"的新发展格局，关键在于实现供给和需求的匹配。随着客户个性化定制需求的爆发式增长，制造企业的传统大规模生产模式已难以满足客户需求的变化，于是催生了以"低成本、高质量和高效率"为特征的大规模定制模式。大规模定制平衡了个性化定制的"高成本、高效用"和大规模生产的"低成本、低效用"，有助于实现供求匹配，是打通国内国际双循环的重要着力点。

不少企业为了在"客户时代"实现增长及差异化优势，开始有意识地实施大规模定制。作为当今全球最大的IT直销公司，戴尔率先将大规模定制引入个人计算机领域，构建了核心竞争力。服装品牌 H&M 通过实施大规模定制成为"快时尚"行业的领军企业，在满足客户需求的同时实现了利润最大化。海尔建立卡奥斯 COSMOPlat，连接上亿用户和企业，创造了大规模定制的生态体系。由此可见，在产品需求多样化的时代，大规模定制已经成为企业竞争优势的重要来源。但现实中也有不少企业在实施大规模定制后面临发展困境，出现供应链管理难度加大、管理成本居高不下等问题。因此，如何提升大规模定制能力，成为众多企业关注的问题。

自大规模定制的概念提出以来，国内外学者从不同角度对其影响因素进行了研究，如模块化作为实现大规模定制的手段之一，较早地就被学者们关注并研究，Tu 等（2004）在客户亲密度、基于模块化的制造实践和大规模定制能力之间发现了统计上显著的正相关关系。在影响因素研究中，供应链管理视角的研究尤为丰富，如对供应链整合、库存管理和客户参与与大规模定制能力的关系的探究。工作设计、组织结构和组织学习等组织变革方面的因素也被证明对大规模定制能力的提升具有重要的影响。此外，客户需求也是大规模定制能力影响因素研究的热点之一。尽管现有文献从多个角度研究了大规模定制能力的影响因素，但其主要是基于传统回归分析检验了单一要素的边际净效应，没有解释多要素互动的运行机理，无法得出大规模定制能力的提升路径。然而，影响企业大规模定制能力的因素是复杂多样的，企业大规模定制能力的提升过程应是多个因素联动作用、协同影响的过程。由此可见，大规模定制能力影响因素的研究仍待完善，大规模定制能力的提升机制因研究视角与研究方法所限还未得到深入剖析。

根据组态理论与系统论的观点，大规模定制能力的提升过程是一个复杂的系统，影响大规模定制能力的因素是多种多样的，多重影响因素之间相互依赖与共同作用导致结果产生。因此，基于组态视角对大规模定制能力的提升路径进行研究，有利于理解多个前因条件与大规模定制能力这一结果之间的复杂因果关系，揭示大规模定制能力提升的复杂机制，为相关领域研究提供一个新的视角。基于 TOE 框架，结合组态视角对多重条件的组态分析有助于进一步阐明影响企业大规模定制能力的复杂机理。在实际应用中，管理人员可以根据企业自身的条件，借助差异化的条件匹配手段，实现大规模定制能力的提升。对大规模定制能力背后技术、组织、环境等多重条件的组态分析有着十分重要的现实意义。基于此，本章将组态分析引入大规模定制能力研究领域，探究多重因素对大规模定制能力影响的联动效应，揭示大规模定制能力的提升路径。

二、TOE 框架下大规模定制能力理论模型构建

本章在 TOE 框架的基础上，结合企业大规模定制的实践场景与理论研究进展，构建企业大规模定制能力提升机制的理论模型框架，如图 9-1 所示。

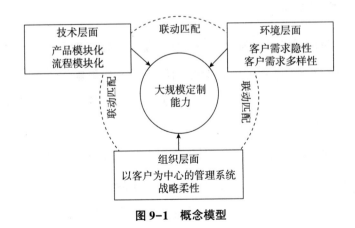

图 9-1　概念模型

1. 技术层面

技术层面包括产品模块化与流程模块化两个二级条件。在技术与组织的相互作用中，技术自身的特征会对组织采纳和技术应用的一系列行为产生影响。在大规模定制的实践中，如何平衡客户定制化需求与大规模生产是期望实施大规模定制的企业共同面临的核心难题。这关系到企业自身能否对大规模定制能力进行优化提升，从而在成本控制和客户需求的满足上获得可持续性优势。根据资源基础理论，大规模定制能力的提升离不开技术资源的支持和保障。模块化作为一种有效组织复杂产品和过程的制造策略，能够很好地解决以上难题。模块化技术将标准化和灵活性的优点应用到制造系统设计的各个方面。其中，产品模块化可以将标准化的产品模块轻松地重新组装成功能形式，甚至跨产品线共享。而流程模块化可以通过流程标准化、流程重新排序以及流程延迟等步骤响应不断变化的生产需求（Tu et al.，2004）。模块化水平越高，大规模定制企业利用批量生产优势与规模经济效应及时满足客户定制需求的可能性也就越大。

2. 组织层面

组织层面包括以客户为中心的管理系统、战略柔性两个二级条件。技术能够"再造组织"，但同时也会受到组织的反向影响。近年来，全球市场的买方市场特征越来越明显，日益加剧的竞争迫使企业不断重构内外部资源以适应环境变化。动态能力理论强调企业资源配置与外部环境变化的动态匹配，而战略柔性是在知识和能力的支持下通过调整其目标而获得的对不确定环境的反应能力，是在变化的过程中快速、平稳地重新配置资源的能力，可被视为一种动态能力（李颖，2014）。在企业大规模定制的实施过程中，企业通过战略柔性对不确定的、快速变化的环境做出反应（李杰，2009）。企业对客户需求的响应速度很大程度上是由战略柔性的不同所决定的，因此战略柔性会对企业大规模定制能力的提升产生影响。另外，大规模定制的实施需要以客户为中心的管理系统的支持。为提高客户满意度、保持竞争优势，企业需要根据客户需求不断修正产品的进退时机及变革相应的管理系统。因此，客户应处于管理系统的中心位置，企业的任何策略和行为都要以满足客户的需求为第一要务，在此过程中实现企业价值的不断提升（张杰，2007）。由此可见，以客户为中心的管理系统对大规模定制能力同样具有潜在影响。

3. 环境层面

环境层面包括客户需求隐性与客户需求多样性两个二级条件。环境因素对组织创新的影响通常表现为压力或动力。从需求的角度来说，企业实施大规模定制的主要目的在于提供满足客户需求的产品和服务。客户需求是客户根据内心的需求对产品的功能、性能、结构等方面的描述，代表着客户为满足自身的目的、愿望，从而对产品提出的多角度的需求（阮胜，2019）。随着市场经济的发展，客户的需求表现出一些显著的特征，如隐性和多样性。现有文献将客户需求隐性和客户需求多样性定义为客户需求的两个主要特征。客户需求隐性指的是客户需求很难以书面形式表达、记录、交流或了解（Zhang & Xiao，2020）。客户需求隐性使客户需求信息很难从客户转移到公司，企业因此难以准确捕捉需求信息，从而阻碍了新产品的开发，降低了产品的性能。基于此，客户需求隐性成为影响企业大规模定制能力提升的因素之一。客户需求多样性是指客户对产品特性有广泛的偏好。随着市场从卖方市场向买方市场的不断深化，客户提出的需求是多方面的（Zhang & Xiao，2020）。客户需求多样性表明，客户之间的需求可能有本质上的不同，客户的需求和偏好成为决定产品成功的主要因素（罗永泰，2007）。因此，客户需求的隐性和多样性特征影响客户对企业所提供的产品或服务的接受度与满意度，进而影响着大规模定制能力的提升。

综上所述，我们探究技术条件（产品模块化和流程模块化）、组织条件（战略柔性和以客户为中心的管理系统）、环境条件（客户需求隐性和客户需求多样性）对大规模定制能力的联动效应。其中，客户需求隐性、客户需求多样性属于客观禀赋条件，因为这两类条件在很大程度上外在于企业自身。而产品模块化、流程模块化、以客户为中心的管理系统和战略柔性属于主观可控条件，企业可通过一系列措施改变。

在组态视角下，技术条件、组织条件和环境条件对大规模定制能力的影响并不是彼此独立的，而是通过联动匹配的方式协同发挥作用。具体来说，多重条件间的并发协同效应既可能包括通过适配来相互强化，也可能包括通过替代来相互抵消。因此，接下来基于组态视角，探讨技术、组织、环境三重条件如何通过相互间的联动匹配来影响企业的大规模定制能力。

三、研究方法与结果

1. 研究方法

本章使用 fsQCA 方法检验产品模块化、流程模块化、以客户为中心的管理系统、战略柔性、客户需求隐性和客户需求多样性六个解释因素如何相互作用而共同影响企业面向产品的大规模定制能力和面向服务的大规模定制能力。

QCA 通过布尔逻辑和代数来实现对案例的充分比较和分析，从而能够探索多种因素之间的互动过程对特定现象的"联合效应"，适合于探索引致特定结果发生的各种共同起作用的条件组合。277 个样本量属于大样本，样本规模与 QCA 方法匹配，在提升外部效度的同时，还可保留案例的独特性与深度。相比其他实证方法，QCA 擅长解决并发性、非对称性、多重等效性问题，正适合回答本章的研究问题。

在具体的分析技术上，fsQCA 相较于 csQCA 和 mvQCA 更适合本章的研究。mvQCA 和 csQCA 只适合处理类别问题，即案例只能被分配到分类变量的某一个类别。而 fsQCA 不仅可以处理类别问题，也可以处理程度变化的问题和部分隶属的问题，能够更充分地捕捉到前因条件在不同水平或程度上的变化带来的细微影响。并且 fsQCA 通过将模糊集数据转换为真值表，保留了真值表分析处理定性数据、有限多样性和简化组态的优势，使fsQCA 具有质性分析和定量分析的双重属性。

2. 信度及效度分析

由表 9-1 可知，产品模块化、流程模块化、以客户为中心的管理系统、战略柔性、客户需求隐性、客户需求多样性、面向产品的大规模定制能力和面向服务的大规模定制能力的 Cronbach's α 系数和 CR 值均大于0.8。同时，对各量表进行 CITC 检验，结果发现各问项校正的项总相关性均大于经验值 0.5，说明测量量表具有良好的信度。

表 9-1　信效度分析

变量	题项	因子载荷	修正的项目总相关（CITC）	Cronbach's α	CR	AVE
产品模块化	PTM1	0.815	0.769	0.926	0.924	0.709
	PTM2	0.894	0.843			
	PTM3	0.880	0.825			
	PTM4	0.849	0.844			
	PTM5	0.766	0.757			
流程模块化	PSM1	0.824	0.777	0.896	0.891	0.622
	PSM2	0.814	0.769			
	PSM3	0.687	0.710			
	PSM4	0.787	0.673			
	PSM5	0.823	0.801			

续表

变量	题项	因子载荷	修正的项目总相关（CITC）	Cronbach's α	CR	AVE
以客户为中心的管理系统	CM1	0.884	0.865	0.965	0.963	0.811
	CM2	0.884	0.862			
	CM3	0.914	0.902			
	CM4	0.911	0.911			
	CM5	0.919	0.910			
	CM6	0.892	0.883			
战略柔性	SF1	0.870	0.821	0.928	0.935	0.743
	SF2	0.838	0.801			
	SF3	0.856	0.823			
	SF4	0.866	0.815			
	SF5	0.880	0.795			
客户需求隐性	CNT1	0.915	0.904	0.966	0.958	0.852
	CNT2	0.932	0.931			
	CNT3	0.920	0.901			
	CNT4	0.925	0.928			
客户需求多样性	CND1	0.722	0.761	0.886	0.832	0.623
	CND2	0.810	0.804			
	CND3	0.832	0.768			
面向产品的大规模定制能力	PMCC1	0.772	0.727	0.921	0.908	0.624
	PMCC2	0.808	0.790			
	PMCC3	0.668	0.687			
	PMCC4	0.846	0.848			
	PMCC5	0.800	0.783			
	PMCC6	0.832	0.816			
面向服务的大规模定制能力	SMCC1	0.734	0.758	0.934	0.894	0.586
	SMCC2	0.723	0.788			
	SMCC3	0.716	0.772			
	SMCC4	0.803	0.813			
	SMCC5	0.826	0.862			
	SMCC6	0.784	0.833			

接下来对模型的效度进行检验，包括内容效度和结构效度。本章涉及的变量均来源于成熟的量表，有充分的理论和研究基础，因此内容效度良好。结构效度主要包括收敛效度和区分效度。使用 Lisrel 对变量进行验证性因子分析，各种拟合指数均表明该模型拟合较好（$X^2/df = 1.777$，RMSEA $= 0.057$，SRMR $= 0.051$，NNFI $= 0.97$，CFI $= 0.97$）。产品模块化、流程模块化、以客户为中心的管理系统、战略柔性、客户需求隐性、客户需求多样性、面向产品的大规模定制能力和面向服务的大规模定制能力的 AVE 值均大于 0.5，因子载荷大于 0.7，证明具有良好的收敛效度。由表 9-2 可知，每个变量的 AVE 值的算术平方根均大于对应的相关系数，说明有良好的区分效度。

表 9-2　各变量的相关性及统计性指标结果

变量	1	2	3	4	5	6	7	8
产品模块化	**0.842**							
流程模块化	0.315 ***	**0.789**						
以客户为中心的管理系统	0.234 ***	0.234 ***	**0.901**					
战略柔性	0.168 ***	0.057	0.106 *	**0.862**				
客户需求隐性	0.235 ***	−0.068	0.113 *	0.161 ***	**0.923**			
客户需求多样性	0.267 ***	0.112 *	0.295 ***	0.308 ***	0.453 ***	**0.789**		
面向产品的大规模定制能力	0.373 ***	0.355 ***	0.232 ***	0.292 ***	0.221 ***	0.351 ***	**0.790**	
面向服务的大规模定制能力	0.318 ***	0.508 ***	0.381 ***	0.272 ***	0.225 ***	0.490 ***	0.541 ***	**0.766**

注：* 表示 $p < 0.05$，*** 表示 $p < 0.001$；对角线上黑体的数值为 AVE 的算术平方根，对角线下方为各变量间的相关系数。

3. 实证结果与分析

（1）数据校准。在 fsQCA 中，校准指的是给案例赋予集合隶属的过程。具体而言，研究者需要根据已有的理论知识和案例情境将变量校准为集合；结合案例中条件变量的实际取值分布，并根据案例的实际情况来设

定 3 个临界值：完全隶属、交叉点以及完全不隶属，校准后的集合隶属度
将介于 0~1。对于"完全隶属"和"完全不隶属"两个锚点的选择，我们
参照既有研究的做法，分别选取样本数据的 95% 和 5% 分位数，选择样本
的中位数作为交叉点。各变量的校准锚点如表 9-3 所示。

表 9-3　各变量校准锚点

		变量	完全隶属	交叉点	完全不隶属
条件变量	技术层面	产品模块化	7.000	5.400	3.200
		流程模块化	6.600	5.000	3.000
	组织层面	以客户为中心的管理系统	7.000	5.167	2.483
		战略柔性	7.000	5.000	3.000
	环境层面	客户需求隐性	7.000	5.000	1.000
		客户需求多样性	7.000	5.333	3.333
结果变量		面向产品的大规模定制能力	6.333	5.333	3.167
		面向服务的大规模定制能力	6.500	5.333	3.000

（2）必要条件分析。在对条件组态进行分析前，首先逐一对各个条件
的"必要性"进行了单独检验。就集合论角度而言，一个必要条件可以被
视为结果的一个超集，即单个条件的必要性分析就是检验结果集合是否为
某个条件集合的子集。需要重点说明的是，如果必要条件被包括在真值表
分析中，它可能会在纳入"逻辑余项"的解中被除去，即必要条件可能被
简约解消除（程建青等，2019）。在 fsQCA 中，当结果发生时，某个条件
总是存在，那么该条件就是结果的必要条件。一致性是衡量必要条件的
重要标准，当一致性水平大于 0.9 时，则可认为该条件是结果的必要
条件。

表 9-4 和表 9-5 为使用 fsQCA 3.0 软件分析的面向产品和面向服务的
大规模定制能力的必要条件检验结果。所有条件的一致性水平均低于 0.9，
不构成必要条件。这意味着各个单个条件变量对大规模定制能力的解释力

较弱。因此，下文将这些条件变量纳入 fsQCA，进一步探索产生高水平大规模定制能力的组态。

表 9-4　面向产品的大规模定制能力的必要条件分析

条件变量	高面向产品的大规模定制能力		非高面向产品的大规模定制能力	
	一致性	覆盖率	一致性	覆盖率
高产品模块化	0.730	0.746	0.620	0.562
非高产品模块化	0.572	0.629	0.720	0.703
高流程模块化	0.703	0.769	0.614	0.596
非高流程模块化	0.630	0.648	0.762	0.695
高以客户为中心的管理系统	0.730	0.728	0.677	0.599
非高以客户为中心的管理系统	0.597	0.675	0.693	0.695
高战略柔性	0.717	0.763	0.583	0.551
非高战略柔性	0.579	0.610	0.750	0.702
高客户需求隐性	0.711	0.769	0.621	0.596
非高客户需求隐性	0.627	0.651	0.760	0.700
高客户需求多样性	0.730	0.748	0.596	0.542
非高客户需求多样性	0.553	0.607	0.723	0.704

表 9-5　面向服务的大规模定制能力的必要条件分析

条件变量	高面向服务的大规模定制能力		非高面向服务的大规模定制能力	
	一致性	覆盖率	一致性	覆盖率
高产品模块化	0.736	0.743	0.609	0.560
非高产品模块化	0.564	0.613	0.720	0.713
高流程模块化	0.746	0.805	0.579	0.570
非高流程模块化	0.602	0.611	0.802	0.742
高以客户为中心的管理系统	0.762	0.750	0.662	0.594
非高以客户为中心的管理系统	0.587	0.656	0.721	0.734
高战略柔性	0.719	0.756	0.585	0.561
非高战略柔性	0.583	0.606	0.745	0.707
高客户需求隐性	0.716	0.765	0.619	0.603

续表

条件变量	高面向服务的大规模定制能力		非高面向服务的大规模定制能力	
	一致性	覆盖率	一致性	覆盖率
非高客户需求隐性	0.629	0.644	0.759	0.709
高客户需求多样性	0.776	0.786	0.564	0.520
非高客户需求多样性	0.526	0.570	0.768	0.758

（3）条件组态分析。组态分析是对由多个条件组成的不同组态所产生的结果的充分性分析，即探索多个条件构成的组态代表的集合是否是结果集合的子集。与必要条件分析相同的是，组态分析也采用一致性来衡量组态的充分性，而且认定充分性的一致性水平不得低于 0.75（Schneider & Wagemann，2012）。现有研究根据具体情况采用了不同的一致性阈值，例如 0.75（唐鹏程和杨树旺，2016）、0.8（程聪和贾良定，2016）等。而在确定频数阈值时，则需要考虑样本规模，对于中小样本，频数阈值为 1 即可，而对于大样本，频数阈值应该大于 1。

在确定一致性阈值和频数阈值时，借鉴了现有 QCA 研究的经验：一是频数阈值的设定应当至少包含 75% 的观察案例（杜运周和贾良定，2017）；二是 PRI 一致性的最低值应该 ≥0.75 以降低潜在的矛盾组态。最终确定的一致性阈值为 0.9，频数阈值为 3。

fsQCA 分析会得到三类解：复杂解、简约解以及中间解。如果一个前因条件同时出现于简约解和中间解，则为核心条件，对结果产生重要影响；如果该条件仅出现在中间解，则为边缘条件，起辅助贡献。

遵循 Ragin 和 Fiss（2008）以及 Fiss（2011）的结果呈现形式，此外，将具有相同核心条件的组态归为一类并按照组态—致性水平大小从左至右进行排列。

1）高水平面向产品的大规模定制能力提升的组态分析。

对面向产品的大规模定制能力的组态分析结果如表9-6所示。

表 9-6　高水平面向产品的大规模定制能力的组态分析

前因条件	解		
	组态 1a	组态 1b	组态 2
产品模块化	●	●	
流程模块化	•		●
以客户为中心的管理系统	⊗		•
战略柔性	●	●	●
客户需求隐性	●	●	●
客户需求多样性		•	•
一致性	0.945	0.901	0.932
覆盖度	0.286	0.410	0.346
唯一覆盖度	0.024	0.085	0.042
解的一致性	0.904		
解的覆盖度	0.477		

注：●或•表示该条件存在，⊗表示该条件不存在；●表示核心条件，•表示边缘条件。空白代表条件可存在也可不存在。

如表 9-6 所示的三种组态，所有单个解（组态）和总体解的一致性水平都高于可接受的最低标准 0.75，其中总体解的一致性为 0.904，总体解的覆盖度为 0.477。表 9-6 中的三种组态可以视为高水平面向产品的大规模定制能力的充分条件组合。

从各个组态本身来看，组态 1a 表明，产品模块化、战略柔性和客户需求隐性的存在发挥了核心作用，流程模块化条件发挥了辅助作用。组态 1a 的一致性为 0.945，在所有组态中最高，但唯一覆盖度最低，为 0.024。组态 1b 表明，产品模块化、战略柔性和客户需求隐性的存在发挥了核心作用，客户需求多样性条件发挥了辅助作用。虽然组态 1b 的一致性最低，为 0.901，但其唯一覆盖度为 0.085，在所有组态中最高。组态 1a 和组态 1b 意味着，产品模块化、战略柔性和客户需求隐性是提升企业面向产品的大规模定制能力的主要原因。组态 2 的一致性为 0.932，唯一覆盖度为 0.042。在组态 2 中，流程模块化、战略柔性和客户需求隐性的存在发挥了核心作用，以客户为中心的管理系统和客户需求多样性条件发挥了辅助作用。这意味着，流程模块化、战略柔性和客户需求隐性在企业提升面向产品的大规模定制能力的过程中发挥重要的作用。

从表9-6的组态结果中可以看出，战略柔性和客户需求隐性条件出现在所有组态之中，说明这两个条件对企业提升面向产品的大规模定制能力起到重要的驱动作用。产品模块化和流程模块化作为核心条件在不同组态中出现，而以客户为中心的管理系统和客户需求多样性的存在或缺席作为高水平面向产品的大规模定制能力的辅助性条件存在。不同核心条件与不同辅助条件的组合，形成"殊途同归"的高水平面向产品的大规模定制能力结果。

2）高水平面向服务的大规模定制能力提升的组态分析。

对面向服务的大规模定制能力的组态分析结果如表9-7所示。

表9-7　高水平面向服务的大规模定制能力的组态分析

前因条件	解			
	组态1a	组态1b	组态2a	组态2b
产品模块化		•	●	
流程模块化	●	●	•	
以客户为中心的管理系统	•	⊗	●	●
战略柔性	•		●	●
客户需求隐性	●	●	⊗	•
客户需求多样性	●	●		•
一致性	0.962	0.957	0.960	0.949
覆盖度	0.362	0.328	0.334	0.378
唯一覆盖度	0.043	0.080	0.092	0.058
解的一致性	0.936			
解的覆盖度	0.592			

注：●或•表示该条件存在，⊗表示该条件不存在；●表示核心条件，•表示边缘条件。空白代表条件可存在也可不存在。

如表 9-7 所示的四种组态，无论是单个解（组态）的一致性水平还是总体解的一致性水平均高于可接受的最低标准 0.75，其中总体解的一致性为 0.936，说明表 9-7 中的四种组态可以视为高水平面向服务的大规模定制能力的充分条件组合。总体解的覆盖度为 0.592，说明以上四个组态解释了约 60%的高水平面向服务的大规模定制能力的原因。

由组态 1a 和组态 1b 可知，流程模块化、客户需求隐性和客户需求多样性的存在发挥了核心作用，这意味着，流程模块化、客户需求隐性和客户需求多样性是提升面向服务的大规模定制能力的主要原因。组态 1a 中的边缘条件是以客户为中心的管理系统和战略柔性，组态 1a 的一致性为 0.962，在所有组态中最高，但唯一覆盖度最低为 0.043。组态 1b 的边缘条件是产品模块化和以客户为中心的管理系统的缺失，其一致性是 0.957，唯一覆盖度是 0.080。组态 2a 表明，产品模块化、以客户为中心的管理系统和战略柔性的存在发挥了核心作用，流程模块化和客户需求隐性的缺失发挥了辅助作用。组态 2a 的唯一覆盖度为 0.092，在所有组态中最高，一致性程度为 0.960，仅次于组态 1a。组态 2b 表明，产品模块化、以客户为中心的管理系统和客户战略柔性的存在发挥了核心作用，客户需求隐性和客户需求多样性条件发挥了辅助作用。组态 2b 的一致性为 0.949，唯一覆盖度为 0.058。组态 2a 和组态 2b 意味着，产品模块化、以客户为中心的管理系统和客户战略柔性在企业提升面向服务的大规模定制能力的过程中发挥重要的作用。因此，产品模块化、流程模块化、战略柔性、客户需求多样性等是提升面向服务的大规模定制能力的核心条件，核心条件和辅助条件的不同组合形成了高水平面向服务的大规模定制能力的多样化路径。

（4）条件间的潜在替代关系。

1）高水平面向产品的大规模定制能力的条件间替代关系。

通过对三个条件组态的异同比较，我们可以识别出高水平面向产品的大规模定制能力的各条件间的潜在替代关系。首先，通过对比组态 1a 和组态1b，如图9-2所示，我们发现，同样具有高水平的产品模块化和高水平的战略柔性的企业，在同样面临高水平的客户需求隐性环境时，高水平流程模块化和非高水平以客户为中心的管理系统的条件组合同高水平的客户需求多样性条件具有替代作用，即高水平的流程模块化条件可以弥补企业非高水平的以客户为中心的管理系统条件的不足，达到与高水平客户需求多样性条件同样的效果。

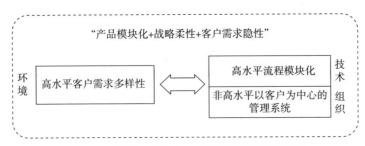

图9-2　环境与"技术+~组织"间的替代关系

其次，通过对比组态1a和组态2可知，如图9-3所示，同样具有高水平流程模块化和高水平的战略柔性的企业，同处高水平的客户需求隐性环境时，高水平产品模块化和非高水平以客户为中心的管理系统的条件组合同高水平以客户为中心的管理系统和高水平客户需求多样性的条件组和具有替代作用。这说明，高水平的产品模块化条件可以弥补企业非高水平的以客户为中心的管理系统条件的不足，达到与高水平以客户为中心的管理系统和高水平客户需求多样性条件同样的效果。

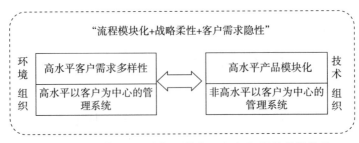

图9-3　"环境+组织"与"技术+~组织"间的替代关系

最后，通过对比组态 1b 和组态 2 我们发现，高水平流程模块化和高水平以客户为中心的管理系统的条件组合可以同高水平的产品模块化相互替代，如图 9-4 所示。也就是说，同样具有高水平战略柔性的企业，在面临相同的高水平客户需求隐性和高水平客户需求多样性的环境条件时，只要满足产品模块化程度高这一单个条件，或者同时满足流程模块化程度高与具有高水平以客户为中心的管理系统这两个条件，就可提升面向产品的大规模定制能力。

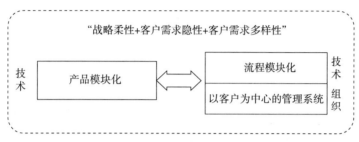

图 9-4 技术与"技术+组织"间的替代关系

2）高水平面向服务的大规模定制能力的条件间替代关系。

我们进一步对高水平面向服务的大规模定制能力的四个条件组态进行异同比较，识别各条件间的潜在替代关系。首先，通过对比组态 1a 和组态 1b，我们发现，如图 9-5 所示，同样具有高水平流程模块化技术条件的企业，在同样面临高水平的客户需求隐性和高水平客户需求多样性环境时，高水平产品模块化和非高水平以客户为中心的管理系统的条件组合同高水平以客户为中心的管理系统和高水平战略柔性的条件组合具有替代作用，即高水平的产品模块化条件可以弥补企业非高水平的以客户为中心的管理系统条件的不足，达到与高水平以客户为中心的管理系统和高水平战略柔性的组织条件同样的效果。

其次，通过对比组态 1a、组态 2a 和组态 2a、组态 2b 我们发现，如图 9-6、图 9-7 所示，同样具有高水平以客户为中心的管理系统和高水平战略柔性这两个组织条件的企业，当其具有高水平流程模块化的技术条件时，高水平产品模块化和非高水平客户需求隐性的条件组合同高水平客户

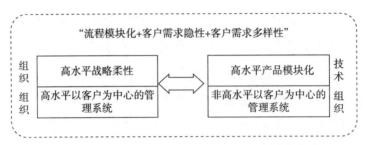

图9-5　"组织+组织"与"技术+～组织"间的替代关系

需求隐性和高水平客户需求多样性的条件组合具有替代作用；当其具有高水平产品模块化的技术条件时，高水平流程模块化和非高水平客户需求隐性的条件组合同高水平客户需求隐性和高水平客户需求多样性的条件组合具有替代作用。也就是说，具有高水平组织条件、高水平的产品模块化或者高水平流程模块化技术条件的企业，在非高水平客户需求隐性的环境中，可以达到与处于高水平客户需求隐性和高水平客户需求多样性环境中的企业同样的高水平面向服务的大规模定制能力。

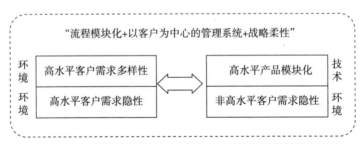

图9-6　"环境+环境"与"技术+～环境"间的替代关系

图9-7　"环境+环境"与"技术+～环境"间的替代关系

　　而通过对比组态 1a 和组态 2b，我们可以更好地理解以上发现，即产品模块化和流程模块化条件具有替代作用，如图 9-8 所示。也就是说，同样具有高水平以客户为中心的管理系统和高水平战略柔性这两个组织条件的企业，在面临相同的高水平客户需求隐性和高水平客户需求多样性的环境条件时，只要满足产品模块化程度高这单个条件，或者流程模块化程度高这个条件，就可达到高水平的面向服务的大规模定制能力。

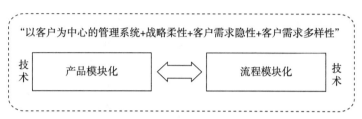

图 9-8　产品模块化与流程模块化间的替代关系

　　(5) 非高水平的大规模定制能力的组态分析。QCA 方法的"因果非对称性"意味着某个结果的出现与否需要不同的"原因组合"来分别解释。因此，尝试对结果变量的"非集"，即非高水平面向产品的大规模定制能力和非高水平面向服务的大规模定制能力展开组态分析，实现对"因果非对称性"的探究，结果如表 9-8 和表 9-9 所示。

表 9-8　非高水平面向产品的大规模定制能力的组态分析

前因条件	解
	组态 1
产品模块化	⊗
流程模块化	⊗
以客户为中心的管理系统	⊗
战略柔性	⊗
客户需求隐性	⊗
客户需求多样性	⊗
解的一致性	0.934
解的覆盖度	0.375

注：⊗表示该条件不存在，并不区分是核心条件还是边缘条件。

表 9-9　非高水平面向服务的大规模定制能力的组态分析

前因条件	解		
	组态 1a	组态 1b	组态 1c
产品模块化	⊗	⊗	⊗
流程模块化	⊗	⊗	⊗
以客户为中心的管理系统		⊗	⊗
战略柔性	⊗		⊗
客户需求隐性	⊗	⊗	
客户需求多样性	⊗	⊗	⊗
一致性	0.958	0.965	0.950
覆盖度	0.425	0.429	0.407
唯一覆盖度	0.042	0.036	0.024
解的一致性	0.947		
解的覆盖度	0.485		

注：⊗或⊗表示该条件不存在；⊗表示核心条件，⊗表示边缘条件。空白代表条件可存在也可不存在。

表 9-8 展示的是非高水平的面向产品的大规模定制能力的组态分析，仅有一组结果，即所有条件均不存在，该组态的一致性水平为 0.934，高于可接受的最低标准 0.75，覆盖度为 0.375。

如表 9-9 所示的三种组态中，所有单个解（组态）和总体解的一致性水平都大于 0.75，总体解的一致性为 0.947，总体解的覆盖度为 0.485，这三种组态可以视为非高水平面向服务的大规模定制能力的充分条件组合。三个组态具有相同的核心条件，即产品模块化、流程模块化和客户需求多样性条件的缺失。在组态 1a 中，战略柔性和客户需求隐性条件的缺失发挥了辅助性作用；在组态 1b 中，以客户为中心的管理系统和客户需求隐性条件的缺失发挥了辅助性作用；在组态 1c 中，以客户为中心的管理系统和战略柔性条件的缺失发挥了辅助性作用。因此，产品模块化、流程模块化和客户需求多样性条件的缺失是造成非高水平面向服务的大规模定制能力的核心条件，而核心条件与不同辅助条件的组合形成了非高水平面向服务的大规模定制能力的多样化路径。

（6）稳健性检验。通过调整一致性水平（从 0.90 提高至 0.91）和改变校准区间（使用 4%，96% 的校准区间来代替 5%，95% 的校准区间）两种方法进行稳健性检验。借助 Schneider 和 Wagemann（2012）对 QCA 结果稳健检验的两个评判标准，即不同组态集合关系状态和不同组态拟合参数差异，发现研究结果具有很好的稳健性。

四、结果与讨论

本章对高水平面向产品的大规模定制能力和高水平面向服务的大规模定制能力进行了组态分析，并对条件间的互补、替代等互动关系进行了分析。结果表明，大规模定制能力的提升是多种因素之间的联动作用的结果，技术、组织和环境条件之间存在潜在的替代关系。

1. 理论贡献

本章深入探究了多个影响因素组成的组态整体对面向产品的大规模定制能力和面向服务的大规模定制能力的影响机制，主要有以下三个方面的理论贡献：

关注了大规模定制能力不同维度的差异性，将大规模定制能力分为面向产品的大规模定制能力和面向服务的大规模定制能力。既丰富了大规模定制能力的理论研究，又将相关理论研究发展至实证研究层面，通过实证研究证明了大规模定制能力不同维度之间的差异性，证实了对变量维度进行考虑的必要性。

借鉴技术采纳领域的既有成果，以 TOE 框架为基础，结合组态视角与企业大规模定制能力提升的实践经验，衍生出影响企业大规模定制能力提升的六个二级条件，提出了大规模定制能力提升的整合性分析框架。有助于更好地理解和把握大规模定制能力提升的影响因素，弥补了 TOE 框架在解释多重条件影响技术应用水平时的不足。

借助组态视角与 QCA 方法，探讨了 TOE 框架中技术、组织、环境等多重条件在提升大规模定制能力上的并发协同效应和联动匹配模式，在拓展组态分析应用场景的同时，扩充了大规模定制相关理论的研究视角。厘清了面向产品的大规模定制能力和面向服务的大规模定制能力提升的等效驱动机制和条件替代关系，验证了 QCA 方法的"因果不对称"假设。研究发现，以技术、组织、环境不同条件为核心的多元组态能够通过"殊途同归"的方式来实现高水平的大规模定制能力，丰富了大规模定制领域的实证研究。

2. 管理启示

实证研究结果表明，大规模定制能力的提升背后是多种因素之间的联动作用，技术、组织和环境条件之间存在潜在的替代关系。因此，我们得出以下启示：

第一，技术、组织和环境条件"多重并发"，揭示出大规模定制能力提升的复杂性。因此，各企业应根据自身特点、技术条件、行业环境等具体情况，在"整体视角"下着力于多重条件之间的适配，有差别、有针对性地制定战略，选择适合的大规模定制能力提升路径。

第二，技术、组织、环境的潜在替代关系意味着，在特定的条件下，形成高水平大规模定制能力的前因条件无须同时存在，可以通过等效替代以"殊途同归"的方式提升企业大规模定制能力。企业通过提升技术条件，即增强产品模块化或流程模块化，并辅以相应的组织条件，能够破除客观环境禀赋条件的制约，提升面向产品或面向服务的大规模定制能力。

第三，对于非高水平大规模定制能力的企业来说，应结合企业自身特点，深入分析造成非高水平大规模定制能力的前因条件中，哪些条件缺失，哪些条件存在。注意有利条件的存在可能因不利条件的存在而抵消或抑制，造成大规模定制能力水平较低。对于服务业企业来说，更应该关注环境条件尤其是客户需求多样性条件的要求水平，来判断是否有必要通过对技术条件和其他辅助条件的增强来提升企业面向服务的大规模定制能力。

第十章
大规模定制中的营销策略

一、绿色定制

生态过载、大气污染与气候变暖等灾难性环境问题日趋严重，转变传统消费模式，购买节资节能、环境友好及有益人身健康的绿色产品成为社会的广泛认知（Chari & Reddy, 2019; Zhang et al., 2019b）。在绿色发展理念下，促进绿色消费是加快生态文明建设、推动经济社会绿色发展的关键举措（Yan et al., 2019）。为实现"绿水青山就是金山银山"的目标，政府深入开展全民教育，推动企业构建绿色制造体系以增加绿色产品和服务供给，积极引导居民践行绿色消费模式（李杨，2021）。然而，消费者普遍具有较强环境态度与环境责任感，但绿色消费实践表现较差（do Paco et al., 2019; Park & Lin, 2020）。本章以绿色消费"高认知度、低践行度"现象为出发点，探究其形成原因与可行的改善举措。

生态过载、大气污染与气候变暖等灾难性环境问题唤醒了消费者的环保意识（Sharman et al., 2019），加剧了社会危机感，政府有关部门与环境保护组织等非官方组织积极进行绿色生活、绿色消费等宣传活动，公众环保责任意识增强并宣称消费时优先考虑环境友好型产品与服务（Sun et al., 2020）。但事实上消费者的绿色生活方式尚未完全形成（秦昌波等，

2018）。生态环境部环境与经济政策研究中心公开发布的《公民生态环境行为调查报告（2020 年）》显示，受访者普遍认为公民自身环境行为对保护生态环境很重要，但在践行绿色消费、减少污染产生、关注生态环境和分类投放垃圾等行为领域的实践程度相对较低（Testa et al.，2020），如89.4%的受访者认为购物时选择生产过程污染低的绿色产品对生态环境保护十分重要，但仅有 38.5%的人经常践行，出现了"高认知度、低践行度"的现象（崔晓冬等，2020），市场需求潜力有待进一步挖掘。

相较于传统产品，绿色产品在功能属性、产品价格、种类样式等方面存在不足。由于绿色产品与绿色工艺技术起步较晚，公众存在绿色产品效用较低的刻板印象。以新能源车为例，部分消费者认为电动车续航不足，充电不便，驾驶体验感不如传统燃油车（Haider et al.，2019）。此外，绿色产品的种类有限、样式固定，无法如传统产品般满足消费者多样化、个性化的需求。而前期研发成本高、实行绿色生产制造等原因又导致目前市场上的绿色产品对比普通产品至少会有 20%的溢价（Mezger et al.，2020）。产品价格是消费者购买绿色产品时首要考虑的产品属性之一，溢价水平越高，消费者感知效用值越低（葛万达和盛光华，2019）。高昂价格与有限预算直接冲突，而大多数消费者对绿色属性的偏好并不足以弥补溢价带来的效用降低。更严重的是，部分企业在营销过程中并未有效凸显绿色产品的绿色属性，如其自身可再生性、生产制造过程中的环境效益等，构成了消费者绿色产品认知障碍。而频繁发生的"漂绿"行为又增大了认知难度，降低了消费者的绿色信任。虚假绿色广告宣传、非法使用绿色产品标识等行为导致消费者对绿色品牌失去信任，倾向于怀疑绿色属性真实性，购买意愿降低（Torelli et al.，2020）。

我国现以生态环保为抓手，将绿色设计、绿色技术和工艺、绿色生产、绿色管理、绿色供应链、绿色就业贯穿到产品全生命周期中（李杨，2021）。但现已出台的绿色消费政策范围较窄，主要集中在交通、家用器具及文化和娱乐方面，在绿色服务消费如绿色设计、生态旅游、环保衣物鞋服等领域缺乏国家政策的规范、支持和引导（崔晓冬等，2020）。现有绿色消费政策多集中于空调、新能源车等节能产品的补贴，这些领域的财政补贴取得了良好的市场和节能效果，但是在减少环境污染方面的补贴不足。缺乏财政支持使这一领域的绿色消费完全依靠消费者自身的环保意识做出选择，对绿色消费的驱动力不足，调控作用有限。

目前，我国涉及绿色的相关产品标准、认证和标识由多个部门分头设立，存在较为严重的绿色产品概念不清、衡量标准不统一、认证和标识类别繁复多样、管理涣散、社会认知及公众采信程度偏低等问题（孙晓立，2017）。现行绿色认证机构既有政府层面的，也有企业自营的，二者各行其是，绿色产品和服务、认证标识、技术标准应用等并不统一，有碍绿色消费的推广。要提升绿色产品认证和标识的权威性与可靠性，以此降低制度性交易成本、引领绿色消费，还需要进一步思考与完善现有体系。

企业试图通过创新研发投入、优化信息供给与定制化来弥补绿色产品自身的局限。企业首先从加大绿色产品研发、设计和制造投入着手（Abu et al.，2019），优化绿色产品属性，并通过技术升级来提高生产制造效率，降低成本，以此降低高昂溢价带来的绿色消费高门槛（Wang et al.，2018）。此外，在优化信息供给方面，企业根据不同人群购物特点，主动提供相适应的权威绿色产品认证信息，可视化产品生产制造全流程，打消消费者怀疑。更新的尝试在于，企业在绿色产品生命周期中融入定制的概念，利用定制提高绿色消费践行程度的可能性在于：首先，定制能够让消费者更多地参与到绿色产品的设计、研发与升级中。客户卷入度越高，其存在感、成就感越高，购买意愿越强（Turner et al.，2020）。其次，定制可将一个完整的绿色产品分割为多个部分（Hankammer et al.，2016a），并在每个部分提供多种包含不同绿色程度的选项，消费者可选择其中某些部分进行绿色定制，此时绿色消费更迎合个人偏好，实践所需付出的金钱代价也有所减少。

二、环境责任意识与绿色定制意愿

1. 理论基础

（1）态度—行为—情境模型。Guagnano 等（1995）构建了态度—行为—情境模型（Attitude-Behavior-Context Model，ABC），认为行为是消费者个人态度因素与情境因素交互作用的结果，对于不受要求或有形激励的个人行为，行为越困难、耗时或昂贵，对态度因素的依赖性就越弱。即周遭情境因素较弱或不存在的时候，消费者个人态度对其行为的预测作用最强，而当情境因素强烈正向或负向影响时，态度与实际行为关系较弱甚至无关（陈凯和彭茜，2014）。将个人—背景或组织—环境的区别细化，可将因果变量分为：态度、外部力量、个人能力与消费习惯四个类别（Testa et al.，2020）。

1）态度因素。

态度因素包括个人的规范、信仰和价值观。计划行为理论很好地解释了基于环保意图行动的倾向能够影响个人认为对环境具有重要意义的所有行为。而包括特定行为倾向（如规范激活理论中的特定个人道德规范）与特定行为信念（如有关采取特定行动的困难或行动对自身、他人或环境造成的后果）在内的其他态度变量仅能够影响特定的环境相关行为。一些社会心理学理论，包括认知失调理论、规范激活理论和计划行为理论，已被证明能够解释特定亲环境行为的差异。对环境有重大影响的行为也会受到非环境态度的影响，如那些关于与环境影响相关的消费品属性的态度，或关于节俭、奢侈、浪费，与家人共度时光的重要性等。

2）外部或周遭因素。

第二类因果变量是外部或周遭因素，包括人际影响（如说服、模仿），社会期望，广告，政府规章条例，其他法律与体制因素（如对租房住户的合同限制），货币激励与费用，具体行动的实际困难，技术与建筑环境所提供的能力和限制（如建筑设计、自行车道的实用性、太阳能技术），支持行为的公众政策的有效性（如路边回收项目），以及社会、经济与政治环境的各种特征（如石油价格、政府对公众与利益集团压力的敏感性、金融市场利率）。值得注意的是，对于不同的态度或信仰的人而言，同种情境因素可能有不同的意义。例如，"有机"农产品的偏高价格对一些人而言是购买的经济障碍，而对于另一些人而言则是优质产品的标志。

3）个人能力。

个人能力是第三类因果变量，包括特定行动所需的知识和技能（如行动主义活动组织者的技能、节能家庭维修所需的机械知识），行动时间的可得性，以及一般的能力和资源（如读写能力、金钱及社会地位与权力）。年龄、受教育程度、与收入等社会人口统计学变量可能是个人能力的指标或代表。尽管这些变量对许多环境行为的解释力十分有限，但它们对于强烈依赖于特定能力的绿色行为十分重要。例如，Stern（2000）的研究表明，当社会心理变量恒定时，社会人口统计学变量与消费者行为和政策无关，但是收入与环境公民权具有正相关关系。研究结果反映了一个事实，即环境公民权的效力取决于个人的社会和经济资源。此外，环境行动主义作为态度变量的解释力很小，但它与年龄和收入显著负相关。

4）习惯或惯例。

最后，习惯或惯例是一种不同类型的因果变量。行为改变通常需要打破旧的习惯，并通过创造新的习惯来建立（Dahlstrand & Biel，1997）。以标准操作程序形式存在的习惯，也是环境行为的关键因素。

态度—行为—情境模型认为不同类型的因果因素可能相互作用，意味着仅基于主效应路径的解释可能具有严重误导性。仅考虑态度因素的研究其结果可能与实际状况不一致，因为实际状况还取决于能力和环境。类似地，只研究情境变量，如物质激励、社会规范或新技术的引入，可能会发现作用，但不能揭示其对个人态度或信仰的依赖。单变量研究可能表明一个特定的理论框架的解释力，但无助于全面理解需要改变它们的特定的重要环境行为。基于此，本章关注消费者环境责任感与感知个人成本、绿色产品价值、绿色广告干预对绿色消费行为的复合作用。

（2）认知反应理论。认知反应理论（Cognitive Response Theory）认为，认知反应决定人们对信息的态度，该理论由美国心理学家格林沃尔德在 1968 年提出。理论认为，人们在接到来自他人的信息后，会产生一系列的主动思考，这些思考进而决定个体对信息的整体反应（Smith & Swinyard，1988）。这与个人在长久的社会生活形成的固定的认知反应模式有关，人们在处理信息时，偏爱选择自身有把握的、习惯性使用的反应模式，选择从自身出发的对自身发展最有利的途径。认知反应指的是信息传播与接触过程之中或之后的思考过程或活动。一般来说，认知反应过程会影响消费者最终消费决策的做出，甚至是消费决策的根本原因。认知反应理论简单来说就是消费者接触广告信息导致认知反应，进而影响态度改变（见图 10-1）。

图 10-1 认知反应理论

消费者在广告信息认知过程中产生的反应可分为两类，即反对意见和支持意见，下面主要就反对或支持的实质内容进行区分：

• 反对或支持广告信息的逻辑推理或内容。例如消费者可能会认为"××鞋面材料是纯天然材料制成的"等的广告信息是不可能完全真实的。

• 反对或支持广告信息的结论。如对有些洗手液的广告宣称天然原材料的清洁效果更佳且不伤手，消费者既可能相信，也可能持怀疑态度。

• 相信或怀疑广告信息的情境。如受众看了广告宣传中原材料养殖地的实景拍摄后可能会认为"这一场景是故意营造以换取消费者青睐的"。

●信任或质疑广告信息的论据来源。如对于绿色产品认证标识，有些受众会认为"这是企业花钱购买的，是一种'漂绿'行为"，但有些受众对于看似官方协会给出的认证标识深信不疑。

认知反应理论认为，认知反应的实质决定认知反应对态度改变的作用，认知反应中支持部分的占比和强度与广告态度和消费意向的改变有正向关系，反对部分的比重和强度与广告态度和消费行为意愿的改变存在负向关系。

2. 消费者环境责任感与绿色定制意愿

绿色消费行为通常是消费者有计划、有目的做出的行为，在消费过程中消费者的消费决策受到意向、思想与情感引导。计划行为理论认为，个体为行为付出努力的意愿直接决定其是否实施该行为。这种努力意愿被称为行为意向，而影响行为的因素均借助影响行为意向来间接影响行为（Ajzen，1991）。因此，我们将绿色定制意愿作为因变量来表示消费者可能做出的绿色定制行为。

环境责任感涉及环境现状认知、环保意识、环境行为意识，是指个体在充分认识自身行为对环境所带来损益的基础上主动采取如绿色消费、绿色出行等行动来缓解或解决环境问题的观念。此时的消费者更注重产品或服务的环境与社会效益，而非个体的物质享受（Ki et al.，2020）。环境责任感作为心理驱动因素，引导激励消费者主动承担环境问题相关责任（Wu & Yang，2018），将社会规范内化为主观规范，并试图采取实际行动为环境改善做出贡献，展现其通过绿色行为（包括绿色消费、绿色出行等）减少环境损害、改善环境问题上的勇于奉献、坚忍不拔、自我约束与克己为公等精神品质。

消费者个人的环境责任感是其环境友好行为的重要内驱变量，高环境责任感的个人（相较于环境责任感较低的个人）更有可能做出环境友好的行为，其中包括绿色定制选项选择行为。环境责任感与个体绿色产品购买意愿间的关系已在现有研究中进行了充分讨论与实证检验。环境责任感驱使消费者关注环境问题、寻求解决方案，购买决策过程中关注产品绿色价值与环境效益，表现出较高的绿色产品购买意愿（盛光华等，2019）。而环境责任感的驱动作用在定制背景下同样显著，Hankammer 等（2016b）对德国和中国消费者的定制产品购买决策进行了研究，发现可持续性与定制化都对消费者购买意愿有着促进作用，可持续性的影响甚至高于定制化所带来的吸引力。依据上述内容，我们认为，环境责任感作为重要心理变量，驱动消费者产生较强的主观规范（Osburg et al.，2019），主动担负环境责任，积极实践绿色行为，对于绿色定制选项有较高的支付意愿，并提出如下假设：

H10-1：消费者环境责任感正向影响其绿色定制意愿。

3. 消费者环境怀疑的调节作用

消费者环境怀疑是指消费者对企业产品绿色属性或绿色价值宣传的怀疑。企业通常会在广告等营销宣传中强调产品的绿色属性，采用如零添加、纯天然原料、保留自然味道等字眼，试图提升消费者感知的产品或服务价值，使其可能偏于"合理化"，进而被消费者接受甚至追捧。但频繁发生的"漂绿"行为让绿色营销的效果大打折扣，甚至起了反效果。

所谓的"漂绿"（Greenwashing）是企业绿色营销的手段之一，通常指企业为展示环境负责、环境友好的公共形象而虚假或误导性地做出环境友好产品、服务或实践宣传，刻意误导消费者，并以此来提升自身经济利益（Torelli et al.，2020），主要表现有：①虚假宣传，企业采取谎报或欺诈的方式，将并不具备绿色属性的传统产品包装为绿色产品，贴上并非官方认证的绿色产品标识，出具虚假的环保检测报告等。②夸大宣传，企业往往过度夸大生产经营活动的环境效益以及自身为环境改善做出的努力（Stephan，2021）。例如，德国运动用品巨头阿迪达斯在2018年8月宣布，计划到2024年前停止使用全新塑料而仅使用再生塑料为原料进行生产，以提高供应链的环保水平，但2019年11月，却宣布关闭其位于德国安斯巴赫市和美国亚特兰大市的两家高科技"机器人"工程，回归亚洲生产供应商，这必定会影响其碳足迹，与品牌近几年的宣传背道而驰。③含糊其辞，误导消费，企业在绿色广告中使用如"零添加""富含纤维"等无具体数据或确切证据佐证的绿色属性，误导消费者理解为优质环境效益或绿色属性。2020年7月，国家市场监管总局公开发布《食品标识监督管理办法（征求意见稿）》，其中明确规定：没有法律法规、规章和食品安全标注等规定的，一般食品不得强调适合特定人群；食品不得标注零添加等字样。

身处"虚假"和"漂绿"时代，消费者逐渐形成这种共识：产品的绿色属性或可持续性需要通过时间和实践来验证。安全感的缺失使怀疑论渐渐占据主导。《公民生态环境行为调查报告（2020年）》中的调查数据显示无法识别绿色产品、产品质量没保障是阻碍公众购买绿色产品的主要原因，52.1%的受访者选择了"市场监管不到位，绿色产品质量没保证"，43.2%选择了"绿色产品认证标准体系不健全"作为阻碍选购绿色产品的因素，可见与消费者日趋增强的绿色消费认知相比，其绿色信任程度持续走低，严重影响其将绿色承诺转化为行动，实践绿色消费。王财玉和吴波（2018）的研究中也关注到了这一点，认为绿色消费者一旦对企业绿色广告产生了较强的怀疑，即使其环保意识较高也将会推迟绿色消费，环保意识与绿色产品购买意愿之间的正向关系受制于产品环境怀疑。因此，环境怀疑会抑制环境责任感向绿色消费行为转化（Leonidou & Skarmeas，2015），对于具有相当水平环境责任感的消费者，环境怀疑较高的消费者倾向于认为，企业绿色广告更多出于经济利益的考虑，实际环境效益与绿色属性并非如此，拒绝为绿色定制选项埋单（Silva et al.，2019）；而环境怀疑较低的消费者则并不质疑企业绿色广告的真实性与目的性，环境责任感向绿色消费实践的转化受到此因素冲击较小。据此，提出如下假设：

H10-2：消费者环境怀疑负向调节消费者环境责任感与其绿色定制意愿之间的关系。

4. 消费者感知环境溢价的调节作用

《公民生态环境行为调查报告（2020 年）》显示，除"产品质量无法保证""绿色产品认证标准体系不健全"外，产品价格也影响了公众购买意愿。39.9%的受访者认为绿色产品价格过高，阻碍了其选购绿色产品。绿色产品价格高于传统产品是因为绿色产品的环境友好性以及企业生产经营活动的环境效益都要求企业加大绿色产品与绿色技术创新的投入，采用完全可再生材料，并在生产制造与经营过程中做到低能耗、低排放，生产经营成本、技术研发升级成本激增，这些成本都需要消费者以商品价格的形式与企业共同承担。消费者感知环境溢价（Environmental Premium）指的是消费者为绿色产品所付出的金钱成本中包括产品功能可用性与绿色价值两部分，高于传统产品的绿色价值部分称为环境溢价（Farjam et al.，2019）。

绿色产品的种类繁多，需要消费者支付的环境溢价也各不相同，Lin和 Chen（2016）的调查显示，目前市场上的绿色产品与普通产品相比平均有 20%的溢价。而在相当一部分消费者购买决策的过程中，产品价格是其首要考虑的因素之一，也是其衡量是否实施购买行为的重要指标。从经济学中的效用价值来看，消费者的购买决策主要取决于其对产品的感知价值评估，包含消费者基于商品的功能价值、绿色价值、社会价值等信息对商品的利得与利失的评估。当消费者感知付出高于感知利得时，其倾向于延迟实践绿色消费行为，过高的环境溢价会降低或阻碍消费者的购买意愿（Wang et al.，2019）。盛光华等（2018）基于呼伦贝尔、长春、济南三市消费者调查数据的实证结果进行的研究显示，消费者大多愿意支付绿色产品环境溢价，但不同溢价水平间存在差异，13.9%的消费者愿意支付0.1~2.0元的溢价，而仅有7.8%的消费者愿为绿色产品支付10元以上的环境溢价。Farjam等（2019）基于实际金钱进行在线实验发现，环境态度在低成本背景下显著影响消费者行为，但随着环境贡献成本上升，此影响递减。因此，现代社会中的多数消费者具有较高的环境责任感，愿意实行绿色消费，但绿色定制选项的环境溢价在一定程度上超过其消费预期，阻碍了其最终选择绿色定制选项。据此，提出如下假设：

H10-3：消费者感知环境溢价负向调节了消费者环境责任感与绿色定制意愿之间的关系。

5. 企业环保主张类型的调节作用

为响应公众日益增长的环境关注与政府或非政府组织的压力，越来越多的企业对外表示将在生产经营过程中积极主动履行环境责任与社会责任，关注环境效益与社会效益，采取生态设计、绿色技术与工艺创新升级、回收改造已售出的传统产品等行动来减少生产制造对环境造成的损害，为改善生态环境做出实际贡献。但身处"虚假宣传"和"漂绿营销"时代的消费者普遍倾向于怀疑企业的绿色营销与环保主张仅是受到利益驱使，并非真正"绿化"。

该怎样重建消费者的信心，提高消费者绿色产品购买意愿？或许可从Oeko和Anerca于2017年联名展开的一项名为"The Key to Confidence"（信心的关键）的全球性研究调查中窥见一二。该调查主要探求了纺织品的可持续性以及消费者的可持续意识、思维模式、消费行为和展望。调查数据显示，42%的消费者想要了解品牌的价值与原则，34%和38%的消费者则希望了解可持续付诸的实践和措施。

绿色广告相关研究将企业绿色广告环保主张划分为实质型和关联型环

保主张两类（Carlson et al., 1993; Segev et al., 2016; Schmuck et al., 2018）。产品和过程导向的广告信息统称为实质型环保主张，主要陈述绿色产品或服务自身绿色属性或生产制造过程中的环境效益。形象导向或环境事实陈述则被称为关联型环保主张，是企业通过塑造环境友好型企业形象或陈述环境问题现状引发消费者绿色消费意愿的广告信息。

在绿色广告说服效果方面，Davis（1991）认为，具体、明确且清晰的环保主张更容易诱发消费者对绿色产品或服务的积极感知，而模糊不清的广告主张则会引起负面作用。基于情感—理性—卷入理论对模糊型、组合型环保主张对消费者绿色广告、绿色品牌态度的作用进行的分析揭示了无实质内容的环保主张对消费者绿色消费行为的实施存在负面影响（Schmuck et al., 2018; Silva et al., 2019）。由此可见，企业使用不同环保主张可对消费者产生不同的影响。当产品环境怀疑较高的消费者面对实质型环保主张时，涉及具体措施与行动的表述更能够让消费者形成明确的企业绿化行为认知，而非依据模糊不清的绿色价值观表述进行随意联想，更能够使消费者对广告内容和选项本身产生明确而积极的认知（Shin & Ki, 2019），增强消费者绿色价值感知。此时，消费者感知到的产品价值中的绿色价值提高，感知利得大于感知利失（产品价格等货币支出），消费者的购买意愿再一次恢复正值，愿意为绿色定制选项支付一定程度的溢价（van Osch et al., 2017）。据此，提出如下假设：

H10-4：企业环保主张类型调节了消费者环境怀疑对消费者环境责任感与绿色定制意愿间关系的调节作用，即当面对实质型环保主张时，环境怀疑的负向调节作用减弱。

H10-5：企业环保主张类型调节了消费者感知环境溢价对消费者环境责任感与绿色定制意愿间关系的调节作用，即当面对实质型环保主张时，感知环境溢价的负向调节作用会减弱。

6. 企业环保主张论据质量的调节作用

企业及产品本身可能是教育和影响消费者，重拾消费者信心最为直接的途径。"The Key to Confidence"（信心的关键）的全球性研究调查中还反映了消费者判断纺织品的可持续性的途径，52%的消费者会查看标签，49%的消费者选择读取纤维含量，41%的则通过制造地点来判断。这些结果表明了企业应当运用多种方式传达品牌的环境责任和社会责任实践信息，且传达的信息需要明确、客观、具体，包括来自受信任组织的认证和第三方验证的标签、由具体数据标识的可持续性信息等，即广告说服效果研究中所说的强论据质量信息。

论据质量效应主要分为强论据与弱论据两类：强力论据与结论内容之间的逻辑关系是明确的（Edwards & Smith，1996），而弱论据的质量来自可信度较低的信息源。因此，已验证的统计数据、高可信度的信息来源与受认证的信息被认为是强论据质量，而未受证实的信息被认为是低论据质量（Wood et al.，1985）。可以确定的是，信息的质量会直接影响消费者，并在后续的信息来源可信度评价中起到中介或调节作用，从而改变消费者原有的信念（Slater & Rouner，1996）。当个体接触到不同论据质量的产品信息时将表现出不同的消费意愿（Lin et al.，2017）。越高的论据质量越能满足消费者的信息需求（Hautz et al.，2014）；相反地，低质量的论据则容易遭受质疑，导致消费者产生广告低可信性的感知，认为绿色产品或服务环境友好性不可信。因此，当环境怀疑较高的消费者面对高论据质量的环保主张信息时，如国家市场监管总局统一认证的绿色标识或国际组织环保标识等，其怀疑程度会明显降低，转向信任定制选项的绿色属性与绿色价值，其支付意愿也相应上升，倾向于实施绿色定制消费。此时，绿色定制选项的溢价也因其选项的绿色价值、社会价值等环境友好性指标变得可以接受。据此，提出如下假设：

H10-6：企业环保主张的论据质量调节了消费者环境怀疑对消费者环境责任感与绿色定制意愿间关系的调节作用，即当面对高论据质量的环保主张时，环境怀疑的负向调节作用减弱。

H10-7：企业环保主张的论据质量调节了消费者感知环境溢价对消费者环境责任感与绿色定制意愿间关系的作用，即当面对高论据质量的环保主张时，感知环境溢价的负向调节作用会减弱。

基于此，提出如图 10-2 所示的概念模型。

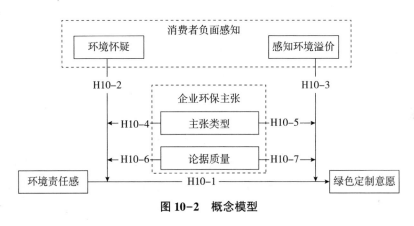

图 10-2　概念模型

三、实验研究与数据分析

随着环境污染日益加重，倡导绿色发展理念、营造节约低碳的社会生活环境成为多数人的共识。但社会调查发现，尽管公众环保意识和绿色消费理念有了显著提升，但绿色消费领域践行程度较差。"绿色消费为何知易行难""怎样做才能改善这一现象？"这两个问题成为研究人员关注的热点话题。先前研究表明，可持续化与定制化均可提升消费者绿色消费意愿。故本章在绿色定制背景下开展实验研究，探索消费者环境责任感向绿色定制意愿转化的影响因素，并试图找出并验证解决办法。消费者感知价值是影响消费者意愿的重要因素。而过往研究大多集中于正面积极的消费者感知价值，如感知自豪、绿色形象等，鲜少关注消费者负面价值感知。

因此，我们将消费者负面价值感知，如环境怀疑、感知环境溢价纳入模型，探讨消费者负面价值感知对环境责任感与绿色定制意愿关系的调节作用。而通过一定的绿色广告来影响顾客的感知价值，进而提升其购买意愿是一种可能的路径。环保主张是一种常见的绿色广告方式，其不同类型可能具有不同的营销效果。本章还从环保主张类型和论据质量两个角度出发，探讨了不同类型和不同论据质量的环保主张对于消费者负面价值感知的调节路径的影响。主要从以下四个实验入手，逐步推进研究：

如表 10-1 所示，实验一与实验二以环保洗衣液为定制对象，主要检验消费者环境责任感的主效应与消费者负面价值感知的调节作用。其中，实验一的目的是检验环境责任感对绿色定制意愿的直接效应，以及消费者环境怀疑对环境责任感与绿色定制意愿间关系的调节作用。实验二的目的是检验消费者感知环境溢价对环境责任感与绿色定制意愿间关系的调节作用。实验三、实验四则是在实验一、实验二的基础上，进一步拓展实验背景，更换定制内容为休闲鞋，以增强研究结论的普适性。实验三的目的是探究环保主张类型与消费者负面感知的复合调节作用，即检验环保主张类型（实质型 vs. 关联型）对消费者负面感知对环境责任感与绿色定制意愿关系的调节作用的影响。实验四的目的是探究论据质量与消费者负面感知的复合调节作用，即检验论据质量（高 vs. 低）对消费者负面感知对环境责任感与绿色定制意愿关系的调节作用的影响。

表 10-1　实验目的与定制对象

序号	实验目的	定制对象
实验一	消费者环境责任感的主效应；消费者环境怀疑的调节作用	洗衣液
实验二	消费者感知环境溢价的调节作用	洗衣液
实验三	企业环保主张类型与消费者负面价值感知的复合调节作用	休闲鞋
实验四	企业环保主张论据质量与消费者负面价值感知的复合调节作用	休闲鞋

1. 消费者环境责任感主效应与消费者环境怀疑调节作用检验

（1）实验目的。实验一以天然环保型洗衣液为定制对象，预探究环境责任感对绿色定制意愿的直接效应，检验消费者环境怀疑对环境责任感与绿色定制意愿间关系的调节作用，以此验证 H10-1、H10-2。

（2）实验设计与实施。

1）实验设计。

实验采用双因素组间设计，将被试随机分为 2（环境责任感：高 vs. 低）×2（环境怀疑：高 vs. 低），共四组进行实验。根据文献资料以及现实生活情境，洗衣液属于常见的生活用品，本科生被试对洗衣液相关信息的熟悉程度较高，因此确定洗衣液为本次实验的定制对象。在保持定制情境真实性的基础上，为排除其他变量的影响、弱化被试对现有品牌的刻板印象，实验在阅读材料中隐去了产品标志等信息，并未给出鲜明的品牌标志，如图 10-3 所示。

图 10-3　天然环保型洗衣液配图

环境责任感操纵参照 Wu 和 Yang（2018）的实验，向被试者给出两部分任务，一是要求被试者阅读生态环境部公布的 2013—2018 年城市固体废物污染数据（见图 10-4），通过文字直观地激发被试者的环境责任感。阅

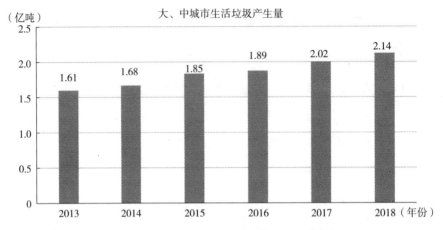

（亿吨）　　　　　　　大、中城市生活垃圾产生量

图 10-4　2013—2018 年城市固体废物污染数据

资料来源：根据生态环境部公开数据整理。

读后要求被试者开始回忆过往经历，写下三件由于自身行为使环境受损的事件。环境怀疑则利用企业"漂绿"行为新闻进行操纵，给出如"漂绿（Green Washing）指企业以某些行为或行动宣示自身对环境保护的付出但现实生产经营过程中却是反其道而行，是虚假的环保宣传。近年来，企业虚假绿色营销事件频上新闻头条。特别是鞋子、衣物及食品等与公众生活高度相关的行业，'漂绿'问题尤为严重"，并附上漂绿新闻截图（见图 10-5）。

图 10-5　漂绿新闻截图

为检验实验材料对环境责任感是否有强化作用以及环境怀疑的操纵是否成功，要求被试者在完成相应任务后，先回答操纵检验问题，最后回答

绿色定制意愿的相关题项。环境责任感操纵检验题项参照 Kaiser 和 Shimoda
（1999）的研究，环境怀疑操纵检验题项参照 Yu（2018）、Luo 等（2020）
的研究，绿色定制意愿参考 Sun 等（2018）、Luo 等（2020）的研究，测量
题项均采用李克特 5 级量表，1 代表"非常不赞同"，5 代表"非常赞同"，
具体问项如表 10-2 所示。

表 10-2　实验一问项

变量	问项	来源
环境责任感	我有责任保护环境、节约自然资源	Kaiser 和 Shimoda（1999）
	对于环境保护有一定的知识储备	
	我愿意践行环境保护主义	
	在做某事之前，我知道并思考其对于环境的影响	
绿色定制意愿	我愿意选择天然材料进行定制	Sun 等（2018）Luo 等（2020）
	我愿意了解更多环保材料的信息	
	有机会的话，我会向亲朋好友推荐绿色定制	
环境怀疑（高 vs. 低）	多数环保信息是值得怀疑的	Yu（2018）、Luo 等（2020）
	大多数环保信息的目的是欺骗，而不是向消费者解释其绿色程度	
	多数环保信息是为了谋取利益	

2）样本特征。

共招募 120 名在校本科生进行无重复随机实验，每组被试者 30 人。实
验设置了两道测谎题，剔除无效数据后，被试者总人数为 102 人，各组人
数基本相等。具体信息如表 10-3 所示。

表 10-3　实验一样本结构统计

项目	分类	频数	百分比（%）
性别	男	53	52.0
	女	49	48.0

续表

项目	分类	频数	百分比（%）
生活费	1000 元及以下	5	4.9
	1000~2000 元	63	61.8
	2000~3000 元	26	25.5
	3000 元及以上	8	7.8
地区	城镇	74	72.5
	农村	28	27.5
绿色消费经验	有	77	75.5
	无	25	24.5

（3）消费者环境怀疑的调节作用检验结果。

1）信度与效度检验。

信度检验结果表明，环境责任感量表的 Cron-bach's α系数为 0.872，环境怀疑量表的 Cronbach's α系数为 0.936，绿色定制意愿量表的 Cron-bach's α系数为 0.886，均高于 0.7，说明量表具有良好的信度。环境责任感的 KMO 值为 0.831，环境怀疑的 KMO 值为 0.793，绿色定制意愿的 KMO 值为 0.803，并且显著水平均为 0.000，表明环境责任感、环境怀疑与绿色定制意愿量表通过了检验，其效度可行。

2）操纵检验。

对操纵检验部分环境责任感测量题项的"我有责任保护环境、节约自然资源"；"对于环境保护有一定的知识储备"；"我愿意践行环境保护主义"；"在做某事之前，我知道并思考其对于环境的影响"四道题项进行独立样本 t 检验后，结果表明高环境责任感组被试者的环境责任感明显高于低环境责任组（$M_{低环境责任感}=4.270$，$M_{高环境责任感}=4.643$，$p<0.001$，见表 10-4），表明环境责任感操纵是有效的。类似地，对环境怀疑问项进行的独立样本 t 检验结果表明，高环境怀疑组被试相较于低怀疑组的被试更加认为 Allnatural 相关信息不值得信任（$M_{低环境怀疑}=2.428$，$M_{高环境怀疑}=$

3.045，p<0.001，见表 10-4），说明环境怀疑操纵有效。

表 10-4　独立样本 t 检验

		方差方程的 Levene 检验		均值方程的 t 检验						
		F	Sig.	t	df	Sig.（双侧）	均值差值	标准误差值	差分的95%置信区间	
									下限	上限
环境责任感	假设方差相等	4.257	0.042	3.839	100	0.000	-0.373	0.097	-0.565	-0.180
	假设方差不相等			3.839	98.462	0.000	-0.373	0.097	-0.565	-0.180
环境怀疑	假设方差相等	2.013	0.159	3.694	100	0.000	0.617	0.167	0.286	0.948
	假设方差不相等			3.706	94.368	0.000	0.617	0.167	0.287	0.947

3）假设检验。

为检验 H10-1，采用回归分析的方法对低环境责任感×低环境怀疑组和高环境责任感×低环境怀疑组的实验数据进行分析，以此检验环境责任感对绿色定制意愿的作用，结果如表 10-5 所示。

表 10-5　环境责任感直接作用的检验结果

变量	绿色定制意愿	
控制变量	M1	M2
性别	-0.027	0.009
生活费 1	0.205	0.404
生活费 2	0.096	0.180
生活费 3	0.024	0.053
城镇	-0.036	-0.129
经历	0.196	0.107

续表

变量	绿色定制意愿	
自变量		
环境责任感		0.188 **
R^2	0.049	0.231
ΔR^2	0.049	0.182 **

注：** 表示 $p < 0.01$。

从表 10-5 中可见，人口统计学变量对绿色定制意愿的影响均不显著，环境责任感显著正向影响了绿色定制意愿（$\beta = 0.188$，$p = 0.002$，$p < 0.01$），即 H10-1 得到支持。

为检验 H10-2，采用方差分析的方法探讨环境责任感对绿色定制意愿的作用是否会受到环境怀疑的调节，结果如表 10-6 所示。其中，环境责任感对绿色定制意愿的作用显著（$p = 0.000$，$p < 0.001$），环境怀疑对绿色定制意愿的作用显著（$p = 0.000$，$p < 0.001$），交互项的调节作用是显著的（$F = 4.139$，$p = 0.045$，$p < 0.05$），交互项显著表明环境怀疑与环境责任感的交互作用会对绿色定制意愿产生差异化影响。

表 10-6　绿色定制意愿方差分析结果

	Ⅲ型平方和	df	均方	F	Sig.
修正模型	33.581[a]	3	11.194	61.684	0.000
截距	1287.860	1	1287.860	7096.824	0.000
环境责任感	3.580	1	3.580	19.730	0.000
环境怀疑	16.489	1	16.489	90.861	0.000
环境责任感×环境怀疑	0.751	1	0.751	4.139	0.045
误差	17.784	98	0.181		
总计	1675.375	102			
修正后总计	51.365	101			

a. $R^2 = 0.654$（调整 $R^2 = 0.643$）

环境责任感与环境怀疑之间的交互效应显著，进一步做简单效应的检验，如图 10-6 所示。由图 10-7 可见，较高水平的环境怀疑削弱了环境责任感对绿色定制意愿的正向影响，无论消费者自身环境责任感高或低，环境怀疑水平较高时的绿色定制意愿均显著低于环境怀疑水平较低时的绿色定制意愿，即环境怀疑负向调节了环境责任感与绿色定制意愿二者间的关系，由此 H10-2 得到支持。

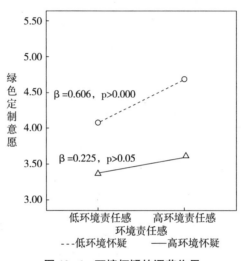

图 10-6　环境怀疑的调节作用

2. 消费者感知环境溢价的调节作用检验

（1）实验目的。实验二采用了与实验一相同的定制对象，目的在于检验消费者感知环境溢价对环境责任感与绿色定制意愿间关系的调节作用。

（2）实验设计与实施。

1）实验设计。

实验采用 2（环境责任感：高 vs. 低）×2（感知环境溢价：高 vs. 低）的组间设计。实验情境与流程同实验一保持一致，参考 Lin 和 Chen（2016）的研究，对于普通产品，目前市场上的绿色产品至少存在 20% 的溢价，而大多数消费者属于价格敏感型消费者。此外，绿色产品价格的提高会带来消费者效用的递减，消费者在溢价 20% 时的效用值要远高于溢价 40% 和 60% 时的效用值（葛万达和盛光华，2019）。因此，本实验设定 20% 溢价水平为较低水平的绿色定制选项溢价，选取 40% 作为较高水平溢价，并在实验后设置如"请选取下方选项中较大的数值""您是否认为 40% 的溢价明显高于 20% 的溢价"等题项作为溢价水平操纵检验问项。

2）样本特征。

共招募 120 名在校本科生进行无重复随机实验，每组被试者 30 人。实验设置了两道测谎题，剔除无效数据后，被试者总人数为 101 人，各组人数基本相等。具体信息如表 10-7 所示。

表 10-7　实验二样本结构统计

项目	分类	频数	百分比（%）
性别	男	50	49.5
	女	51	50.5
生活费	1000 元及以下	7	6.9
	1000~2000 元	67	66.3
	2000~3000 元	22	21.8
	3000 元及以上	5	4.9
地区	城镇	70	69.3
	农村	31	30.7
绿色消费经验	有	83	82.2
	无	18	17.8

（3）消费者感知环境溢价的调节作用检验结果。

1）信度与效度检验。

信度检验结果表明，环境责任感量表的 Cron-bach's α 系数为 0.831，绿色定制意愿量表的 Cronbach's α 系数为 0.845，均高于 0.7，说明量表具有良好的信度。环境责任感的 KMO 值为 0.835，绿色定制意愿的 KMO 值为 0.795，并且显著水平均为 0.000，表明环境责任感与绿色定制意愿量表通过了检验，其效度可行。

2）操纵检验。

独立样本 t 检验表明，高环境责任感组被试的环境责任感得分明显高于低环境责任组（$M_{低环境责任感} = 4.096$，$M_{高环境责任感} = 4.808$，$p<0.001$，见表 10-8），表明环境责任感的操纵是有效的。

表 10-8 独立样本 t 检验

		方差方程的 Levene 检验		均值方程的 t 检验						
		F	Sig.	t	df	Sig.（双侧）	均值差值	标准误差值	差分的 95% 置信区间	
									下限	上限
环境责任感	假设方差相等	11.748	0.001	11.971	99	0.000	0.712	0.059	0.594	0.830
	假设方差不相等			12.100	90.693	0.000	0.712	0.059	0.595	0.829

3）假设检验。

为检验 H10-3，采用方差分析方法探讨环境责任感对绿色定制意愿的作用是否会受到环境怀疑的调节，结果如表 10-9 所示。其中，环境责任感对绿色定制意愿的作用显著（$p=0.000$，$p<0.001$），环境溢价对绿色定制意愿的作用显著（$p=0.000$，$p<0.001$），交互项的调节作用是显著的（$F=5.827$，$p=0.018$，$p<0.05$），交互项显著表明环境溢价与环境责任感的交互作用会对绿色定制意愿产生差异化影响。

表 10-9 绿色定制意愿方差分析结果

	III 型平方和	df	均方	F	Sig.
修正模型	22.311[a]	3	7.437	33.338	0.000
截距	1081.995	1	1081.995	4850.158	0.000

续表

	Ⅲ型平方和	df	均方	F	Sig.
环境责任感	8.478	1	8.478	38.005	0.000
环境怀疑	17.435	1	17.435	78.155	0.000
环境责任感×环境溢价	1.300	1	1.300	5.827	0.018
误差	21.639	97	0.223		
总计	1243.000	101			
修正后总计	43.950	100			

a. $R^2 = 0.508$（调整 $R^2 = 0.492$）

环境责任感与环境怀疑之间的交互效应显著，进一步做简单效应的检验，如图 10-7 所示。可以发现，较高的环境溢价削弱了环境责任感对绿色定制意愿的正向影响。无论消费者自身环境责任感高或低，在面对较高水平的环境溢价时，其绿色定制意愿均会降低（相较于环境溢价水平较低时），即环境溢价水平负向调节了环境责任感与绿色定制意愿间的关系，H10-3 得到支持。

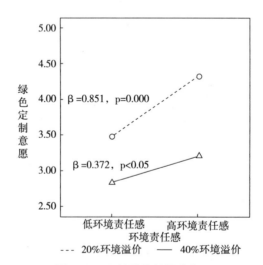

图 10-7 环境溢价的调节作用

3. 企业环保主张类型与消费者负面感知的复合调节作用检验

（1）实验目的。实验三的目的是探究环保主张类型与消费者负面感知的复合调节作用，即检验环保主张类型（实质型 vs. 关联型）对消费者负面感知对环境责任感与绿色定制意愿关系的调节作用的影响。

（2）实验设计与实施。为进一步拓展实验结果的普适性，根据文献资料以及现实生活情境，休闲鞋属于常见生活用品且可定制，本科生被试者对休闲鞋相关信息的熟悉程度较高，因此确定休闲鞋为本次实验的定制对象。为提升实验定制情境的真实性与可靠性，借鉴品牌 Allbirds 构造虚拟鞋履品牌 Allnatural，并在实验材料中隐藏了产品标志等信息；借鉴 Nike 官网定制界面进行本实验的定制界面设计。

实验三共分为两大组，组一为 2（环境责任感：高 vs. 低）×2（环境怀疑：高 vs. 低）×2（环保主张类型：实质型 vs. 关联型）的组间设计，组二为 2（环境责任感：高 vs. 低）×2（感知溢价水平：40% vs. 20%）×2（绿色广告主张类型：实质型 vs. 关联型）的组间设计。

实验三中环境责任感、环境怀疑、感知溢价水平的操纵参照上述实验，环保主张类型操纵参考毛振福等（2019）的研究，实质型主张的表述为"您受邀在线定制一双休闲鞋，关于休闲鞋材料，本公司提供以下两种选择：选项一材料为人造合成材料，添加化学试剂生产，工厂采用传统电力。选项二（Allnatural 系列）则为天然环保材料，原材料为桉树、美利奴羊毛与甘蔗，均为完全可再生资源。与棉花相比，减少 95% 的用水量和 50% 的碳排放，而相较于合成材料则节省了 60% 的能源，获得国家绿色产品认证标识、ZQ 与 FSC 认证。此外，Allnatural 系列工厂采用生物质能供电"，并辅以图 10-8 的宣传图。关联型环保主张的材料表述为"您受邀在线定制一双休闲鞋，关于休闲鞋材料，本公司提供以下两种选择：选项一为人造合成材料，添加化学试剂生产，工厂采用传统电力。选项二（All-natural 系列）则为天然环保材料，当大气污染、水资源短缺、生态破坏等问题令人不禁担忧未来发展时，Allnatural 希望通过自身行动，践行可持续理念，并鼓励消费者心系地球，重新思考人与自然的关系，这也将让我们得到自然的善意回应"，并辅以图 10-9 的宣传图。

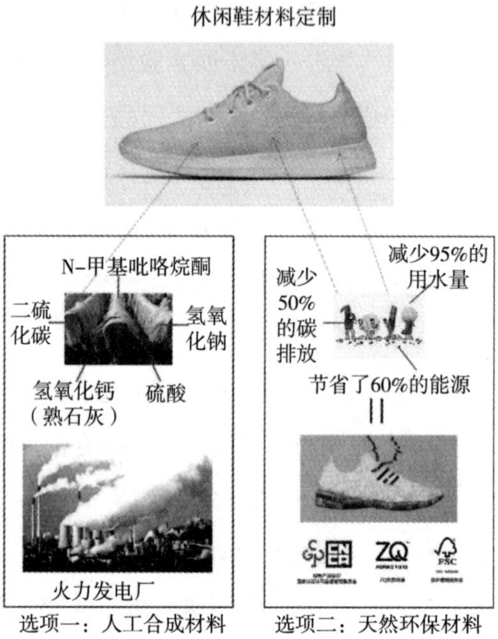

图 10-8　实质型环保主张

为检验环保主张类型操纵是否成功，参考 Chan 和 Lau（2004）的研究，设置了"环保主张和行动是具体的""环保主张和行动清晰可行""可清楚地了解到产品在改善环境友好方面所做的实际努力""可清楚地理解它在制作过程中的动作"四个题项进行检验。

（3）环保主张类型与环境怀疑的调节作用检验结果。

1）组一样本特征。

实验三中组别一共收集 196 份有效数据，各组人数基本相等，具体样本结构如表 10-10 所示。

休闲鞋材料定制

选项一：人工合成材料

选项二：天然环保材料

图 10-9　关联型环保主张

表 10-10　实验三组一样本结构

项目	分类	频数	百分比（%）
性别	男	102	52.0
	女	94	48.0
生活费	1000 元及以下	17	8.7
	1000~2000 元	142	72.4
	2000~3000 元	32	16.3
	3000 元及以上	5	2.6
地区	城镇	143	73.0
	农村	53	27.0
绿色消费经验	有	170	86.7
	无	26	13.3

2）信度与效度检验。

信度检验结果表明，环境责任感量表的 Cron-bach's α系数为 0.878，环境怀疑量表的 Cronbach's α系数为 0.922，环保主张类型量表的 Cronbach's α系数为 0.890，绿色定制意愿量表的 Cronbach's α系数为 0.906，均高于 0.7，说明量表具有良好的信度。环境责任感的 KMO 值为 0.878，环境怀疑的 KMO 值为 0.854，环保主张类型的 KMO 值为 0.807，绿色定制意愿的 KMO 值为 0.846，并且显著水平均为 0.000，表明环境责任感、环境怀疑、环保主张类型与绿色定制意愿量表通过了检验，其效度可行。

3）操纵检验。

独立样本 t 检验表明，高环境责任感组被试的环境责任感明显高于低环境责任组（$M_{低环境责任感}$ = 3.893，$M_{高环境责任感}$ = 4.757，p<0.001，见表 10-11），表明环境责任感操纵是有效的。类似的对环境怀疑做独立样本 t 检验，高环境怀疑组的环境怀疑明显高于低环境怀疑组（$M_{低环境怀疑}$ = 1.860，$M_{高环境怀疑}$ = 3.263，p<0.001，见表 10-11），表明环境怀疑操纵有效；对环保主张类型做独立样本 t 检验，实质型主张组的被试（相对于关联型组被试）认为所给环保主张更为具体、实质、可行（$M_{关联型}$ = 2.222，$M_{实质型}$ = 4.086，p<0.001，见表 10-11），表明环保主张类型操纵成功。

表 10-11　独立样本 t 检验结果

		方差方程的 Levene 检验		均值方程的 t 检验					差分的 95% 置信区间	
		F	Sig.	t	df	Sig.（双侧）	均值差值	标准误差值	下限	上限
环境责任感	假设方差相等	17.718	0.000	23.715	194	0.000	0.863	0.036	0.791	0.935
	假设方差不相等			23.715	150.258	0.000	0.863	0.036	0.791	0.935

续表

		方差方程的 Levene 检验		均值方程的 t 检验						
		F	Sig.	t	df	Sig.（双侧）	均值差值	标准误差值	差分的 95% 置信区间	
									下限	上限
环境怀疑	假设方差相等	0.228	0.634	21.001	194	0.000	1.403	0.067	1.271	1.535
	假设方差不相等			21.001	193.282	0.000	1.403	0.067	1.271	1.535
环保主张类型	假设方差相等	4.171	0.042	33.392	194	0.000	1.863	0.056	1.753	1.974
	假设方差不相等			33.568	185.356	0.000	1.863	0.055	1.754	1.973

4）假设检验。

采用方差分析的方法探讨环境怀疑对环境责任感与绿色定制意愿间关系的调节作用是否会受到环保主张类型的影响，结果如表 10-12 所示。其中，环境责任感对绿色定制意愿的作用显著（p=0.000，p<0.001），环境怀疑对绿色定制意愿的作用显著（p=0.000，p<0.001），环保主张类型对绿色定制意愿的影响也是显著的（p=0.000，p<0.001）。环境责任感与环境怀疑间交互项的调节作用是显著的（F=4.509，p=0.035，p<0.05），表明环境怀疑与环境责任感的交互作用会对绿色定制意愿产生差异化影响。三阶交互项作用显著（F=5.187，p=0.024，p<0.05），表明环保主张类型调节了环境怀疑对环境责任感与绿色定制意愿间关系的调节作用。

表 10-12　绿色定制意愿方差分析结果

	Ⅲ型平方和	df	均方	F	Sig.
修正模型	81.687[a]	7	11.670	152.778	0.000
截距	1442.950	1	1442.950	18891.134	0.000

	III型平方和	df	均方	F	Sig.
环境责任感	4.340	1	4.340	56.813	0.000
环境怀疑	14.932	1	14.932	195.490	0.000
环保主张类型	9.674	1	9.674	126.648	0.000
环境责任感×环境怀疑	0.344	1	0.344	4.509	0.035
环境责任感×环保主张类型	0.080	1	0.080	1.504	0.306
环境怀疑×环保主张类型	0.041	1	0.041	0.532	0.467
环境责任感×环境怀疑×环保主张类型	0.396	1	0.396	5.187	0.024
误差	14.360	188	0.076		
总计	2684.313	196			
修正后总计	96.047	195			

a. $R^2 = 0.850$（调整 $R^2 = 0.845$）

重点分析三阶交互效应，检验结果如图 10-10 所示：①无论消费者环境怀疑高或低，低环境责任感的消费者或高环境责任感的消费者在面对实质型环保主张时的绿色定制意愿均高于面对关联型环保主张时的绿色定制意愿；②关联型环保主张对于环境怀疑负向调节作用的影响不大；③在环境怀疑水平较低时，实质型环保主张对于环境怀疑负向调节作用的弱化作用较为明显，但在环境怀疑水平较高时，实质型环保主张的弱化作用并不明显，即实质性环保主张能够弱化环境怀疑对环境责任感与绿色定制意愿间关系的负向调节作用，但随着消费者环境怀疑的增强，实质型环保主张的弱化作用逐渐减弱，H10-4 得到支持。

（4）环保主张类型与感知环境溢价的调节作用检验结果。

1）组二样本特征。

实验三组别二共收集 174 份有效数据，各组人数基本相等，具体样本结构如表 10-13 所示。

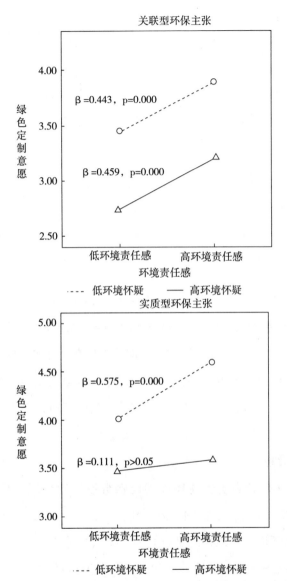

图 10-10　环境责任感×环境怀疑×环保主张类型三阶交互效应检验

表 10-13　实验三组二样本结构

项目	分类	频数	百分比（%）
性别	男	87	50.0
	女	87	50.0

续表

项目	分类	频数	百分比（%）
生活费	1000 元及以下	12	6.9
	1000~2000 元	124	71.3
	2000~3000 元	32	18.4
	3000 元及以上	6	3.4
地区	城镇	127	73.0
	农村	47	27.0
绿色消费经验	有	152	87.4
	无	22	12.6

2）信度与效度检验。

信度检验结果表明，环境责任感量表的 Cron-bach's α系数为 0.792，环保主张类型量表的 Cronbach's α系数为 0.905，绿色定制意愿量表的 Cronbach's α系数为 0.867，均高于 0.7，说明量表具有良好的信度。环境责任感的 KMO 值 0.811，环保主张类型的 KMO 值为 0.788，绿色定制意愿的 KMO 值为 0.797，并且显著水平均为 0.000，表明环境责任感、环保主张类型与绿色定制意愿量表通过了检验，其效度可行。

3）操纵检验。

独立样本 t 检验表明，高环境责任感组被试的环境责任感明显高于低环境责任组（$M_{低环境责任感} = 4.291$，$M_{高环境责任感} = 4.826$，$p < 0.001$，见表 10-14），表明环境责任感操纵是有效的。类似的对环保主张类型做独立样本 t 检验，实质型主张组的被试（相对于关联型组被试）认为所给环保主张更为具体、实质、可行（$M_{关联型} = 2.936$，$M_{实质型} = 4.250$，$p < 0.001$，见表 10-14），表明环保主张类型操纵成功。

表 10-14　独立样本 t 检验结果

		方差方程的 Levene 检验		均值方程的 t 检验						
		F	Sig.	t	df	Sig.（双侧）	均值差值	标准误差值	差分的95%置信区间	
									下限	上限
环境责任感	假设方差相等	41.258	0.000	14.402	172	0.000	0.606	0.042	0.523	0.689
	假设方差不相等			13.819	114.400	0.000	0.606	0.044	0.519	0.693
环保主张类型	假设方差相等	4.313	0.039	12.678	172	0.000	1.314	0.104	1.110	1.519
	假设方差不相等			11.870	114.450	0.000	1.314	0.111	1.095	1.534

4）假设检验。

采用方差分析的方法探讨感知环境溢价对环境责任感与绿色定制意愿间关系的调节作用是否会受到环保主张类型的影响，结果如表 10-15 所示。其中，环境责任感对绿色定制意愿的作用显著（p = 0.000，p < 0.001），环境溢价对绿色定制意愿的作用显著（p = 0.000，p < 0.001），环保主张类型对绿色定制意愿的影响也是显著的（p = 0.000，p < 0.001）。环境责任感与环境溢价间交互项的调节作用是显著的（F = 4.888，p = 0.028，p < 0.05），表明环境怀疑与环境责任感的交互作用会对绿色定制意愿产生差异化影响。环境溢价与环保主张类型交互项的调节作用是显著的（F = 13.482，p = 0.000，p < 0.001）。三阶交互项作用显著（F = 5.244，p = 0.023，p < 0.05），表明环保主张类型调节了环境溢价对环境责任感与绿色定制意愿间关系的调节作用。

表 10-15　绿色定制意愿方差分析结果

	Ⅲ型平方和	df	均方	F	Sig.
修正模型	69.494ᵃ	7	9.928	139.195	0.000
截距	2045.563	1	2045.563	28680.533	0.000
环境责任感	10.569	1	10.569	148.181	0.000
环境溢价	40.871	1	40.871	573.045	0.000
环保主张类型	17.203	1	17.203	241.196	0.000
环境责任感×环境溢价	0.349	1	0.349	4.888	0.028
环境责任感×环保主张类型	0.006	1	0.006	0.088	0.767
环境溢价×环保主张类型	0.962	1	0.962	13.482	0.000
环境责任感×环境溢价×环保主张类型	0.374	1	0.374	5.244	0.023
误差	11.840	188	0.071		
总计	2451.938	196			
修正后总计	81.334	195			

a. $R^2 = 0.854$（调整 $R^2 = 0.848$）

重点分析三重交互作用，如图 10-11 所示：①其他条件相同（同水平环境责任感、同水平环境怀疑）时，面对实质型环保主张（相对于关联型环保主张）时的消费者有着更高的绿色定制意愿；②当使用实质型环保主张时，20%环境溢价和40%环境溢价下的线条近乎平行，即40%环境溢价时的斜率有所上升，即实质型环保主张削弱了感知环境溢价对环境责任感与绿色定制意愿间关系的负向调节作用，即 H10-5 得到支持。

4. 企业环保主张论据质量与消费者负面感知的调节作用检验

（1）实验目的。实验四的目的是探究论据质量与消费者负面感知的复合调节作用，即检验论据质量（高 vs. 低）对消费者负面感知对环境责任感与绿色定制意愿关系的调节作用的影响。

（2）实验设计。实验共分为两大组，组一为 2（环境责任感：高 vs.

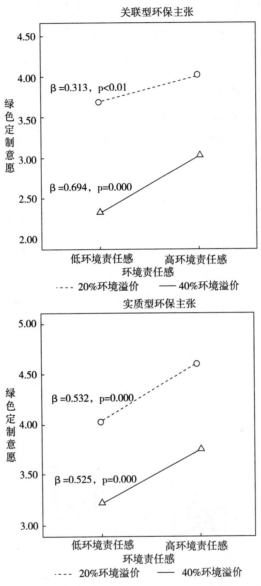

图10-11 环境责任感×环境溢价×环保主张类型三阶交互效应检验

低)×2（环境怀疑：高 vs. 低)×2（论据质量：高 vs. 低）的组间设计，组二为2（环境责任感：高 vs. 低)×2（感知溢价水平：40% vs. 20%)×2（论据质量：高 vs. 低）的组间设计。实验四中环境责任感、环境怀疑、感知溢价水平的操纵参照上述实验，高论据质量组的材料表述为"您受邀在线定制一双休闲鞋，关于休闲鞋材料，本公司提供以下两种选择：选项一为人造合成材料，添加化学试剂生产，工厂采用传统电力。选项二（Allnatural 系列）则为天然环保材料，原材料为桉树、美利奴羊毛与甘蔗，均为完全可再生资源。与棉花相比，减少 95% 的用水量和 50% 的碳排放，而相较于合成材料则节省了 60% 的能源，获得国家绿色产品认证标识、ZQ 与 FSC 认证。此外，Allnatural 系列工厂采用生物质能供电"，并辅以如图 10-8 所示的宣传图。

低论据质量组的描述为"您受邀在线定制一双休闲鞋，关于休闲鞋材料，本公司提供以下两种选择：选项一为人造合成材料，添加化学试剂生产，采用传统电力。选项二（Allnatural 系列）则为天然环保材料，原材料为桉树、美利奴羊毛与甘蔗，采用生物质能供电"，并辅以如图 10-12 所示的宣传图。

图 10-12　低论据质量宣传图

为检验论据质量操纵是否成功，参考 Kao 和 Du（2020）的研究，设置了包含"环保主张内容丰富""环保主张很有价值""环保主张具有说服力"内容的三个题项进行检验。

（3）论据质量与消费者环境怀疑的调节作用检验结果。

1）组一样本特征。

实验四中组别一共收集 193 份有效数据，各组人数基本相等，具体样本结构如表 10-16 所示。

表 10-16　实验四组一样本结构

项目	分类	频数	百分比（%）
性别	男	98	50.8
	女	95	49.2
生活费	1000 元及以下	13	6.7
	1000～2000 元	126	65.3
	2000～3000 元	44	22.8
	3000 元及以上	10	5.2
地区	城镇	145	75.1
	农村	48	24.9
绿色消费经验	有	159	82.4
	无	34	17.6

2）信度与效度检验。

信度检验结果表明，环境责任感量表的 Cronbach's α 系数为 0.847，环境怀疑量表的 Cronbach's α 系数为 0.942，论据质量量表的 Cronbach's α 系数为 0.929，绿色定制意愿量表的 Cronbach's α 系数为 0.892，均高于 0.7，说明量表具有良好的信度。环境责任感的 KMO 值为 0.839，环境怀疑的 KMO 值为 0.832，论据质量的 KMO 值为 0.761，绿色定制意愿的 KMO 值为 0.824，并且显著水平均为 0.000，表明环境责任感、环境怀疑、论据质量与绿色定制意愿量表通过了检验，其效度可行。

3) 操纵检验。

独立样本 t 检验表明，高环境责任感组被试的环境责任感明显高于低环境责任组（$M_{低环境责任感} = 3.952$，$M_{高环境责任感} = 4.848$，$p < 0.001$，见表 10-17），表明环境责任感操纵是有效的。类似的对环境怀疑做独立样本 t 检验，高环境怀疑组的环境怀疑明显高于低环境怀疑组（$M_{低环境怀疑} = 1.725$，$M_{高环境怀疑} = 3.271$，$p < 0.001$，见表 10-17），表明环境怀疑操纵有效。

对论据质量做独立样本 t 检验，高论据质量组的被试者（相对于低论据质量组被试者）认为所给环保主张更丰富、更有价值、更有说服力（$M_{低论据质量} = 2.863$，$M_{高环境怀疑} = 4.525$，$p < 0.001$，见表 10-17），表明论据质量操纵成功。

表 10-17　独立样本 t 检验结果

		方差方程的 Levene 检验		均值方程的 t 检验					差分的 95% 置信区间	
		F	Sig.	t	df	Sig.（双侧）	均值差值	标准误差值	下限	上限
环境责任感	假设方差相等	21.512	0.000	28.718	191	0.000	0.895	0.031	0.834	0.957
	假设方差不相等			24.733	91.144	0.000	0.895	0.036	0.823	0.967
环境怀疑	假设方差相等	1.937	0.166	20.809	191	0.000	1.546	0.074	1.399	1.692
	假设方差不相等			20.352	161.400	0.000	1.546	0.076	1.396	1.696
论据质量	假设方差相等	2.314	0.130	21.872	191	0.000	1.661	0.076	1.512	1.811
	假设方差不相等			20.797	135.860	0.000	1.661	0.080	1.503	1.819

4）假设检验。

采用分层回归方法探讨环境怀疑对环境责任感与绿色定制意愿间关系的调节作用是否会受到论据质量的影响，结果如表 10-18 所示。其中，环境责任感对绿色定制意愿的作用显著（p=0.000，p<0.001），环境怀疑对绿色定制意愿的作用显著（p=0.000，p<0.001），论据质量对绿色定制意愿的作用也是显著的（p=0.002，p<0.01）。二阶交互项均不显著。三阶交互项作用显著（F=5.079，p=0.025，p<0.05），表明论据质量调节了环境怀疑对环境责任感与绿色定制意愿间关系的调节作用。

表 10-18 绿色定制意愿方差分析结果

	Ⅲ型平方和	df	均方	F	Sig.
修正模型	59.869[a]	7	8.553	37.342	0.000
截距	1720.039	1	1720.039	7509.803	0.000
环境责任感	9.307	1	9.307	40.634	0.000
环境怀疑	4.784	1	4.784	20.889	0.000
论据质量	2.186	1	2.186	9.546	0.002
环境责任感×环境怀疑	0.281	1	0.281	1.226	0.270
环境责任感×论据质量	0.247	1	0.247	1.080	0.300
环境怀疑×论据质量	0.024	1	0.024	0.106	0.745
环境责任感×环境怀疑×论据质量	1.163	1	1.163	5.079	0.025
误差	42.372	185	0.229		
总计	3342.063	193			
修正后总计	102.241	192			

a. $R^2 = 0.586$（调整 $R^2 = 0.570$）

重点分析三重交互作用，如图 10-13 所示：①其他条件相同（同水平环境责任感、同水平环境怀疑）时，面对较高论据质量的环保主张时的消费者有更高的绿色定制意愿；②在环境怀疑水平较低时，高论据质量的环保主张对于环境怀疑负向调节作用的弱化作用较为明显，但在环境怀疑水平较高时，高论据质量的环保主张的弱化作用并不明显，即高论据质量的环保主张能够弱化环境怀疑对环境责任感与绿色定制意愿间关系的负向调节作用，但随着消费者环境怀疑的增强，高论据质量的弱化作用逐渐减弱，H10-6 得到支持。

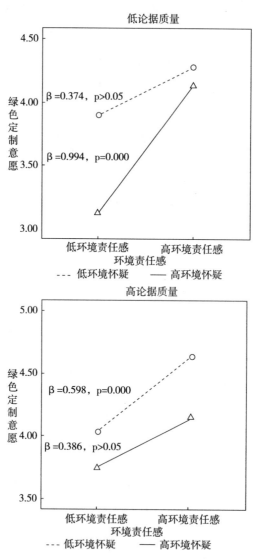

图 10-13　环境责任感×环境怀疑×论据质量三阶交互效应检验

（4）论据质量与消费者感知环境溢价的调节作用检验结果。

1）组二样本特征。

实验四组别二共收集 189 份有效数据，各组人数基本相等，具体样本结构如表 10-19 所示。

表 10-19　实验三组二样本结构

项目	分类	频数	百分比（%）
性别	男	93	49.2
	女	96	50.8
生活费	1000 元及以下	11	5.8
	1000～2000 元	131	69.3
	2000～3000 元	36	19.0
	3000 元及以上	11	5.8
地区	城镇	139	73.5
	农村	50	26.5
绿色消费经验	有	154	81.5
	无	35	18.5

2）信度与效度检验。

信度检验结果表明，环境责任感量表的 Cronbach's α 系数为 0.841，论据质量量表的 Cronbach's α 系数为 0.936，绿色定制意愿量表的 Cronbach's α 系数为 0.930，均高于 0.8，说明量表具有良好的信度。环境责任感的 KMO 值为 0.843，论据质量的 KMO 值为 0.763，绿色定制意愿的 KMO 值为 0.834，并且显著水平均为 0.000，表明环境责任感、论据质量与绿色定制意愿量表通过了检验，其效度可行。

3）操纵检验。

独立样本 t 检验表明，高环境责任感组被试者的环境责任感明显高于低环境责任组（$M_{低环境责任感} = 4.051$，$M_{高环境责任感} = 4.836$，$p < 0.001$，见表 10-20），表明环境责任感操纵是有效的。类似的对论据质量做独立样本 t

检验，高论据质量组的被试（相对于低论据质量组被试者）认为所给环保主张更丰富、更有价值、更有说服力（$M_{低论据质量} = 3.119$，$M_{高论据质量} = 4.458$，$p<0.001$，见表 10-20），表明论据质量操纵成功。

表 10-20　独立样本 t 检验结果

		方差方程的 Levene 检验		均值方程的 t 检验						
		F	Sig.	t	df	Sig.（双侧）	均值差值	标准误差值	差分的 95% 置信区间	
									下限	上限
环境责任感	假设方差相等	21.238	0.000	21.360	187	0.000	0.785	0.368	0.713	0.858
	假设方差不相等			20.834	137.080	0.000	0.785	0.377	0.711	0.860
论据质量	假设方差相等	4.579	0.034	13.871	187	0.000	1.339	0.097	1.149	1.530
	假设方差不相等			13.614	152.227	0.000	1.339	0.099	1.145	1.534

4）假设检验。

采用方差分析的方法探讨感知环境溢价对环境责任感与绿色定制意愿间关系的调节作用是否会受到环保主张类型的影响，结果如表 10-21 所示。其中，环境责任感对绿色定制意愿的作用显著（$p = 0.001$，$p < 0.001$），环境溢价对绿色定制意愿的作用显著（$p = 0.002$，$p<0.01$），环保主张类型对绿色定制意愿的影响也是显著的（$p = 0.001$，$p<0.001$）。二阶与三阶交互项均不显著，即未能支持 H10-7。

表 10-21　绿色定制意愿方差分析结果

	Ⅲ型平方和	df	均方	F	Sig.
修正模型	29.135ᵃ	7	4.162	6.018	0.000
截距	1966.322	1	1966.322	2842.984	0.000
环境责任感	7.305	1	7.305	10.562	0.001
环境溢价	7.104	1	7.104	10.271	0.002
论据质量	7.944	1	7.944	11.486	0.001
环境责任感×环境溢价	0.762	1	0.762	1.102	0.295
环境责任感×论据质量	0.474	1	0.474	0.686	0.409
环境溢价×论据质量	0.400	1	0.400	0.578	0.448
环境责任感×环境溢价×论据质量	0.213	1	0.213	0.307	0.580
误差	125.187	181	0.692		
总计	2407.000	189			
修正后总计	154.321	188			

a. $R^2 = 0.189$（调整 $R^2 = 0.157$）

由表 10-21 可知，论据质量对绿色定制意愿有显著的正向影响，却不足以调节感知环境溢价带来的负向影响，即消费者在能够识别论据质量水平高低的前提下，较高的论据水平仍旧无法显著提升由于溢价带来的较低的绿色定制意愿，调节作用不显著。

四、结果与讨论

1. 结果讨论

本章将消费者负面价值感知和环保主张纳入研究模型，进一步探讨了环保主张对消费者负面价值感知的调节作用的影响，以此研究环境责任感对绿色定制意愿的影响，主要得出以下结论：

环境责任感对绿色定制意愿有显著的正向影响。将环境怀疑引入研究模型发现，对于环境怀疑水平较高的消费者，无论其自身环境责任感高或低，绿色定制意愿都会出现较大程度的下降。环境怀疑较高的消费者倾向于怀疑绿色产品与绿色广告的真实性，认为绿色产品本质并不"绿色"，企业的绿色广告更多出于经济利益的考虑，夸大或虚假宣传环境效益与产品绿色属性，并拒绝为绿色定制选项买单。而环境怀疑较低的消费者则并不质疑绿色产品与绿色广告的真实性与目的性，环境责任感向绿色消费实践的转化受到此因素冲击较小。

将感知环境溢价引入研究模型发现，较高水平的环境溢价会降低消费者的绿色定制意愿。即使消费者有较高的环境责任感，在面对高昂的环境溢价时，也会表现出较低的绿色定制意愿。此时，消费者感知利得低于感知利失，倾向于认为不值得付出如此高昂的金钱代价以换取绿色产品的绿色属性与环境效益，即感知环境溢价是造成消费者绿色消费"高认知度—低践行度"现象的原因之一。

当使用实质型环保主张时，对于环境怀疑较高或感知环境溢价较高的消费者，其绿色定制意愿相较于无环保主张时有所上升。而使用关联型环保主张时，其绿色定制意愿有所下降。实质型环保主张中涉及具体措施与成效、明晰绿色属性的表述更能够让消费者对企业或产品产生明确的绿色认知，也就更能够使消费者对环保主张内容和绿色选项本身产生明确而积极的认知。此时，消费者环境怀疑降低，感知到的产品中的绿色价值提高，感知利得大于利失，消费者的购买意愿得以提高，愿意为绿色定制选项支付一定程度的溢价。因此，在面对实质型环保主张时，消费者的环境怀疑与感知环境溢价带来的负面影响弱化，表现较高的绿色定制意愿。但当环境怀疑或环境溢价处于高水平时，实质型环保主张的弱化作用下降，无法有效消除或弱化环境怀疑或环境溢价带来的负面影响。

当使用较高论据质量的环保主张时，对于具有一定程度环境怀疑的消费者，无论其自身环境责任感高低，均会受到高质量论据的影响，绿色定制意愿提高。包含已验证的统计数据、高可信度的信息来源与受认证信息等内容的高质量论据满足了消费者的信息需求，借助第三方公信力等降低消费者环境怀疑，提高其对于定制选项的绿色信任与绿色价值感知。此时，消费者支付意愿也相应上升，倾向于实施绿色定制消费。因此，在面对高论据质量的环保主张时，消费者环境怀疑降低，绿色定制意愿较高。但当消费者环境怀疑处于较高水平时，即使是高论据质量的环保主张也无法很好地消除环境怀疑的负面影响。此外，高论据质量的环保主张并不能扭转感知环境溢价带来的负面影响，无法在高昂的环境溢价下有效促进消费者环境责任感向绿色消费转变，提升消费者绿色定制意愿。

2. 理论贡献

拓展可持续大规模定制研究范围。现有可持续大规模定制相关研究多着重于讨论可持续性与定制化对消费者支付意愿的促进作用，缺少了线上定制工具作用的研究。本章针对这一缺失，在绿色定制模式下探究了消费者绿色定制意愿形成与实践机制，以及线上定制工具中内容呈现形式对消费者绿色定制决策的作用。

完善环境责任感对绿色消费意愿影响机理的研究。绿色消费相关研究主要集中于积极心理变量的寻找以及其对绿色消费的促进作用，忽略了消费者在绿色消费实践前可能出现的负面价值感知。而消费者的购买意愿不仅受到自身态度的影响，还受制于消费情境的作用，但现有研究中缺少微观情境因素下环境责任感对绿色消费意愿的影响机理探讨。基于态度—情境—行为理论，操纵被试环境怀疑、感知环境溢价、环保主张类型与论据质量，完善了环境责任感对绿色消费意愿影响机理的研究。

延伸绿色消费态度—行为缺口研究。以往研究提出了绿色消费态度—行为缺口这一名词，并试图找出这一缺口的成因，但大多停留在理论层面，缺少实证依据，也缺少了有关缺口缩小措施的探讨与检验。我们利用实验法为消费者产品环境怀疑与绿色产品环境溢价为绿色消费态度—行为缺口成因提供实证依据。并在缺口成因研究的基础上，进一步探讨了环保主张对绿色消费态度—行为缺口的影响机制，将绿色消费态度—行为缺口的研究延伸至缺口弥合的可操作性层面。

为环保主张说服机制研究提供理论与实证依据。企业在实践中使用环保主张等绿色营销手段，但环保主张说服有效性存在争议，其说服机制尚不明确。本章基于认知反应理论，分析消费者绿色广告信息处理过程。从主张类型与论据质量两方面实证检验了不同类型绿色广告有效程度及其对消费者绿色定制意愿的影响。

3. 管理启示

在绿色定制背景下，探讨了消费者负面价值感知对环境责任感与绿色定制意愿关系的调节作用，以及环保主张类型和论据质量在调节路径中的调节作用。研究结果为企业、政府解决绿色消费"高认知度—低践行度"问题提供了思路：

打击虚假绿色广告，降低消费者环境怀疑。研究结果发现消费者环境怀疑会降低消费者绿色定制意愿。这主要归咎于当前市场中虚假的、误导的、夸张的绿色广告较多，消费者倾向于质疑绿色产品或绿色服务的真实性，因此需要在多个层面采取有效措施以严厉打击"漂绿"行为。为培养消费者对于绿色产品或服务的信心，增强绿色消费，政府应加强绿色产品生产监管与社交媒体绿色广告的法律法规，如日本的《果实饮料相关标示公平竞争公约》里明确规定"为了避免误导消费者，'含果汁饮料'或'果汁以外的含果汁量低于100%'的其他饮料，包装瓶上不能出现果汁滴液、水果切片或水果横截面的照片或者插图"。行业主管部门也应强化抽检制度，及时有效公布检查结果。在企业层面，应加强企业社会责任披露，避免在绿色广告中使用误导性和夸大的环保主张（Rustam et al.，2020）。主动接受社会监督的全生产流程与真实的环保主张更能减少绿色怀疑主义，增加消费者绿色信任和购买意愿。同时，企业也应定期进行消费者怀疑调查，并在社会责任披露与绿色广告设计时考虑消费者的反馈。消费者也需要接受相应的科普，辨别出真正的绿色产品，相应地也可以在社交媒体上分享绿色消费的知识与经验，遇到虚假绿色产品或宣传时积极行使自己的权利，向有关部门加以反馈，以保护更广泛的社会利益（Schmuck et al.，2018）。

加快技术升级，降低绿色产品溢价。研究结果表明，消费者感知环境溢价对绿色定制意愿的影响较大。经济因素一直是消费者最关心的问题，当溢价水平超过绿色产品的购买意愿时，消费者往往会选择购买普通商品作为替代。如果绿色产品的溢价水平在消费者可以接受的程度内，则绿色消费意愿更容易转化为真实的购买行为。目前，中国市场上绿色产品的价格比普通产品高 20%~30%（Wang et al.，2019），远远高于消费者购买绿色产品的预期支付。这种现象在很大程度上限制了绿色消费的可能性，也与绿色产品的市场份额低、生产规模小、集约化程度低有关。绿色产品的实际溢价水平取决于技术，还取决于生产规模。如果消费者很少购买绿色产品，小规模的生产规模会导致更高的溢价。而低回报的绿色生产投入也导致企业技术转型升级资金不足，技术水平提升缓慢。为促进经济社会发展全面绿色转型，政府应改善现阶段绿色衣着等领域补贴、优惠政策不足的现象，为绿色生活用品生产企业提供良好的营商环境；同时鼓励和引导消费者购买绿色产品，可以扩大绿色产品的市场规模，降低溢价水平，让更多的消费者购买绿色产品。

优先选取实质型、高论据质量的环保主张。但实际情况下消费者环境怀疑和绿色产品溢价难以完全消除，为了进一步消除消费者环境怀疑和感知溢价，本章利用实验法发现实质型、高论据质量的环保主张在环境怀疑较低或感知环境溢价较低时能够在一定程度上提高消费者绿色定制意愿，即针对绿色产品的环保主张应优先选取实质型环保主张与高质量的论据。广大消费者更加欢迎直接表现绿色产品或绿色服务自身绿色属性和企业环境责任行为的绿色信息。因此，在企业无法有效掌握消费者环境怀疑情况或暂时无法有效降低绿色产品溢价时，可以采用实质型、论据质量较高的环保主张提升消费者的绿色消费意愿。在环保主张中注重突出企业的实质性努力，如产品在设计、生产、使用、回收时减少了多少污染排放等环境效益，利用官方认证标示或可靠第三方机构提供的测算数据更好地体现出企业的社会责任感以及实际作用。当然在这期间，也需要政府加快构建起统一的绿色产品生产标准与认证标识，以便整体行业规范得以建立，一定程度上也能降低消费者环境怀疑与绿色产品鉴别难度。

第十一章
海尔的大规模定制实践

一、海尔集团简介

海尔集团创立于 1984 年，是全球领先的美好生活解决方案服务商。海尔始终以用户体验为中心，连续两年作为全球唯一物联网生态品牌蝉联 BrandZ 全球百强，连续 12 年稳居欧睿国际世界家电第一品牌，旗下子公司海尔智家位列《财富》世界 500 强。海尔集团拥有三家上市公司，拥有海尔 Haier、卡萨帝、Leader、GE Appliances、Fisher & Paykel、AQUA、Candy 七大全球化高端品牌和全球首个场景品牌"三翼鸟（Three Winged Bird），构建了全球引领的工业互联网平台卡奥斯 COSMOPlat，成功孵化 5 家"独角兽"企业和 37 家"瞪羚"企业，在全球布局了"10+N"创新生态体系、28 个工业园、122 个制造中心和 24 万个销售网络，深入全球 160 个国家和地区，服务全球"10 亿+"用户家庭（数据截至 2021 年 2 月）。海尔集团致力于携手全球一流生态合作方持续建设高端品牌、场景品牌与生态品牌，构建衣食住行康养医教等物联网生态圈，为全球用户定制个性化的智慧生活。

海尔集团一直以管理模式创新著称。2005—2012 年，海尔实施"自主经营体"模式，将传统的正三角组织架构转型为倒三角组织架构，将具有决策权的领导从组织架构的顶层转移到底层，倒逼领导层成为提供资源的平台。将最接近于市场一线的员工拆分成一个一个小团队，组成自主经营体，由自主经营体直接面向市场，满足用户需求。2012年，实施"利益共同体"模式，将一线的自主经营体同后台的节点，如研发、物流、供应链等资源并联形成利益共同体。这种并联的利益共同体可以快速有效地响应市场，满足用户提出的个性化需求，由此促进了企业经营利润的增长。2013年，并联的利益共同体可以单独注册成为小微公司，每个小微公司（以下简称小微）有"三权"：独立自主的决策权、用人权和薪酬权。海尔100%持股的小微，根据发展方向及集团战略规划确定是否需要回流母公司；非海尔100%持股的小微，根据股东协议和每年董事会确定当年利润分配方案，权益法核算归母净利润。进入2019年，海尔开始实施"生态链小微群"模式。在物联网时代下，用户对单一产品的需求转型升级为对智慧生活解决方案的需求。因此，在以小微为基本单元的分布式组织基础上，海尔发展出了新的组织形态：链群。它的出现是为了满足用户的需求。在用户交互的基础上，用户会产生更多的需求。海尔的模式转型取得了巨大的成果，2020年，在整体行业不景气的情况下，海尔依然实现了销量、销额两位数高增长，成为当之无愧的全球家电行业的引领者。

二、海尔大规模定制转型的背景

1. 战略选择

海尔向大规模定制转型，是作为整个企业互联网转型的重大战略而进行的主动创新。海尔30多年的发展历史始终遵循踏准时代节拍、主动探索，早在2012年，海尔就全力进行网络化战略实践，转型为平台化互联网企业。海尔 10 年的互联网转型、探索、沉淀的全面的经验、资源，对其他中国企业具有借鉴意义和可复制性，可帮助其少走弯路，大大降低了试错成本。

海尔集团发展到今天共经历了六个战略阶段，从名牌战略（1984—1991 年）、多元化战略（1991—1998 年）、国际化战略（1998—2005 年）、全球化品牌战略（2005—2012 年），到网络化战略（2012—2019 年），再到生态品牌战略（2019 年至今）每一个战略阶段都踏准了时代的节拍（见图 11-1）。

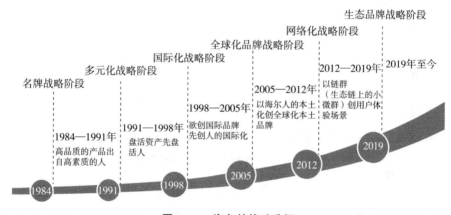

图 11-1　海尔的战略选择

20 世纪 80 年代，家电供不应求，很多企业只追求产量而不注重质量。为唤醒员工的质量意识，张瑞敏带头亲手砸毁了 76 台有质量问题的冰箱，并明确提出"创优质、夺金牌"的目标，制定了"名牌战略"。1987 年 2 月，在世界卫生组织进行的招标中，海尔冰箱战胜了十多个国家的冰箱产品，第一次在国际招标中中标。在名牌战略阶段，海尔坚持"高品质的产品出自于高素质的人"的基本思想，通过一系列的举措，取得了优异的成绩。

1991 年 11 月，经青岛市政府批准，青岛空调器厂和青岛电冰柜总厂整体划入海尔，成立"青岛海尔集团"。由此，海尔从"名牌战略阶段"

进入"多元化战略阶段"。在多元化战略阶段，海尔认为要想盘活资产需要先盘活人，开始探索员工自主管理，鼓励员工创新。

进入国际化战略阶段后，海尔认为欲创国际品牌，先创人的国际化。1999 年 4 月，海尔在美国南卡罗来纳州建立了美国海尔工厂，迈出了开拓国际市场的关键一步。海尔的国际化战略是先难后易，先到发达国家市场创出名牌，然后以高屋建瓴之势打开发展中国家市场，实施"市场链"流程再造，逐渐在海外建立起设计、制造、营销的"三位一体"本土化模式。

到了全球化品牌战略阶段，海尔认为要以海尔人的本土化创全球化本土品牌。在这一阶段，海尔提出了互联网时代创造用户的商业模式即"人单合一"的模式，实现了从"以企业为中心卖产品"到"以用户为中心卖服务"的转变。

海尔集团一直致力于为用户提供最佳体验，本着这一愿景，海尔在网络化战略阶段主要探索企业平台化、员工创客化和用户个性化。在三化的探索中分六个要素进行了一些颠覆和创新，分别是战略、组织、员工、用户、薪酬和管理。海尔的目标就是建立以用户为中心的共创共赢生态圈，将企业变成互联网的一个节点，互联互通各种资源，同时变成一个并联的平台，实现用户体验的最佳化，即产消合一。

2019 年，海尔集团进入第六个战略阶段："生态品牌战略"阶段，并向着物联网生态的方向全面迈进。这一阶段的海尔精神为诚信生态、共赢进化，海尔作风为人单合一、链群合约。海尔生态品牌战略所指向的用户需求不再是表面上存在的孤立诉求，而是隐藏在背后的"需求图谱"。海尔需要根据不断挖掘出的用户需求，持续动态构建可以满足其需求图谱的整个生态圈，实现生态圈的共同增值。

2. 时代挑战

海尔向大规模定制转型的目的是满足用户需求。互联网时代，用户需求被充分释放，更多的用户愿意购买高端产品，因为其有更可靠的质量并能带来更好的体验。此外，用户有了个性化需求，但传统企业无法支撑用户便捷参与互动，也无法精准感知用户需求，给企业带来了压货促销、库存大、利润下降等问题。同时，我国制造业普遍存在1.0、2.0、3.0并存、产业结构不合理、产业链创新能力弱等问题，都在倒逼工业互联网平台和生态。

3. 全球布局

作为行业龙头企业，海尔一直在人、财、物各方面持续加大对平台建设的投入。全球三位一体的布局，比如"10+N"创新生态体系、28个工业园、122个制造中心、24万个销售网络以及全球近万名内部工业领域专家和IoT（Internet of Things）顶级科学家，都是卡奥斯COSMOPlat搭建与应用效果验证的资源和载体，可以有效保障平台的落地性。

4. 时代引领

没有成功的企业，只有时代的企业。作为时代的企业，海尔把准了时代的脉搏，从传统制造企业转型为共创共赢的物联网社群生态，引领全球企业率先引爆物联网经济。工业化时代以名牌为核心，企业依靠高效率的流水线进行大规模定制。在互联网时代以平台为核心，要么拥有网络，要么被网络拥有。到了物联网时代，情况又有所不同，用户不需要去平台上挑选商品，商家可以根据情境感知了解用户需要什么并配送，它的核心是终身用户。从互联工厂到最近海尔发布的一再引爆的"工业4.0"工厂案例，表明作为世界家电第一品牌的海尔，一直引领着这个行业走向"工业4.0"（见图11-2）。

5. 两维战略

与德国和美国的工业平台不同，海尔的互联工厂是遵循两维战略构建

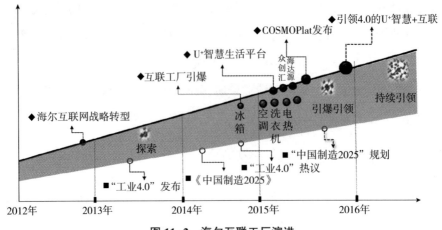

图 11-2　海尔互联工厂演进

的，两维战略的核心是高精度，而非机器换人。如图 11-3 所示，通过用户体验来驱动企业价值的端到端融合。

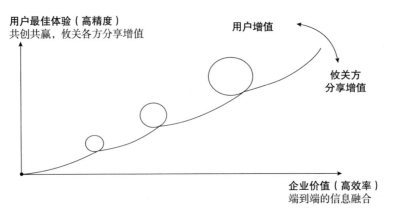

图 11-3　海尔的互联工厂两维战略

纵轴：用户价值，即用户最佳体验。实现创造用户有效需求并持续满足用户最佳体验，体现的是高精度。目的是有效解决传统企业无法精准感知用户需求、供需不平衡、产能过剩、价格战等行业难题。

横轴：企业价值端到端的信息融合。通过快速满足用户个性化需求，提升企业有效供给能力，体现的是高效率。目的是解决传统企业批量化工业生产与用户个性化需求的矛盾。

纵横轴关系：相互融合相互促进，用户价值越大、企业价值越大。

按照两维战略的推进思路，海尔期望破解中国制造特别是消费品领域"无效供给"的难题，为供给侧结构性改革提供参考蓝本。

6. 一步到位的构建思路

在转型实践的过程中，海尔认为不能把新的项目放在老的平台、老的流程上来做。要敢于颠覆传统思维和模式，以企业为中心转向以用户体验为中心，精确瞄准用户需求做颠覆创新，通过用户需求驱动企业向理想模式升级，并最终达成转型，提升新开发的潜能，如图 11-4 所示。

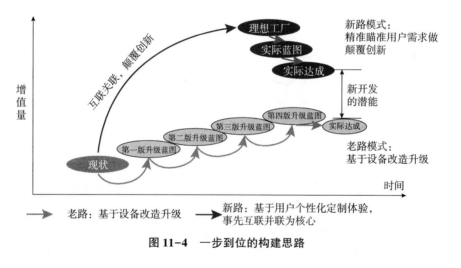

图 11-4　一步到位的构建思路

三、海尔大规模定制转型的实施路径

为了促进大规模定制转型，海尔在具体落实规划的过程中提出了特色的两维战略实施路径（见图 11-3）。

1. 纵轴：用户最佳体验

海尔颠覆传统的业务模式，建立"1+7"共创共赢新的生态系统。以用户为中心，通过互联工厂将业务模式由大规模制造颠覆为大规模定制，满足用户最佳体验。

"1"是大规模定制验证平台，实现用户需求驱动的新技术、新模式等与工业互联网的融合。全球首个"智能+5G"大规模定制验证平台，卡奥斯COSMOPlat以用户需求为驱动，实现研发与落地虚实融合，技术和模式的集成应用，实现了新基建新技术与制造技术的完美融合，并进一步形成了平台五大能力，即泛在物联能力、知识沉淀能力、大数据分析能力、生态聚合能力、安全保障能力，实现了真正意义上的以用户体验为中心的非线性制造模式，即大规模定制模式，形成全体系、全流程、全价值链的颠覆。这一模式的核心就在于用户体验，首次将用户需求接入制造全流程，使工业变革不再局限于企业和工厂体系内，而是成为整个社会的变革，用户不仅是定制了一件产品，也不仅是定制了一个硬件，而是定制了全流程体验。产品交付到用户手里不是销售的结束，而是真正交互的开始。

"7"是对内整合用户碎片化需求，构建全流程7大并联平台，实现大规模定制。7大并联平台涵盖从市场、研发，到采购、制造，再到物流、服务等全流程，通过全流程颠覆创新构建大规模定制能力（张维杰等，2016）。

（1）交互定制（个性化定制）：搭建众创汇定制平台，实现用户意愿的零距离交互，持续迭代用户体验，为用户创造生活场景的定制体验。目前平台上有三种家电定制方式。第一，模块定制，把产品进行模块化解构，用户通过模块差异的选择满足自己的独特需求。第二，众创定制，用户在平台上提出自己的创意，并与其他用户进行交互，然后转为实体制造。第三，专属定制，用户在可变模块上进行私人方案定制。

（2）虚实营销（电子商务）：搭建微店、海尔商城（ehaier）等电商平台，通过微店、线上店和线下店与用户精准交互，将用户碎片化需求整合。将产品、库存、订单、中间物流连接成互通的流程，让用户能够在任何一个端口体验到海尔的产品和服务，给予用户从头到尾一致的完美体验感。

（3）开放创新（协同研发）：搭建 HOPE 平台，从瀑布式研发到迭代式研发，快速进行创意的转化。让用户从单纯的消费者变成设计者，并且平台上不同类别的用户自动聚集，形成不同的用户圈，各用户圈间互联，实现用户需求快速向专家和资源传达，加速创意成功转化。

（4）模块采购：搭建海达源模块商资源平台，实现资源无障碍进入，与用户需求零距离交互，事前协同设计，从采购零件到交互模块化解决方案，快速提供个性化需求解决方案。

（5）智能工厂：由以企业为中心的生产，到用户信息直达工厂，用户驱动精准、高效、大规模柔性生产，快速响应并通过透明工厂交互迭代。解决原来大规模定制流水线柔性不足、定制成本高的问题。基于模块化的柔性布局、智能生产，解决个性定制成本高、效率低的问题，实现互联工厂成本优于传统制造模式，在高精度前提下实现高效率。

（6）智慧物流：搭建日日顺智慧物流平台，即从送装一体到"四网融合"再到用户交互体验的移动服务平台，通过自创业的车小微，实现按约送装，无处不达的最佳服务。

（7）智联服务：搭建智联服务平台，从用户被动报修服务到智能网器的主动服务，实现产品全周期全流程服务的持续迭代。实现流程为：智能网器自诊断—主动服务—服务自抢单—用户评价。

2. 横轴：企业价值

海尔互联工厂两维战略的横轴是对企业的智能制造技术模式升级，通过互联网技术、虚实融合、互联互通把工厂变成智能工厂，即互联工厂与用户"零距离"互联，通过企业各节点小微整合一流资源实现工厂的全流程数字化、智能化和人机物的互联互通，实现企业价值端到端的信息融合，提升企业有效供给能力，满足个性化需求的高效柔性能力。

（1）智造技术。利用互联网技术创新支持大规模个性化定制。海尔通过构建模块化、自动化、数字化、智能化整体规划、协同发展的技术能力建设，构建出柔性制造体系，致力于使整个工厂变成一个像人脑一样的智能系统。

1）模块化。是支持用户参与设计和定制的基础。产品通过模块化的设计，将零件变为模块，通过模块化的自由配置组合，满足用户多样化的需求。例如，海尔将冰箱的300多个零部件归纳为23个模块，通过模块可以组合出452种产品满足用户需求。在平台上进行通用化和标准化的工作，区分出不变模块和可变模块，开放给资源和用户进行交互定制迭代。

2）自动化。以用户个性化定单驱动自动化、柔性化生产。互联自动化不是简单的机器换人，而是攸关方事先并联交互，实现用户驱动下的设备联动、柔性定制体验，如通过互联自动化实现了按定制需求快速柔性无人配送，建成全球首创的门体智能配送线。

3）数字化。通过以可集成制造执行系统（iMES）为核心的五大系统集成，实现物联网、互联网和务联网"三网融合"，以及人机互联、机物互联、机机互联、人人互联，最终让整个工厂变成一个类似人脑的智能系统，自动响应用户个性化定单。具体来说，通过数字化互联，实现制造、研发、物流等全流程紧密的互联互通，通过智能制造执行系统和现场智能化硬件的连接，构建高度灵活的个性化和数字化制造模式，实现管理、研发、生产、物流的数字化管理，提升企业的智能化水平。

4）智能化。包括产品的智能化和工厂的智能化。产品的智能化指产品可以自动感知需求，用户习惯等，实现自控制、自学习、自优化。例如，海尔天樽空调通过内置的智能 Wi-Fi 模块实现产品运行数据的实时在线采集。通过对大数据分析，对问题自动预警，预警信息通过内置智能 Wi-Fi 模块，使用户家中的 Wi-Fi 网络，将信息传送至海尔云平台。海尔云平台接到预警信息后，会自动给用户推送提醒短信，同时给服务兵触发服务信息，服务兵抢单后提供上门服务。工厂的智能化指通过三类互联、大数据分析等，可实现不同的定单类型和数量，生产方式可以自动优化调整。例如，胶州空调互联工厂布置传感器，获取大数据，通过对大数据的分析，对整个互联工厂的运行情况进行实时的监控、异常实时报警。

（2）虚实融合。在技术创新体系的支持下，海尔建立了虚实融合的"双胞胎系统"，虚拟设计和实体制造结合，打通了研发、制造的隔热墙。研发之前通过虚拟系统把产品进行实体化，先经过用户认可，然后进行虚拟制造，最后实现实体工厂制造，快速响应用户需求，缩短了产品的上市周期。

海尔的协同研发平台实现了产品全生命周期的透明可视，在产品设计过程中，一流设计资源、模块商资源、设计人员与用户在虚拟环境中零距离交互创意和需求，用户创意无缝交互、设计过程透明可视，并在虚拟环境中快速设计、验证并回馈。通过虚拟设计平台，在虚拟环境中对产品设计进行公差、强度、振动、流体等一系列仿真分析验证，实现产品设计的零变更，大大缩短了产品研发周期，提升了产品的质量。同时，实体制造模式也改变了传统的大规模单一流水线模式，实现基于用户需求类型匹配不同自动化、柔性线体模式，解决用户个性化需求与批量化生产的效率矛盾。具体来说，用户需求下达后，可变模块和不可变模块进厂，高效的自动线对应不可变模块，柔性对应可变模块。智能单元线和需求是完全匹配的，既能满足个性化定制，又能实现柔性化生产（见图 11-5）。

（3）互联互通。目前样板工厂已实现了数字化的互联互通（见图 11-6）。

用户定单瞬间到达到每一个机台，到每一个供应商，全环节实现互联互通。同时，用户对各环节的进展实时可视可追踪，并对各环节进行评价打分。网器到用户家中后可以持续评价迭代。柔性制造的体系有数字化的指挥，可以更流畅地实现全流程围绕用户体验的闭环优化。

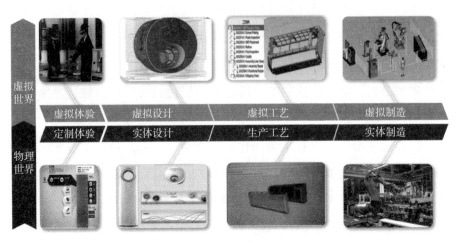

图 11-5　虚实融合

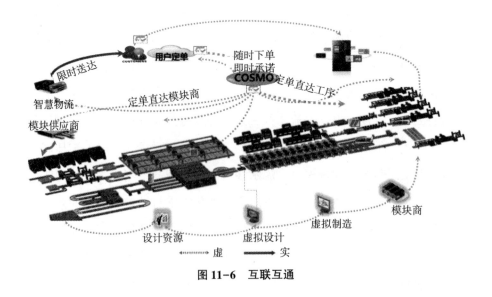

图 11-6　互联互通

3. 共创共赢的生态圈

互联工厂转型，最终形成的是一个共创共赢的生态圈，这个生态圈由两个圈组成：用户圈和并联资源生态圈。用户圈：先有用户再有产品，再有生产的环节，然后再迭代，在这个过程中用户参与设计、生产等，形成了互联工厂和用户的零距离，和工厂的直连。并联资源生态圈：将全球一流的设计、研发、营销、物流、制造等资源整合到平台上，形成并联的资源生态圈，快速满足用户的个性化需求。两个圈相互融合实现了大规模制造向大规模定制的转型升级。

生态圈打破了传统企业的零和博弈的局面，在生态圈内形成了合作共赢的共生关系。在共生关系中，企业与企业之间良性竞争，但是在竞争之余更多的是思考如何通过合作获得更大的生态价值。例如，海尔在冰箱中嵌入了一个联网设备——网器，在为用户推荐食谱和食材的同时提供生鲜超市的在线选购和送货上门服务，由此冰箱和生鲜超市之间便形成了共生关系（孙卫等，2020）。

四、海尔大规模定制转型的成果

1. 打造了互联工厂

海尔从 2012 年开始探索互联工厂，在探索过程中，从工序的无人，到车间的无人，再到整个工厂的自动化，最后到整个互联工厂的示范，是一个不断的再积累、再沉淀的过程。截至 2021 年 4 月，海尔已经构建 16 大互联工厂，实现了大规模定制的转型，用户可以全流程参与企业的各个过程，实现产品定制过程中的众创设计、透明可视等。

目前，海尔已在四大产业建成工业4.0示范工厂，包括沈阳冰箱互联工厂（全球家电业第一个智能互联工厂）、郑州空调互联工厂（全球空调行业最先进的互联工厂）、滚筒洗衣机互联工厂、青岛热水器互联工厂等。让用户能够在全球任何一个地方、任何一个时间通过移动终端随时定制产品，互联工厂可以随时感知、随时满足用户需求。以沈阳冰箱互联工厂为例，沈阳冰箱互联工厂是全球家电业第一个智能互联工厂，是颠覆了传统大规模制造模式建成的高效率、高柔性、大规模定制工厂。沈阳冰箱互联工厂以用户为中心，利用互联网用户交互数据，通过建设智能化互联工厂大规模为用户提供定制化产品，取代以前厂家提供产品给用户选择的形式。用户可以直接与工厂交互，并且用户在定制全过程中可以实现可视化。通过互联工厂的实施，单个产能由100万台提升到了180万台，提升幅度80%，同时人员数量下降了60%。

2. 卡奥斯COSMOPlat

在探索过程中，海尔主要打造了卡奥斯COSMOPlat。卡奥斯COSMOPlat是海尔首创、拥有自主知识产权、以用户全流程体验为价值诉求的用户全流程参与体验的工业互联网平台。它根植于海尔的主线"人的价值第一"，融合物联网的本质"人联网"，实现人机物互联的物联生态，是一个共创共赢的多变交互平台（见图11-7）。

卡奥斯COSMOPlat源于海尔转型，首先是制造模式的转型，由原来的大规模生产转为大规模定制，其次是消费者由原来普通的购买者转型为全流程参与的终身用户。以上两种模式转型奠定了卡奥斯COSMOPlat的核心基础，使卡奥斯COSMOPlat成为以用户体验为中心、智能制造转型升级的大规模定制整体解决方案，从产品的传感器变为用户传感器，最终构成企业、用户、资源共创共赢的新型生态体系（孙卫等，2020）。

卡奥斯COSMOPlat具有全周期、全流程、全生态的三大特征。全周

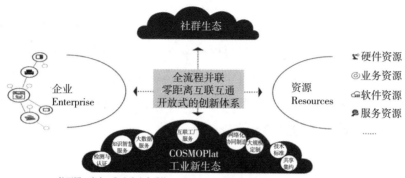

COSMO拉丁语：宇宙，衍生为生态系统　　Cloud of Smart Manufacturing Operation Plat 智能制造云平台

图 11-7　卡奥斯 COSMOPlat 智能制造云平台

期：产品由电器变成了网器，从提供工业产品到提供美好生活的服务方案，实现了从产品周期到用户全生命周期的延伸。卡奥斯 COSMOPlat 通过与用户的持续交互为用户的体验不断迭代升级，增加用户黏性从而进行全生命周期的管理。全流程：卡奥斯 COSMOPlat 以互联工厂为载体，将低效的串联流程转变为以用户为中心的并联流程，实现由大规模制造向大规模定制的转型，让用户社群完全参与到设计中。全生态：卡奥斯 COSMOPlat 不是一个封闭的体系，而是一个开放的平台，平台上的每个企业、资源方和用户都可以在平台上共创、共赢、共享。卡奥斯 COSMOPlat 以用户最佳生活体验为中心，开放生态，共创共享，力求各方利益的最大化。

卡奥斯 COSMOPlat 通过云化形成交互定制、开放创新、精准营销、模块采购、智能制造、智慧物流和智慧服务 7 大模块系列产品矩阵，实践大规模定制模式，持续为企业赋能（孙卫等，2020）。交互包括：COSMO-MCM 多场景社群交互矩阵，COSMO-Hive 社群交互中心，COSMO-Task Center 多任务交互协同设计中心，COSMO-NICE 情感感知引擎，COSMO-ROPE 用户忠诚度管理器。设计包括：COSMO-Raphael 众创孵化中心，COSMO-HOPE 开放创新平台。采购包括：COSMO-Pruco 模块化采购。销售包括：COSMO-HBase 订单处理中心，COSMO-Unicorn 多店铺平台销售支撑系统。生产包括：COSMO-APS 高级计划与排程系统，COSMO-MES 智能制造生产执行系统，COSMO-EMS 能源管理系统，COSMO-SCADA 以计算机为基础的生产过程控制与调度自动化系统。物流包括：COSMO-WMS 仓库管理系统，COSMO-TMS 智慧配车物流，物流商务管理系统。服务包括：COSMO-CEI 用户体验即时并联系统，食联网—智慧厨房食联网平台，衣联网—衣服全生命周期管理平台。

卡奥斯 COSMOPlat 应用层提供从交互定制、研发到物流、服务等全周期零距离一体化生态服务，每个节点服务一方面提供标准化定制化解决方案，另一方面提供数字化系统：交互定制节点可提供用户交互定制解决方案，如 COSMOPlat 中的众创汇定制子平台；研发可以提供开放式创新解决方案，如 HOPE 子平台；数字营销可以提供数字营销解决方案，如人人可当老板的顺逛子平台、支撑精准营销的营销宝；模块采购可以提供全球模块商资源整合方案，如海达源模块商资源子平台、大宗商品资源子平台等。卡奥斯 COSMOPlat 的核心服务方案预计可提升企业整体运营效率 5%~10%，预计可以给制造业带来数千亿的成本节约。目前卡奥斯 COSMOPlat 已合作、服务企业数十家，覆盖家居、健康、食品等多个行业领域，未来平台要实现更深度的跨行业扩展。

参考文献

［1］Abou-Foul M, Ruiz-Alba J L, Soares A. The impact of digitalization and servitization on the financial performance of a firm: An empirical analysis ［J］. Production Planning & Control, 2020, 32 (12): 975-989.

［2］Abu Seman N A, Govindan K, Mardani A, et al. The mediating effect of green innovation on the relationship between green supply chain management and environmental performance ［J］. Journal of Cleaner Production, 2019, 229: 115-127.

［3］Aguilera-Caracuel J, Fedriani E M, Delgado-Marquez B L. Institutional distance among country influences and environmental performance standardization in multinational enterprises ［J］. Journal of Business Research, 2014, 67 (11): 2385-2392.

［4］Aguilera R V, Rupp D E, Williams C A, et al. Putting the back in corporate social responsibility: A multilevel theory of social change in organizations ［J］. Academy of Management Review, 2007, 32 (3): 836-863.

［5］Ajzen I. The theory of planned behavior ［J］. Organizational Behavior and Human Decision Processes, 1991, 50 (2): 179-211.

［6］Akter S, Wamba S F, Gunasekaran A, et al. How to improve firm performance using big data analytics capability and business strategy alignment? ［J］. International Journal of Production Economics, 2016, 182: 113-131.

[7] Armstrong J S, Overton T S. Estimating nonresponse bias in mail surveys [J]. Journal of Marketing Research, 1977, 14 (3): 396-402.

[8] Bai X, Chang J. Corporate social responsibility and firm performance: The mediating role of marketing competence and the moderating role of market environment [J]. Asia Pacific Journal of Management, 2015, 32 (2): 505-530.

[9] Barney J. Firm resources and sustained competitive advantage [J]. Journal of Management, 1991, 17 (1): 99-120.

[10] Barratt M, Oke A. Antecedents of supply chain visibility in retail supply chains: A resource-based theory perspective [J]. Journal of Operations Management, 2007, 25 (6): 1217-1233.

[11] Bask A, Lipponen M, Rajahonka M, et al. Framework for modularity and customization: Service perspective [J]. Journal of Business & Industrial Marketing, 2011, 26 (5): 306-319.

[12] Bednar S, Rauch E. Modeling and application of configuration complexity scale: Concept for customized production [J]. Springer London, 2019, 100 (1-4): 485-501.

[13] Benner M J. Dynamic or static capabilities? Process management practices and response to technological change [J]. Journal of Product Innovation Management, 2009, 26 (5): 473-486.

[14] Berman B. Should your firm adopt a mass customization strategy? [J]. Business Horizons, 2002, 45 (4): 51.

[15] Blankson C, Cowan K, Crawford J, et al. A review of the relationships and impact of market orientation and market positioning on organisational performance [J]. Journal of Strategic Marketing, 2013, 21 (6): 499-512.

[16] Cannas V G, Masi A, Pero M, et al. Implementing configurators to enable mass customization in the Engineer-to-Order industry: A multiple case

study research [J]. Production Planning & Control, 2020, https://doi.org/10.1080/09537287.2020.1837941.

[17] Carlson L, Grone E S J, Kangun N. A content analysis of environmental advertising claims: A matrix method approach [J]. Journal of Advertising, 1993, 22 (3): 27-39.

[18] Chan A T L, Ngai E W T, Moon K K L. The effects of strategic and manufacturing flexibilities and supply chain agility on firm performance in the fashion industry [J]. European Journal of Operational Research, 2017, 259 (2): 486-499.

[19] Chan R Y K, Lau L B Y. The effectiveness of environmental claims among Chinese consumers: Influences of claim type, country disposition and eco-centric orientation [J]. Journal of Marketing Management, 2004, 20 (3-4): 273-319.

[20] Chari V S, Reddy M S. Sustainable consumption: A study on factors affecting green consumer behavior [J]. Journal of Mechanics of Continua and Mathematical Sciences, 2019, 14 (5): 850-861.

[21] Cheng C C, Krumwiede D. Enhancing the performance of supplier involvement in new product development: The enabling roles of social media and firm capabilities [J]. Supply Chain Management: An International Journal, 2018, 23 (3): 171-187.

[22] Christiane P, Olga B, Katty M. Investigating the transformation and transition processes between dynamic capabilities: evidence from DHL [J]. Organization Studies, 2018, 39 (11): 1547-1573.

[23] Dahlstrand U, Biel A. Pro-environmental habits: Propensity levels in behavioral change [J]. Journal of Applied Social Psychology, 1997, 27 (7): 588-601.

［24］ David M G, Mary C H, Javad D F. An exploration of the strategic antecedents of firm supply chain agility: the role of a firm's orientations ［J］. International Journal of Production Economics, 2016, 179 (5): 24-34.

［25］ Davis J J. A blueprint for green marketing ［J］. Journal of Business Strategy, 1991, 12 (4): 14-17.

［26］ de Bellis E, Hildebrand C, Ito K, et al. Personalizing the customization experience: A matching theory of mass customization interfaces and cultural information processing ［J］. Journal of Marketing Research, 2019, 56 (6): 1050-1065.

［27］ Dhaigude A, Kapoor R. The mediation role of supply chain agility on supply chain orientation-supply chain performance link ［J］. Journal of Decision Systems, 2017, 26 (3): 275-293.

［28］ do Paco A, Shiel C, Alves H. A new model for testing green consumer behaviour ［J］. Journal of Cleaner Production, 2019, 207 (10): 998-1006.

［29］ Dou R, Huang R, Nan G, et al. Less diversity but higher satisfaction: An intelligent product configuration method for type-decreased mass customization ［J］. Computers and Industrial Engineering, 2020, 142: 106 - 336.

［30］ Dubey R, Gunasekaran A, Childe S J, et al. Upstream supply chain visibility and complexity effect on focal company's sustainable performance: Indian manufacturers' perspective ［J］. Annals of Operations Research, 2020, 290 (1-2): 343-367.

［31］ Edwards K, Smith E. A disconfirmation bias in the evaluation of arguments ［J］. Journal of Personality & Social Psychology, 1996, 71 (1): 5-24.

［32］ Ethiraj S K, Levinthal D. Modularity and innovation in complex systems ［J］. Management Science, 2004, 50 (2): 159-173.

[33] Farjam M, Nikolaychuk O, Bravo G. Experimental evidence of an environmental attitude-behavior gap in high-cost situations [J]. Ecological Economics, 2019, 166: 106434.

[34] Fayezi S, Zutshi A, Olouchlin A. Understanding and development of supply chain agility and flexibility: A structured literature review [J]. International Journal of Management Reviews, 2017, 19 (4): 379-407.

[35] Feitzinger E, Lee H L. Mass customization at Hewlett-Packard: The power of postponement [J]. Harvard Business Review, 1997, 75 (1): 116-121.

[36] Feng T, Jiang Y, Xu D. The dual-process between green supplier collaboration and firm performance: A behavioral perspective [J]. Journal of Cleaner Production, 2020, 260: 121073.

[37] Fiss P C. A Set-theoretic approach to organizational configurations [J]. Academy of Management Review, 2007, 32 (4): 1180-1198.

[38] Fiss P C. Building Better Casual Theories: A Fuzzy Set Approach to Typologies in Organizational Research [J]. Academy of Management Journal, 2011, 54 (2): 393-420.

[39] Galbraith J R. Organization design: An information processing view [J]. Informs Journal on Applied Analytics, 1973, 4 (3): 28-36.

[40] Gilmore J, Pine J. The four faces of mass customization [J]. Harvard Business Review, 1997, 75 (1): 91-101.

[41] Graafland J, Van de Ven B. Strategic and moral motivation for corporate social responsibility [J]. Journal of Corporate Citizenship, 2006, 22: 111-123.

[42] Guagnano G A, Stern P C, Dietz T. Influences on attitude-behavior relationships: A natural experiment with curbside recycling [J]. Environment and Behavior, 1995, 27 (5): 699-718.

［43］ Gunasekaran A, Papadopoulos T, Dubey R, et al. Big data and predictive analytics for supply chain and organizational performance ［J］. Journal of Business Research, 2017, 70: 308-317.

［44］ Gunasekaran A, Yusuf Y Y, Adeleye E O, et al. Agile manufacturing: An evolutionary review of practices ［J］. International Journal of Production Research, 2019, 57 (15-16): 5154-5174.

［45］ Guo S, Liu N. Influences of supply chain finance on the mass customization program: Risk attitudes and cash flow shortage ［J］. International Transactions in Operational Research, 2020, 27 (5): 2396-2421.

［46］ Gupta A M, George J F. Toward the development of a big data analytics capability ［J］. Information & Management, 2016, 53 (8): 1049-1064.

［47］ Gupta S, Drave V A, Bag S, et al. Leveraging smart supply chain and information system agility for supply chain flexibility ［J］. Information Systems Frontiers, 2019, 21 (3): 547-564.

［48］ Haider S W, Zhuang G, Ali S. Identifying and bridging the attitude-behavior gap in sustainable transportation adoption ［J］. Journal of Ambient Intelligence and Humanized Computing, 2019, 10 (9): 3723-3738.

［49］ Hankammer S, Jiang R, Kleer R, et al. From phone bloks to google project ara. A case study of the application of sustainable mass customization ［J］. Procedia CIRP, 2016a, 51 (4): 72-78.

［50］ Hankammer S, Ning W, Jing G. Consumption trends in Germany and China in comparison: An empirical cross-cultural study on the role of sustainability and customizability on purchase intentions ［C］ // International Conference on Mass Customization & Personalization in Central Europe, 2016b.

［51］ Hautz J, Fueller J, Hutter K, et al. Let users generate your video ads? The impact of video source and quality on consumers' perceptions and intended behaviors [J]. Journal of Interactive Marketing, 2014, 28 (1): 1-15.

[52] Hayes A F. Introduction to mediation, moderation, and conditional process analysis [J]. Journal of Educational Measurement, 2013, 51 (3): 335-337.

[53] Hofer C, Cantor D E, Dai J. The competitive determinants of a firm's environmental management activities: Evidence from US manufacturing industries [J]. Journal of Operations Management, 2012, 30 (1-2): 69-84.

[54] Huang X, Kristal M M, Schroeder R G. Linking learning and effective process implementation to mass customization capability [J]. Journal of Operations Management, 2008, 26 (6): 714-729.

[55] Huang X, Kristal M M, Schroeder R G. The Impact of Organizational Structure on Mass Customization Capability: A Contingency View [J]. Production and Operations Management, 2010, 19 (5): 515-530.

[56] Jaworski B J, Kohli A K. Market orientation: antecedents and consequences [J]. Journal of Marketing, 1993, 57 (3): 53-70.

[57] Jimenez M J L, Gonzalez C I, Lopez C J L, et al. Towards a big data framework for analyzing social media content [J]. International Journal of Information Management, 2019, 44: 1-12.

[58] Jitpaiboon T, DobrzkowskiI D D, Ragu-Nathan T S, et al. Unpacking IT use and integration for mass customisation: A service-dominant logic view [J]. International Journal of Production Research, 2013, 51 (8): 2527-2547.

[59] Juneho U. Improving supply chain flexibility and agility through variety management [J]. The International Journal of Logistics Management, 2017, 28 (2): 464-487.

[60] Jury G, Matteo K. Product and process modularity: improving flexi-

bility and reducing supplier failure risk [J]. International Journal of Production Research, 2013, 51 (19): 5757-5770.

[61] Kache F, Seuring S. Challenges and opportunities of digital information at the intersection of big data analytics and supply chain management [J]. International Journal of Operations & Production Management, 2017, 37 (1): 10-36.

[62] Kaiser F G, Shimoda T A. Responsibility as a predictor of ecological behaviors [J]. Journal of Environmental Psychology, 1999, 19 (3): 1-19.

[63] Kao T F, Du Y Z. A study on the influence of green advertising design and environmental emotion on advertising effect [J]. Journal of Cleaner Production, 2020, 242: 118294.

[64] Kathleen M E, Jeffrey A M. Dynamic capabilities: what are they? [J]. Strategic Management Journal, 2000, 21 (10-11): 1105-1121.

[65] Khan O, Stolte T, Creazza A. Integrating product design into the supply chain [J]. Cogent Engineering, 2016, 3 (1): 1210478.

[66] Ki C W, Park S, Ha-Brookshire J E. Toward a circular economy: Understanding consumers' moral stance on corporations' and individuals' responsibilities in creating a circular fashion economy [J]. Business Strategy and the Environment, 2020, 30 (2): 1121-1135.

[67] Kim D Y. Understanding supplier structural embeddedness: A social network perspective [J]. Journal of Operations Management, 2014, 32 (5): 219-231.

[68] Kim G, Shin B, Kim K K. IT capabilities, process-oriented dynamic capabilities, and firm financial performance [J]. Journal of the Association for Information Systems, 2011, 12 (7): 487-517.

[69] Kitsis A M, Chen I J. Do motives matter? Examining the relation-

ships between motives, SSCM practices and TBL performance [J]. Supply Chain Management, 2019, 25 (3): 325-341.

[70] Kortmann S, Gelhard C, Zimmermann C, et al. Linking strategic flexibility and operational efficiency: The mediating role of ambidextrous operational capabilities [J]. Journal of Operations Management, 2014, 32 (7-8): 475-490.

[71] Koufteros X A, Cheng T C E, Lai K H. "Black-box" and "Gray-box" supplier integration in product development: Antecedents, consequences and the moderating role of firm size [J]. Journal of Operations Management, 2007, 25 (4): 847-870.

[72] Kraus S, Ribeiro-Soriano D, Schussler M. Fuzzy-set qualitative comparative analysis (fsQCA) in entrepreneurship and innovation research-the rise of a method [J]. International Entrepreneurship and Management Journal, 2018, 14 (1): 15-33.

[73] Kristal M M, Huang X, Schroeder R G. The effect of quality management on mass customization capability [J]. International Journal of Operations & Production Management, 2010, 30 (9): 900-922.

[74] Lai F, Zhang M, Lee D M S, et al. The impact of supply chain integration on mass customization capability: An extended resource-based view [J]. IEEE Transactions on Engineering Management, 2012, 59 (3): 443-456.

[75] Leonidou C N, Skarmeas D. Gray shades of green: Causes and consequences of green skepticism [J]. Journal of Business Ethics, 2015, 144 (2): 401-415.

[76] Leuschner R, Rogers D S, Charvet F F. A meta-analysis of supply chain integration and firm performance [J]. Journal of Supply Chain Manage-

ment, 2013, 49 (2): 34-57.

[77] Lin C J, Chen H Y. User expectancies for green products [J]. Social Enterprise Journal, 2016, 12 (3): 281-301.

[78] Lin T C, Hwang L L, Lai Y J. Effects of argument quality, source credibility and self-reported diabetes knowledge on message attitudes: an experiment using diabetes related messages [J]. Health Information & Libraries Journal, 2017, 34 (3): 225-235.

[79] Liu G, Deitz G D. Linking supply chain management with mass customization capability [J]. International Journal of Physical Distribution & Logistics Management, 2011, 41 (7): 668-683.

[80] Liu G, Shah R, Schroeder R G. Linking work design to mass customization: A sociotechnical systems perspective [J]. Decision Sciences, 2006, 37 (4): 519-545.

[81] Liu G, Shah R, Schroeder R G. Managing demand and supply uncertainties to achieve mass customization ability [J]. Journal of Manufacturing Technology Management, 2010, 21 (8): 990-1012.

[82] Liu G, Shah R, Schroeder R G. The relationships among functional integration, mass customisation, and firm performance [J]. International Journal of Production Research, 2012, 50 (3): 677-690.

[83] Liu H, Wei S, Ke W, et al. The configuration between supply chain integration and information technology competency: A resource orchestration perspective [J]. Journal of Operations Management, 2016, 44 (1): 13-29.

[84] Liu N, Chow P S, Zhao H. Challenges and critical successful factors for apparel mass customization operations: Recent development and case study [J]. Annals of Operations Research, 2020, 291 (1-2): 531-563.

[85] Liu X, Zhao H, Zhao X. Absorptive capacity and business perform-

ance: The mediating effects of innovation and mass customization [J]. Industrial Management and Data Systems, 2018, 118 (9): 1787–1803.

[86] Liu Z, Jie G M, Kull T, et al. Examining the technical and social foundations of mass customization capability: A capability hierarchy view [J]. IEEE Transactions on Engineering Management, 2021, https://doi.org/0.1109/TEM.2021.3061216.

[87] Luo B, Sun Y, Shen J, et al. How does green advertising skepticism on social media affect consumer intention to purchase green products? [J]. Journal of Consumer Behaviour, 2020, 19 (4): 371–381.

[88] Mai J, Zhang L, Tao F, et al. Customized production based on distributed 3D printing services in cloud manufacturing [J]. International Journal of Advanced Manufacturing Technology, 2016, 84 (1–4): 71–83.

[89] Majstorovic V D. Mass customization and sustainability—An assessment framework and industrial implementation [J]. Production Planning and Control, 2015, 27 (3): 236–236.

[90] Mcdonald R P, Ho M H R. Principles and practice in reporting structural equation analyses [J]. Psychological Methods, 2002, 7 (1): 64–82.

[91] Meyer A D, Tsui A S, Hinings C R. Configurational Approaches to Organizational Analysis [J]. Social Science Electronic Publishing, 1993, 26 (3): 1175–1195.

[92] Mezger A, Cabanelas P, Cabiddu F, et al. What does it matter for trust of green consumers? An application to German electricity market [J]. Journal of Cleaner Production, 2020, 242: 118484.

[93] Mikkola J H. Management of product architecture modularity for mass customization: Modeling and theoretical considerations [J]. IEEE Transactions on Engineering Management, 2007, 54 (1): 57–69.

[94] Misangyi V F, Greckhamer T, Furnari S, et al. Embracing Causal Complexity: The emergence of a neo-configurational perspective [J]. Journal of Management, 2017, 43 (1): 255-282.

[95] Mohr J J, Sengupta S. Managing the paradox of inter-firm learning: The role of governance mechanisms [J]. Journal of Business & Industrial Marketing, 2002, 17 (4): 282-301.

[96] Osburg V S, Akhtar P, Yoganathan V, et al. The influence of contrasting values on consumer receptiveness to ethical information and ethical choices [J]. Journal of Business Research, 2019, 104 (7): 366-379.

[97] Pallant J L, Sands S, Karpen I O. The 4Cs of mass customization in service industries: A customer lens [J]. Journal of Services Marketing, 2020, 34 (4): 499-511.

[98] Park H J, Lin L M. Exploring attitude-behavior gap in sustainable consumption: Comparison of recycled and upcycled fashion products [J]. Journal of Business Research, 2020, 117 (8): 623-628.

[99] Paulraj A, Chen I J, Blome C. Motives and performance outcomes of sustainable supply chain management practices: A multi-theoretical perspective [J]. Journal of Business Ethics, 2017, 145 (2): 239-258.

[100] Peng X, Liu G, Heim G R. Impacts of information technology on mass customization capability of manufacturing plants [J]. International Journal of Operations & Production Management, 2011, 31 (10): 1022-1047.

[101] Pine B J, Victor B, Boynton A C. Making mass customization work [J]. Harvard Business Review, 1993, 71 (5): 108-111.

[102] Piran F A S, Lacerda D P, Camargo L F R. Product modularity and its effects on the production process: An analysis in a bus manufacturer [J]. International Journal of Advanced Manufacturing Technology, 2017, 88

（5-8）：2331-2343.

［103］ Podsakoff P M, Organ D. Self－reports in organizational research：Problems and prospects ［J］. Journal of Management, 1986, 12 （4）：69-82.

［104］ Preacher K J, Hayes A F. Spss and Sas procedures for estimating indirect effects in simple mediation models ［J］. Behavior Research Methods, Instruments, & Computers, 2004, 36 （4）：717-731.

［105］ Qi Y, Mao Z, Zhang M, et al. Manufacturing practices and servitization：The role of mass customization and product innovation capabilities ［J］. International Journal of Production Economics, 2020, 228：107747.

［106］ Rabetino R, Kohtamaki M, Gebauer H. Strategy map of servitization ［J］. International Journal of Production Economics, 2016, 192：144-156.

［107］ Ragin C C, Fiss P C. Net effects analysis versus configurational analysis：An empirical demonstration ［J］. Redesigning Social Inquiry：Fuzzy Sets and Beyond, 2008 （240）：190-212.

［108］ Ragin C C. Fuzzy－set social science ［M］. Chicago：The Uni-versity of Chicago Press, 2000.

［109］ Raja J Z, Chakkol M, Johnson M, et al. Organizing for servitiza-tion：Examining front－and back－end design configurations ［J］. International Journal of Operations & Production Management, 2018, 38 （1）：249-271.

［110］ Ravichandran T. Exploring the relationships between IT competence, innovation capacity and organizational agility ［J］. Journal of Strategic Informa-tion Systems, 2018, 27 （1）：22-42.

［111］ Roy V. Contrasting supply chain traceability and supply chain visi-bility：Are they interchangeable？ ［J］. The International Journal of Logistics Management, 2021, https：//doi. org/ 10. 1108/IJLM-05-2020-0214.

［112］ Rustam A, Wang Y, Zammer H. Environmental awareness, firm sustainability exposure and green consumption behaviors [J]. Journal of Cleaner Production, 2020, 268: 122016.

[113] Saeed K A, Malhotra M K, Abdinnour S. How supply chain architecture and product architecture impact firm performance: An empirical examination [J]. Journal of Purchasing and Supply Management, 2019, 25 (1): 40-52.

[114] Salvador R F, Rungtusanatham M J, Montanez J P M. Antecedents of mass customization capability: Direct and interaction effects [J]. IEEE Transactions on Engineering Management, 2015, 62 (4): 618-630.

[115] Sanchez R. Modular architectures, knowledge assets and organizational learning: New management processes for product creation [J]. International Journal of Technology Management, 2000, 6 (19): 10-29.

[116] Sandrin E, Trentin A, Forza C. Leveraging high-involvement practices to develop mass customization capability: A contingent configurational perspective [J]. International Journal of Production Economics, 2018, 196: 335-345.

[117] Saniuk S, Grabowska S, Gajdzik B. Social expectations and market changes in the context of developing the industry 4.0 concept [J]. Sustainability, 2020, 12 (4): 1362-1383.

[118] Sarkis J, Gonzalez-Torre P, Adenso-Diaz B. Stakeholder pressure and the adoption of environmental practices: The mediating effect of training [J]. Journal of Operations Management, 2010, 28 (2): 163-176.

[119] Schmuck D, Matthes J, Naderer B. Misleading consumers with green advertising? An affect-reason-involvement account of greenwashing effects in environmental advertising [J]. Journal of Advertising, 2018, 47 (2): 127-145.

［120］ Schneider C Q, Wagemann C. Set theoretic methods for the social sciences: A guide to qualitative comparative analysis ［M］. Cambridge: Cambridge University Press, 2012.

［121］ Seddon J, Currie W L. A model for unpacking big data analytics in high-frequency trading ［J］. Journal of Business Research, 2017, 70: 300-307.

［122］ Segev S, Fernandes J, Hong C. Is your product really green? A content analysis to reassess green advertising ［J］. Journal of Advertising, 2016, 45 (1): 85-93.

［123］ Sharman N, Saha R, Rameshwar R. "I don't buy LED bulbs but I switch off the lights" green consumption versus sustainable consumption ［J］. Journal of Indian Business Research, 2019, 11 (2): 138-161.

［124］ Sheng H, Feng T, Chen L, et al. Motives and performance outcomes of mass customization capability: Evidence from Chinese manufacturers ［J］. Journal of Manufacturing Technology Management, 2020, 32 (2): 313-336.

［125］ Shin S, Ki E J. The effects of congruency of environmental issue and product category and green reputation on consumer responses toward green advertising ［J］. Management Decision, 2019, 57 (3): 606-620.

［126］ Sidney G W. Understanding dynamic capabilities ［J］. Strategic Management Journal, 2003, 24 (10): 991-995.

［127］ Silva M E, de Sousa-Filho J M, Yamim A P, et al. Exploring nuances of green skepticism in different economies ［J］. Marketing Intelligence & Planning, 2019, 38 (4): 449-463.

［128］ Sjodin D R, Parida V, Kohtamaki M. Capability configurations for advanced service offerings in manufacturing firms: Using fuzzy set qualitative comparative analysis ［J］. Journal of Business Research, 2016, 69 (11):

5330-5335.

［129］Slater M D, Rouner D. How message evaluation and source attributes may influence credibility assessment and belief change ［J］. Journalism & Mass Communication Quarterly, 1996, 73 (4): 974-991.

［130］Smith R E, Swinyard W R. Cognitive response to advertising and trial: Belief strength, belief confidence and product curiosity ［J］. Journal of Advertising, 1988, 17 (3): 3-14.

［131］Sota S, Chaudhry H, Chamaria A, et al. Customer Relationship Management Research from 2007 to 2016: An academic literature review ［J］. Journal of Relationship Marketing, 2018, 17 (4): 277-291.

［132］Staudenmayer N, Tripsas M, Tucci C L. Interfirm modularity and its implications for product development ［J］. Journal of Product Innovation Management, 2005, 22 (4): 303-321.

［133］Stephan O. The effect of self-congruence on perceived green claims' authenticity and perceived greenwashing: The case of easyjet's CO2 promise ［J］. Journal of Nonprofit & Public Sector Marketing, 2021, 33 (2): 114-131.

［134］Stern P C. Toward a coherent theory of environmentally significant behavior ［J］. Journal of Social Issues, 2000, 56 (3): 407-424.

［135］Stimec A, Grima F. The impact of implementing continuous improvement upon stress within a lean production framework ［J］. International Journal of Production Research, 2019, 57 (5): 1590-1605.

［136］Sun Y, Loo B, Wang S, et al. What you see is meaningful: Does green advertising change the intentions of consumers to purchase eco-labeled products? ［J］. Business Strategy and the Environment, 2020, 30 (1): 694-704.

［137］Sun Y, Wang S, Gao L, et al. Unearthing the effects of personality traits on consumer's attitude and intention to buy green products ［J］. Natural

Hazards, 2018, 93 (1): 299-314.

[138] Svahn F, Mathiassen L, Lindgren R, et al. Mastering the digital innovation challenge [J]. MIT Sloan Management Review, 2017, 58 (3): 14-16.

[139] Swafford P M, Ghosh S, Murthy N. The antecedents of supply chain agility of a firm: Scale development and model testing [J]. Journal of Operations Management, 2006, 24 (2): 170-188.

[140] Tang M, Qi Y, Zhang M. Impact of product modularity on mass customization capability: An exploratory study of contextual factors [J]. International Journal of Information Technology & Decision Making, 2017, 16 (4): 939-959.

[141] Tao F, Qi Q. New IT driven service-oriented smart manufacturing: Framework and characteristics [J]. IEEE Transactions on Systems Man Cybernetics-Systems, 2017, 49 (1): 81-91.

[142] Teece D J. Dynamic capabilities as (workable) management systems theory [J]. Journal of Management & Organization, 2018, 24 (3): 359-368.

[143] Teece D J. Explicating dynamic capabilities: The nature and micro-foundations of (sustainable) enterprise performance [J]. Strategic Management Journal, 2007, 28 (13): 1319-1350.

[144] Teece D J, Gary P, Amy S. Dynamic capabilities and strategic management [J]. Strategic Management Journal, 1997, 18 (7): 509-533.

[145] Testa F, Pretner G, Iovino R, et al. Drivers to green consumption: A systematic review [J]. Environment Development and Sustainability, 2020, 23 (3): 4826-4880.

[146] Tezer A, Bodur H O. The greenconsumption effect: How using green products improves consumption experience [J]. Journal of Consumer Research, 2020: 47 (1), 25-39.

[147] Theilmann C, Hukauf M. Customer integration in mass customisation: A key to corporate success [J]. International Journal of Innovation Management, 2014, 18 (3): 1440002.

[148] Torelli R, Balluchi F, Lazzini A. Greenwashing and environmental communication: Effects on stakeholders' perceptions [J]. Business Strategy and the Environment, 2020, 29 (2): 249-262.

[149] Trainor K J, Andzulis J M, Rapp A, et al. Social media technology usage and customer relationship performance: A capabilities-based examination of social CRM [J]. Journal of Business Research, 2014, 67 (6), 1201-1208.

[150] TrentinA, Forza C, Perin E. Embeddedness and path dependence of organizational capabilities for mass customization and green management: A longitudinal case study in the machinery industry [J]. International Journal of Production Economics, 2015, 169: 253-276.

[151] Trentin A, Forza C, Perin E. Organisation design strategies for mass customisation: An information-processing-view perspective [J]. International Journal of Production Research, 2012, 50 (14): 3860-3877.

[152] Trentin A, Somia T, Sandrin E, et al. Operations managers' individual competencies for mass customization [J]. International Journal of Operations and Production Management, 2019, 39 (9-10): 1025-1052.

[153] Tronvoll B, Sklyar A, Sorhammar D, et al. Transformational shifts through digital servitization [J]. Industrial Marketing Management, 2020, 89: 293-305.

[154] Tu Q, Vonderembse M A, Ragu-Nathan T S, et al. Measuring modularity-based manufacturing practices and their impact on mass customization capability: A Customer-driven perspective [J]. Decision Sciences, 2004, 35 (2): 147-168.

［155］ Tu Q, Vonderembse M A, Ragu-Nathan T S. The impact of time-based manufacturing practices on mass customization and value to customer ［J］. Journal of Operations Management, 2001, 19 (2): 201-217.

［156］ Turner F, Merle A, Gotteland D. Enhancing consumer value of the co-design experience in mass customization ［J］. Journal of Business Research, 2020, 117 (5): 473-483.

［157］ Tushman M L, Nadler D A. Information processing as an integrating concept in organizational design ［J］. Academy of Management Review, 1978, 3 (3): 613-624.

［158］ Tziantopoulos K, Tsolakis N, Vlachos D, et al. Supply chain recon-figuration opportunities arising from additive manufacturing technologies in the dig-ital era ［J］. Production Planning & Control, 2019, 30 (7): 510-521.

［159］ Ullah I, Narain R. Analysis of interactions among the enablers of mass customization: An interpretive structural modelling approach ［J］. Journal of Modelling in Management, 2018, 13 (3): 626-645.

［160］ Ullah I, Narain R. The impact of customer relationship management and organizational culture on mass customization capability and firm performance ［J］. International Journal of Customer Relationship Marketing and Management, 2020, 11 (3): 60-81.

［161］ Van Osch S, Hynes S, O'Higgins T, et al. Estimating the Irish public's willingness to pay for more sustainable salmon produced by integrated multi-trophic aquaculture ［J］. Marine Policy, 2017, 84 (10): 220-227.

［162］ Vendrell H F, Bustinza O F, Parry G, et al. Servitization, digitiza-tion and supply chain interdependency ［J］. Industrial Marketing Management, 2017, 60: 69-81.

［163］ Vilkas M, Rauleckas R, Seinauskiene B, et al. Lean, agile and service-oriented performers: Templates of organising in a global production field [J]. Total Quality Management & Business Excellence, 2019 (10): 1-25.

[164] Wamba S F, Dubey R, Gunasekaran A, et al. The performance effects of big data analytics and supply chain ambidexterity: The moderating effect of environmental dynamism [J]. International Journal of Production Economics, 2020, 222: 107498.

[165] Wang C L, Ahmed P K. Dynamic capabilities: A review and research agenda [J]. International Journal of Management Reviews, 2007, 9 (1): 31-51.

[166] Wang G, Gunasekaran A, Ngai E W T, et al. Big data analytics in logistics and supply chain management: Certain investigations for research and applications [J]. International Journal of Production Economics, 2016a, 176: 98-110.

[167] Wang J, Wang S, Xue H, et al. Green image and consumers' word-of-mouth intention in the green hotel industry: The moderating effect of Millennials [J]. Journal of Cleaner Production, 2018, 181 (1): 426-436.

[168] Wang Y, Li Y, Zhang J, et al. How impacting factors affect Chinese green purchasing behavior based on fuzzy cognitive maps [J]. Journal of Cleaner Production, 2019, 240: 118199.

[169] Wang Z, Chen N, Zhao X, et al. Modularity in building mass customization capability: The mediating effects of customization knowledge utilization and business process improvement [J]. Technovation, 2014, 34 (11): 678-687.

[170] Wang Z, Zhang M, Sun H, et al. Effects of standardization and innovation on mass customization: An empirical investigation [J]. Technovation, 2016b, 48-49: 79-86.

[171] Wei H, Wang E T G. The strategic value of supply chain visibility:

Increasing the ability to reconfigure [J]. European Journal of Information Systems, 2010, 19 (2): 238-249.

[172] Wood W, Kallgren C A, Preisler R M. Access to attitude-relevant information in memory as a determinant of persuasion: The role of message attributes [J]. Journal of Experimental Social Psychology, 1985, 21 (1): 73-85.

[173] Wu B, Yang Z. The impact of moral identity on consumers' green consumption tendency: The role of perceived responsibility for environmental damage [J]. Journal of Environmental Psychology, 2018, 59 (8): 74-84.

[174] Wu Q, Liao K, Deng X, et al. Achieving automotive suppliers' mass customization through modularity: Vital antecedents and the valuable role and responsibility of information sharing [J]. Journal of Manufacturing Technology Management, 2020, 31 (2): 306-329.

[175] Yan L, Keh H T, Wang X. Powering sustainable consumption: The roles of green consumption values and power distance belief [J]. Journal of Business Ethics, 2019, 169 (3): 499-516.

[176] Yu J. Consumer responses toward green advertising: The effects of gender, advertising skepticism, and green motive attribution [J]. Journal of Marketing Communications, 2018, 26 (4): 414-433.

[177] Yu W, Chavez R, Jacobs M A, et al. Data-driven supply chain capabilities and performance: A resource-based view [J]. Transportation Research Part E: Logistics and Transportation Review, 2018, 114: 371-385.

[178] Zhang C, Wang X, Cui A P, et al. Linking big data analytical intelligence to customer relationship management performance [J]. Industrial Marketing Management, 2020, 91: 483-494.

[179] Zhang H, Xiao Y. Customer involvement in big data analytics and its impact on B2B innovation [J]. Industrial Marketing Management, 2020,

86：99-108.

[180] Zhang M, Guo H, Huo B, et al. Linking supply chain quality integration with mass customization and product modularity [J]. International Journal of Production Economics, 2019a, 207：227-235.

[181] Zhang M, Guo S, Bai C, et al. Study on the impact of haze pollution on residents' green consumption behavior：The case of Shandong Province [J]. Journal of Cleaner Production, 2019b, 219：11-19.

[182] Zhang M, Zhao X, Lyles M A, et al. Absorptive capacity and mass customization capability [J]. International Journal of Operations & Production Management, 2015, 35 (9)：1275-1294.

[183] Zhang M, Zhao X, Qi Y. The effects of organizational flatness, coordination, and product modularity on mass customization capability [J]. International Journal of Production Economics, 2014, 158：145-155.

[184] Zhao X, Lynch J G, Chen Q. Reconsidering baron and kenny：Myths and truths about mediation analysis [J]. Journal of Consumer Research, 2010, 37 (2)：197-206.

[185] Zhao Y, Feng T, Shi H. External involvement and green product innovation：The moderating role of environmental uncertainty [J]. Business Strategy and the Environment, 2018, 27 (8)：1167-1180.

[186] Zhu Q, Sarkis J, Lai K H. Institutional-based antecedents and performance outcomes of internal and external green supply chain management practices [J]. Journal of Purchasing and Supply Management, 2013, 19 (2)：106-117.

[187] Zhu S, Song J, Hazen B T, et al. How supply chain analytics enables operational supply chain transparency：An organizational information processing theory perspective [J]. International Journal of Physical Distribution &

Logistics Management，2018，48（1）：47-68.

[188] B. 约瑟夫·派恩. 大规模定制：企业竞争的新前沿［M］. 操云甫等，译. 北京：中国人民大学出版社，2000.

[189] 陈凯，彭茜. 绿色消费态度——行为差距分析及其干预［J］. 科技管理研究，2014，34（20）：236-241.

[190] 陈凌峰，王志强，周文慧. 建设大规模定制能力——基于供应链学习视角［J］. 科学与科学技术管理，2013，34（10）：161-170.

[191] 陈凌峰，赵剑冬. 大规模定制模块化形成机理研究——基于供应链协作视角［J］. 技术经济与管理研究，2018（9）：3-7.

[192] 陈荣秋. 即时顾客化定制的基本问题探讨［J］. 工业工程与管理，2006（6）：44-48，68.

[193] 程聪，贾良定. 我国企业跨国并购驱动机制研究——基于清晰集的定性比较分析［J］. 南开管理评论，2016，19（6）：113-121.

[194] 程建青，罗瑾琏，杜运周，等. 制度环境与心理认知何时激活创业？——一个基于QCA方法的研究［J］. 科学学与科学技术管理，2019（2）：114-131.

[195] 崔晓冬，刘清芝，周才华. 中国绿色消费的政策和实践研究［J］. 中国环境管理，2020，12（1）：58-65.

[196] 但斌. 大规模定制：打造21世纪企业核心竞争力［M］. 北京：科学出版社，2004.

[197] 杜运周，贾良定. 组态视角与定性比较分析（QCA）：管理学研究的一条新道路［J］. 管理世界，2017（6）：155-167.

[198] 冯长利，张明月，刘洪涛，等. 供应链知识共享与企业绩效关系研究——供应链敏捷性的中介作用和环境动态性的调节作用［J］. 管理评论，2015，27（11）：181-191.

[199] 冯泰文，绳鸿燕. 专家视点：以大规模定制助力国内国际双循

环发展 [EB/OL]. (2020-12-23) [2021-03-06]. http: //www. cinn. cn/ zbgy/202012/t20201223_237005. shtml.

[200] 高伟, 高建, 李纪珍. 创业政策对城市创业的影响路径——基于模糊集定性比较分析 [J]. 技术经济, 2018, 37 (4): 68-75.

[201] 葛万达, 盛光华. 基于联合分析的绿色产品属性选择偏好研究 [J]. 干旱区资源与环境, 2019, 33 (8): 49-54.

[202] 顾新建, 叶作亮. 先进制造系统——信息技术、工程技术和管理技术的有机融合 [J]. 管理学报, 2004 (2): 129-133, 151-123.

[203] 关增产, 吴清烈. 大规模定制模式下的客户需求聚类分析与定制优化 [J]. 统计与决策, 2009 (1): 181-183.

[204] 管益忻. 营消: 迈向客户经济的商业范式革命 [M]. 北京: 机械工业出版社, 2007.

[205] 焦国伟. 全球金融危机后美国制造业发展战略研究 [D]. 吉林大学博士学位论文, 2019.

[206] 李刚, 汪应洛. 服务型制造: 基于 "互联网+" 的模式创新 [M]. 北京: 清华大学出版社, 2017.

[207] 李杰. 知识型企业战略柔性及其与企业绩效关系研究 [D]. 西南财经大学硕士学位论文, 2009.

[208] 李静芳. 精益生产、敏捷制造、大规模定制和即时顾客化定制比较研究 [J]. 经济与管理, 2005 (8): 61-64.

[209] 李杨. "两山" 理念的理论贡献与实践路径研究 [J]. 理论研究, 2021 (1): 27-32, 38.

[210] 李耀锋, 张余慧. 三重动机与介入路径: 社会工作如何精准促动企业履行社会责任 [J]. 社会工作, 2016 (4): 72-78, 126.

[211] 李颖. 产品模块化对组织创新的影响研究: 战略柔性视角 [D]. 广东工业大学硕士学位论文, 2014.

［212］刘伟静．组态视角下组织情境对工程项目成员知识共享行为的影响研究［D］．天津理工大学硕士学位论文，2019.

［213］龙勇，张煜．模块化生产网络中的新产品绩效［J］．科技管理研究，2017，37（11）：117-122.

［214］龙昀光，潘杰义，冯泰文．精益生产与企业环境管理对制造业可持续发展绩效的影响研究［J］．软科学，2018，32（4）：68-71，76.

［215］吕佑龙，张洁．基于大数据的智慧工厂技术框架［J］．计算机集成制造系统，2016，22（11）：2691-2697.

［216］罗建强，王嘉琳．服务型制造的研究现状探析与未来展望［J］．工业技术经济，2014，33（6）：153-160.

［217］罗永泰．基于隐性需求深度开发的产品创新研究——信息认知角度的诠释［J］．科学与科学技术管理，2007（5）：82-87.

［218］马国伟．3D打印对供应链的影响［J］．科技广场，2014（1）：175-180.

［219］毛振福，余伟萍，李雨轩．企业环保主张对消费者绿色购买意愿的影响机制研究［J］．商业经济与管理，2019（9）：68-78.

［220］孟亮．基于自我决定理论的任务设计与个体的内在动机：认知神经科学视角的实证研究［D］．浙江大学博士学位论文，2016.

［221］祁国宁，顾新建，李仁旺．大批量定制及其模型的研究［J］．计算机集成制造系统（CIMS），2000（2）：41-45.

［222］祁国宁，杨青海．大批量定制生产模式综述［J］．中国机械工程，2004，15（14）：20-25.

［223］秦昌波，苏洁琼，王倩．"绿水青山就是金山银山"理论实践政策机制研究［J］．环境科学研究，2018，31（6）：985-990.

［224］阮胜．客户需求驱动的个性化产品实例推理研究［D］．合肥工业大学硕士学位论文，2019.

［225］邵晓峰，黄培清，季建华．大规模定制生产模式的研究 ［J］．工业工程与管理，2001，6（2）：13-17.

［226］邵晓峰，黄培清，季建华．21 世纪的主流生产模式：大规模定制 ［J］．软科学，2000（4）：43-45.

［227］盛光华，葛万达，李若琪．绿色产品环境溢价支付水平影响因素的识别与效应分析 ［J］．干旱区资源与环境，2018，32（6）：11-17.

［228］盛光华，岳蓓蓓，解芳．环境共治视角下中国居民绿色消费行为的驱动机制研究 ［J］．统计与信息论坛，2019，34（1）：109-116.

［229］苏少辉，刘桂英，陈昌，等．面向大批量定制的客户需求聚类分析及优化 ［J］．杭州电子科技大学学报（自然科学版），2018，38（4）：75-81.

［230］孙卫，陈录城，王强．COSMOPlat：海尔工业互联网平台 ［M］．西安：西安交通大学出版社，2020.

［231］孙晓立．国务院办公厅印发《关于建立统一的绿色产品标准、认证、标识体系的意见》［J］．中国标准化，2017（1）：40.

［232］孙新波，钱雨，张明超，等．大数据驱动企业供应链敏捷性的实现机理研究 ［J］．管理世界，2019，35（9）：133-151，200.

［233］孙新波，苏钟海．数据赋能驱动制造业企业实现敏捷制造案例研究 ［J］．管理科学，2018，31（5）：117-130.

［234］谭海波，范梓腾，杜运周．技术管理能力、注意力分配与地方政府网站建设——一项基于 TOE 框架的组态分析 ［J］．管理世界，2019，35（9）：81-94.

［235］汤丹丹，温忠麟．共同方法偏差检验：问题与建议 ［J］．心理科学，2020，43（1）：215-223.

［236］唐鹏程，杨树旺．企业社会责任投资模式研究：基于价值的判断标准 ［J］．中国工业经济，2016（7）：109-126.

［262］张明超，孙新波，钱雨，等．供应链双元性视角下数据驱动大规模智能定制实现机理的案例研究［J］．管理学报，2018，15（12）：1750-1760．

［263］张维杰，刘伦明，王勇，等．海尔互联工厂——基于用户需求的大规模定制模式研究［A］．中国家用电器协会．2016年中国家用电器技术大会论文集［C］．中国家用电器协会：《电器》杂志社，2016：6．

［264］赵云辉，王蕾，冯泰文，等．新冠疫情下政府差异化复工复产路径研究［J］．科研管理，2021（2）：1-23．

［265］周浩，龙立荣．共同方法偏差的统计检验与控制方法［J］．心理科学进展，2004，12（6）：942-950．

［266］周驷华，万国华．电子商务对制造企业供应链绩效的影响：基于信息整合视角的实证研究［J］．管理评论，2017，29（1）：199-210．

［267］周文辉，王鹏程，陈晓红．价值共创视角下的互联网+大规模定制演化——基于尚品宅配的纵向案例研究［J］．管理案例研究与评论，2016，9（4）：313-329．

［268］周文辉，王鹏程，杨苗．数字化赋能促进大规模定制技术创新［J］．科学学研究，2018，36（8）：1516-1523．

［269］周武静，徐学军，叶飞．精益生产组成要素之间的关系研究［J］．管理学报，2012，9（8）：1211-1217．

［270］周晓东，邹国胜，谢洁飞，等．大规模定制研究综述［J］．计算机集成制造系统（CIMS），2003（12）：1045-1052，1056．

［271］周玉杰．大规模定制环境下模块化制造时间研究［D］．重庆大学硕士学位论文，2012．

［272］朱高峰，王迪．当前中国制造业发展情况分析与展望：基于制造强国评价指标体系［J］．管理工程学报，2017，31（4）：1-7．

［273］Maryam H，陈致佳．面向大规模定制化生产的3D打印技术［J］．建筑技艺，2018（8）：82-85．

附录 1
样本选择与数据收集

　　本书选取中国的内蒙古、陕西、山东、江苏和广东这五个具有代表性的省份（地区）的制造企业作为样本框展开调查。样本框的确定出于两个原因：第一，选择制造业作为研究对象在于向大规模定制转型升级是当前制造业正在努力的方向，也是制造业企业追求未来可持续发展的必经道路之一，需要更多经验性的归纳与提炼以及理论层面的见解；同时在宏观战略指导下，我国制造业数字化程度取得了较快的提升，但在行业领域内逐渐形成能力参差、差距拉大的现象，丰富的现实例证使制造业实践者成为提供新颖知识的最佳选择。第二，选择这五个省份（地区）的原因在于它们是中国具有代表性的制造业要地，从地理位置来看，它们所辐射的区域能够涵盖中国绝大部分工业化区域，能够反映中国工业改革在不同阶段所展现出的不同水平，其中广东省和江苏省所代表的珠三角和长三角经济区在中国改革进程中较早进入工业化发展，具有较高的工业化水平；山东省代表了中国的环渤海区域处于我国工业发展的平均水平；陕西省位于中国的西北方位，仍以我国工业改革早期最典型的传统制造为主；而内蒙古地处华北，目前表现出较低的工业化水平。

　　选定样本框后，我们先与当地政府联系，基于他们的建议分别在每个地区选择 120 家制造企业，总共 600 家，以保证数据准确性和完整性。同时，为体现普适性，样本来自各行各业，所涉及行业包括纺织服装、非金属矿物制品、电气机械及器材制造、化工及相关产品制造、金属制品、机械设备制造、交通运输设备制造、食品和饮料制造、通信设备和计算机设备制造、橡胶和塑料制品、仪器仪表制造、医药制造等。对于每个样本企业，我们确定了两名意向受访者作为关键信息提供者，他们熟悉企业的经营历程以及当前战略布局，具备供应链管理知识和管理能力，优先选择企业的首席执行官、总裁或副总裁作为主要应答者。之后，我们通过电话联系这些意向被调，解释研究目标并邀请他们的参与。我们以邮件形式向接受邀请的受访者发送了一份问卷及一份说明，并保证了受访者及其回答的匿名性。为了提高应答率，我们每两周会与这些受访者进行一次电话随访，以了解他们的问卷完成情况。

通过邮件发送的电子版问卷既可以打印后填写邮寄回，也可以以邮件形式发回。在 600 家企业中，我们共回收 346 份问卷，其中有 69 份问卷没有被填写或存在过多的缺失值。因此，最终获得 277 份有效样本，应答率为 46.2%。

本书选取了五个省份的制造企业发放问卷，分别为内蒙古（24.5%）、陕西（17.3%）、山东（19.9%）、江苏（18.4%）以及广东（19.9%），每个区域回收的样本数据比较平均。我们用企业的员工人数来反映企业规模，在 277 份样本中，1000 人以下的企业占比为 59.6%，远超过样本总数的一半，这说明现阶段中小企业仍然是中国制造业的主要力量。另外，样本来自不同类型的行业，这些行业中的企业或多或少开始涉猎大规模定制生产模式下的创新活动，且在每个行业中都已出现一些领先企业的成功案例被广泛了解，多行业企业的参与可以使本研究的调查结果泛化到全体制造业企业层面。另外，在所有样本企业中，有 27.4% 为国有/集体企业，72.6% 为私营、民营或外资企业，这反映了中国特色的市场经济结构，也反映了在改革开放以后民营经济呈高速发展态势，外资大量涌入，各类市场主体活力均得到激发。

为展示样本的基本特征情况，我们将样本在每一特征上的分布情况在附表1中汇报，主要包括企业所在地区、员工人数、所属行业类型以及所有制类型。

附表1 样本基本特征的分布情况

企业特征	特征类别	样本量（份）	百分比（%）	累计百分比（%）
所在地区	内蒙古	68	24.5	24.5
	陕西	48	17.3	41.9
	山东	55	19.9	61.7
	江苏	51	18.4	80.1
	广东	55	19.9	100.0
员工人数	1~49 人	31	11.2	11.2
	50~99 人	37	13.4	24.6
	100~299 人	52	18.8	43.4
	300~999 人	45	16.2	59.6
	1000~1999 人	40	14.4	74.0
	2000~4999 人	40	14.4	88.4
	5000 人及以上	32	11.6	100.0
行业类型	食品和饮料制造业	12	4.3	4.3
	纺织服装业	11	4.0	8.3
	化学及相关产品制造业	25	9.0	17.3
	医药制造业	8	2.9	20.2
	橡胶和塑料制品业	13	4.7	24.9
	非金属矿物制品业	18	6.5	31.4
	金属制品业	22	7.9	39.3
	机械设备制造业	45	16.3	55.6
	交通运输设备制造业	18	6.5	62.1
	电气机械及器材制造业	40	14.5	76.6
	通信、计算机设备制造业	36	13.0	89.6
	仪器仪表制造业	22	7.9	97.5
	其他	7	2.5	100.0

企业特征	特征类别	样本量（份）	百分比（%）	累计百分比（%）
所有制类型	国有/集体企业	76	27.4	27.4
	私营/民营企业	138	49.8	77.2
	外资企业	63	22.8	100.0

附录 2
中国制造企业大规模定制能力影响因素调查问卷

尊敬的先生/女士：

您好！首先衷心感谢您在百忙之中抽出时间来参与此次问卷调查。本项研究是由哈尔滨工业大学经济管理学院发起，旨在研究中国制造企业大规模定制能力的影响因素及其对企业绩效的影响机理，从而为企业开展大规模定制提供管理建议和决策支持。所有资料只作科学研究之用，调查资料将会严格保密，研究结果只呈现综合数据。

本问卷的调查对象既可以是贵公司的整体，也可以是贵公司的分部或附属工厂，请选用最适合作答的"经营单位"，并确保所有问题都是针对已选定的经营单位作答。所有问题的答案没有对错之分，请根据您的真实感受和想法安心作答。您所提供的资料对我们的研究将会有很大帮助。

如果您希望进一步了解研究结果，或对此项研究有任何疑问或建议，请通过下面的联系方式与本人联系。

最后，再次对您的参与及帮助表示衷心的感谢！祝您身体健康，工作顺心如意！

中国制造企业大规模定制能力影响因素研究

第一部分　公司基本信息

1.1　被访人职务：1）董事长/总经理　2）高层管理人员　3）中层管理人员 4）其他_____；任职年数：_____年

1.2　公司在所在地区的经营年数：_____年，主要产品：_____

1.3　贵公司的所有制类型是：_____

A. 国有/集体企业　　　　B. 私营/民营企业　　　　C. 外资企业

1.4　贵公司的员工人数是：_____

A. 1~49 人　　　　　　B. 50~99 人　　　　　　C. 100~299 人

D. 300~999 人　　　　　E. 1000~1999 人　　　　F. 2000~4999 人

G. 5000 人及以上

1.5　贵公司过去一年的销售总额是：_____元

A. <500 万　　　　　　B. 500 万~1000 万　　　C. 1000 万~2000 万

D. 2000 万~5000 万　　　E. 5000 万~1 亿　　　　F. >1 亿

第二部分　公司的竞争环境

2.1　以下是对贵公司市场环境进行的评述，请根据实际情况进行评价。

市场动荡	（1-完全不赞成；4——一般；7-完全赞成）						
a. 我们很难预测市场发展趋势	1	2	3	4	5	6	7
b. 我们公司所在行业规模变化剧烈	1	2	3	4	5	6	7
c. 我们的销量很难预测	1	2	3	4	5	6	7
d. 市场需求具有很高的不可预测性	1	2	3	4	5	6	7

客户需求隐性	(1-完全不赞成；4-一般；7-完全赞成)						
e. 我们客户的需求很难用书面形式表达出来	1	2	3	4	5	6	7
f. 很难以书面形式全面地记录客户需求	1	2	3	4	5	6	7
g. 很难通过书面文件与其他部门准确地交流客户需求	1	2	3	4	5	6	7
h. 很难通过书面文件完全了解客户需求	1	2	3	4	5	6	7
竞争强度	(1-完全不赞成；4-一般；7-完全赞成)						
i. 我们公司提供的产品需要面对激烈的市场竞争	1	2	3	4	5	6	7
j. 行业中一个公司能提供的产品，其他公司很快也能提供	1	2	3	4	5	6	7
k. 我们公司所在行业的竞争异常残酷	1	2	3	4	5	6	7
l. 在市场竞争中取胜对我们公司来说是一件具有挑战性的工作	1	2	3	4	5	6	7
客户需求隐性多样性	(1-完全不赞成；4-一般；7-完全赞成)						
m. 我们的客户需求非常多样化	1	2	3	4	5	6	7
n. 我们的客户对产品特性有广泛的偏好	1	2	3	4	5	6	7
o. 标准化的设计并不能完全满足客户的需求	1	2	3	4	5	6	7

第三部分　公司的资源与能力

3.1　以下是对贵公司在信息资源与能力方面进行的评述，请根据实际情况进行评价。

信息整合	(1-完全不赞成；4-一般；7-完全赞成)						
a. 我们向合作伙伴提供任何可能帮助他们的信息	1	2	3	4	5	6	7
b. 我们互相告知可能影响对方的事件或变化	1	2	3	4	5	6	7
c. 我们经常与合作伙伴交换信息	1	2	3	4	5	6	7
d. 我们及时与合作伙伴交换信息	1	2	3	4	5	6	7
社交媒体使用	(1-完全不赞成；4-一般；7-完全赞成)						
e. 我们充分利用社交媒体来支持自己的工作	1	2	3	4	5	6	7
f. 我们以最佳方式使用社交媒体的所有功能来帮助我们工作	1	2	3	4	5	6	7
g. 我们对社交媒体的使用已成为我们日常工作的一部分	1	2	3	4	5	6	7

大数据分析技能	(1-完全不赞成；4——一般；7-完全赞成)						
h. 我们为员工提供与大数据分析相关的必要培训	1	2	3	4	5	6	7
i. 我们为大数据分析团队招聘新员工时重点考核其大数据分析技能	1	2	3	4	5	6	7
j. 我们的大数据分析人员具备成功完成工作所需的技能	1	2	3	4	5	6	7
k. 我们的大数据分析人员拥有符合他们工作要求的学历	1	2	3	4	5	6	7
l. 我们的大数据分析人员拥有成功开展工作所需的工作经验	1	2	3	4	5	6	7
供应信息可视化	(1-可视化程度很低；4——一般；7-可视化程度很高)						
m. 供应商库存信息	1	2	3	4	5	6	7
n. 整体的市场供应信息	1	2	3	4	5	6	7
o. 订单信息（提前期/交付期）	1	2	3	4	5	6	7
p. 提前装运通知信息	1	2	3	4	5	6	7
q. 产成品在配送网络中的位置情况	1	2	3	4	5	6	7
大数据管理技能（我们的大数据分析管理者……）	(1-完全不赞成；4——一般；7-完全赞成)						
r. 有能力理解和重视其他部门的需求	1	2	3	4	5	6	7
s. 可以与公司内其他部门管理者一起工作	1	2	3	4	5	6	7
t. 可以协调大数据相关活动以支持其他合作伙伴	1	2	3	4	5	6	7
u. 可以预见未来的挑战	1	2	3	4	5	6	7
v. 很清楚在哪里使用大数据	1	2	3	4	5	6	7
w. 可以解释复杂的分析结果并将其用于快速决策	1	2	3	4	5	6	7

3.2　以下是对贵公司在战略柔性与商业模式方面进行的评述，请根据实际情况进行评价。

战略柔性	(1-完全不赞成；4——一般；7-完全赞成)						
a. 我们经常在业务活动中共享信息和成本	1	2	3	4	5	6	7
b. 我们经常调整公司的战略和结构以从环境变化中获益	1	2	3	4	5	6	7
c. 我们的战略强调利用环境变化带来的新机会	1	2	3	4	5	6	7
d. 我们的战略在管理政治、经济和金融风险方面具有很高的灵活性	1	2	3	4	5	6	7
e. 我们在战略上强调人力资源配置方面的多技能员工和授权	1	2	3	4	5	6	7

新颖型商业模式设计	（1-完全不赞成；4——一般；7-完全赞成）						
r. 我们的商业模式中引入了新的合作者	1	2	3	4	5	6	7
s. 我们的商业模式代表了产品、服务和信息的新组合	1	2	3	4	5	6	7
t. 我们的商业模式中采用新方式激励合作者	1	2	3	4	5	6	7
u. 我们的商业模式用新方式将各种参与者紧密联系起来	1	2	3	4	5	6	7
v. 我们的商业模式采用了新的交易方式	1	2	3	4	5	6	7
w. 我们的商业模式创造了新的盈利方式	1	2	3	4	5	6	7
x. 我们在商业模式中创造了新的盈利点	1	2	3	4	5	6	7
y. 我们的商业模式引入了新的思想和方法	1	2	3	4	5	6	7
z. 我们的商业模式引入了新的运作流程、惯例和规范	1	2	3	4	5	6	7
aa. 总体来说，我们的商业模式是非常新颖的	1	2	3	4	5	6	7

3.3　以下是对贵公司在营销资源与能力方面进行的评述，请根据实际情况进行评价。

工具性动机（我们提供定制化产品/服务是……）	（1-完全不赞成；4——一般；7-完全赞成）						
a. 由于提供个性化产品或服务带来的好处	1	2	3	4	5	6	7
b. 以提高企业声誉	1	2	3	4	5	6	7
c. 为了安抚我们的股东	1	2	3	4	5	6	7
d. 以实现高盈利	1	2	3	4	5	6	7
e. 因为个性化产品/服务是获得竞争优势的一个重要来源	1	2	3	4	5	6	7
以客户为中心的管理系统	（1-完全不赞成；4——一般；7-完全赞成）						
f. 我们在设计业务流程时关注客户需求	1	2	3	4	5	6	7
g. 我们根据客户满意度水平来发放员工的奖金	1	2	3	4	5	6	7
h. 客户关系质量是我们评价与客户接触的员工的一个关键指标	1	2	3	4	5	6	7
i. 我们的业务流程旨在提高客户交互的质量	1	2	3	4	5	6	7
j. 我们以客户（而不是以产品或部门）为基础来设计组织结构	1	2	3	4	5	6	7
k. 我们协调各职能部门的活动，以提高客户体验质量	1	2	3	4	5	6	7

续表

市场绩效	(1-显著差于竞争对手；4-与竞争对手持平；7-显著强于竞争对手)						
l. 客户满意度的提高	1	2	3	4	5	6	7
m. 更好地为客户创造价值	1	2	3	4	5	6	7
n. 建立更强的品牌形象	1	2	3	4	5	6	7
需求信息可视化	(1-可视化程度很低；4--般；7-可视化程度很高)						
o. 销售信息	1	2	3	4	5	6	7
p. 需求预测信息	1	2	3	4	5	6	7
q. 市场需求信息	1	2	3	4	5	6	7
r. 客户库存信息	1	2	3	4	5	6	7
s. 促销信息	1	2	3	4	5	6	7
关系动机（我们提供定制化产品/服务是……）	(1-完全不赞成；4--般；7-完全赞成)						
t. 为了增加我们的客户数量	1	2	3	4	5	6	7
u. 为了使我们有别于竞争对手	1	2	3	4	5	6	7
v. 为了建立强有力的外部伙伴关系	1	2	3	4	5	6	7
w. 为了提高客户满意度	1	2	3	4	5	6	7

第四部分　公司的资源与能力

4.1　以下是对贵公司供应链敏捷度与组织间学习进行的评述，请根据实际情况进行评价。

供应链敏捷度	(1-完全不赞成；4--般；7-完全赞成)						
a. 我们可以快速响应经营环境中的变化	1	2	3	4	5	6	7
b. 我们可以迅速处理环境中出现的机会	1	2	3	4	5	6	7
c. 我们可以迅速应对环境中出现的威胁	1	2	3	4	5	6	7
d. 我们可以快速调整运营活动以满足环境要求	1	2	3	4	5	6	7
e. 我们可以根据需要增加短期供给能力	1	2	3	4	5	6	7
f. 我们可以根据客户的要求调整订单的规格	1	2	3	4	5	6	7
组织间学习	(1-完全不赞成；4--般；7-完全赞成)						
g. 我们有能力向我们的合作伙伴学习	1	2	3	4	5	6	7
h. 我们有管理能力从合作伙伴那里吸收新知识	1	2	3	4	5	6	7

组织间学习	（1-完全不赞成；4-—般；7-完全赞成）						
i. 我们有足够的组织惯例来分析从合作伙伴那里获取的信息	1	2	3	4	5	6	7
j. 我们可以成功地将现有知识与从合作伙伴那里获取的新信息整合起来	1	2	3	4	5	6	7

4.2　以下是对贵公司在数据驱动的决策文化与道德动机方面进行的评述，请根据实际情况进行评价。

数据驱动的决策文化	（1-完全不赞成；4-—般；7-完全赞成）						
a. 我们认为数据是一种资产	1	2	3	4	5	6	7
b. 我们的大多数决策是基于数据而不是直觉	1	2	3	4	5	6	7
c. 当数据与我们的观点相矛盾时，我们愿意推翻直觉	1	2	3	4	5	6	7
d. 我们不断地评估企业战略，并根据数据分析结果采取纠正措施	1	2	3	4	5	6	7
e. 我们不断地指导员工基于数据进行决策	1	2	3	4	5	6	7
道德动机（我们提供定制化产品/服务是……）	（1-完全不赞成；4-—般；7-完全赞成）						
f. 因为我们对客户有责任感	1	2	3	4	5	6	7
g. 因为真正关心客户体验	1	2	3	4	5	6	7
h. 因为最高管理层认为为客户创造价值是公司战略的重要组成部分	1	2	3	4	5	6	7
i. 因为这是一件值得去做的正确的事情	1	2	3	4	5	6	7

4.3　以下是对贵公司在运营资源与能力方面进行的评述，请根据实际情况进行评价。

面向服务的大规模定制能力	（1-完全不赞成；4-—般；7-完全赞成）						
a. 我们有能力对服务进行大规模定制	1	2	3	4	5	6	7
b. 我们能够在不增加成本的情况下很容易地增加服务种类	1	2	3	4	5	6	7
c. 我们能够在不增加成本的情况下调整服务流程	1	2	3	4	5	6	7
d. 我们可以在保持高业务量的同时对服务进行定制	1	2	3	4	5	6	7
e. 我们能够在保证服务质量的同时增加服务种类	1	2	3	4	5	6	7
f. 我们能够对客户定制服务的要求做出快速响应	1	2	3	4	5	6	7

［237］童时中．奔向世界级企业的突破口以模块化为基础的大规模定制（MC）［J］．电子机械工程，2005（5）：11-14.

［238］汪旭晖．面向大规模定制的供应链管理：基于"戴尔"的案例分析［J］．经济与管理，2007（7）：42-46.

［239］汪应洛，刘子晗．中国从制造大国迈向制造强国的战略思考［J］．西安交通大学学报（社会科学版），2013，33（6）：1-6.

［240］王安建，王高尚，邓祥征，等．新时代中国战略性关键矿产资源安全与管理［J］．中国科学基金，2019，33（2）：133-140.

［241］王财玉，吴波．时间参照对绿色消费的影响：环保意识和产品环境怀疑的调节作用［J］．心理科学，2018，41（3）：621-626.

［242］王洛忠，孙枭坤，陈宇．组态视角下我国邻避冲突产生模式概化——基于30个案例的定性比较分析［J］．城市问题，2020（6）：47-55.

［243］王晓明，沈焱，张均强，等．基于制造稳定性的电力装备制造企业柔性制造策略研究［J］．中国软科学，2020（8）：122-130.

［244］王一鸣．百年大变局、高质量发展与构建新发展格局［J］．管理世界，2020，12：1-12.

［245］卫海英．区块链技术赋能货运物流行业发展的影响因素评价——基于TOE框架的网络分析［J］．商业经济研究，2021（1）：119-122.

［246］魏谷，孙启新．组织资源、战略先动性与中小企业绩效关系研究——基于资源基础观的视角［J］．中国软科学，2014（9）：117-126.

［247］魏中龙，郭辰．基于顾客认知价值分析的产品定价策略研究［J］．管理世界，2007（4）：162-163.

［248］温忠麟，叶宝娟．中介效应分析：方法和模型发展［J］．心理科学进展，2014，22（5）：731-745.

［249］温忠麟，张雷，侯杰泰，等．中介效应检验程序及其应用［J］．心理学报，2004，36（5）：614-620.

[250] 文博杰，陈毓川，王高尚，等.2035 年中国能源与矿产资源需求展望 [J]. 中国工程科学，2019，21（1）：68-73.

[251] 文东华，陈世敏，潘飞. 全面质量管理的业绩效应：一项结构方程模型研究 [J]. 管理科学学报，2014，17（11）：79-96.

[252] 吴义爽，盛亚，蔡宁. 基于互联网+的大规模智能定制研究——青岛红领服饰与佛山维尚家具案例 [J]. 中国工业经济，2016（4）：127-143.

[253] 新华社媒体. 联合国报告警告：人类健康日益受到环境破坏威胁 [EB/OL]. https：//baijiahao. boidu. com/s？id = 628070025663836643&wfr = spider&for = pc.

[254] 闫开宁，李刚. "互联网+" 背景下的服务型制造企业变革 [J]. 中国机械工程，2018，29（18）：2238-2249.

[255] 杨蕙馨，孙孟子，杨振一. 中国制造业服务化转型升级路径研究与展望 [J]. 经济与管理评论，2020，36（1）：58-68.

[256] 游博，龙勇. 模块化对新产品绩效的影响——基于模块化系统间联系及绩效影响机制的实证研究 [J]. 研究与发展管理，2016，28（5）：91-99.

[257] 原丹奇，张怀英. 从竞争到竞合：新创企业战略管理的新趋向 [J]. 吉首大学学报（自然科学版），2019，40（3）：79-85.

[258] 曾楚宏，吴能全. 企业模块化思想研究述评 [J]. 科技管理研究，2006（7）：110-113.

[259] 翟元甫. 基于 TOE 框架的政务服务智慧能力影响因素研究 [D]. 电子科技大学硕士学位论文，2020.

[260] 张恒梅，李南希. 创新驱动下以物联网赋能制造业智能化转型 [J]. 经济纵横，2019（7）：93-100.

[261] 张杰. 以客户为中心的制造业企业管理模型及应用 [J]. 东华大学学报（社会科学院），2007，7（2）：97-101.

续表

经济绩效	（1-完全不赞成；4-一般；7-完全赞成）						
e. 提高了利润增长率	1	2	3	4	5	6	7
f. 提高了市场份额增长率	1	2	3	4	5	6	7
运营绩效	（1-完全不赞成；4-一般；7-完全赞成）						
g. 降低了废品率	1	2	3	4	5	6	7
h. 提高了产品质量	1	2	3	4	5	6	7
i. 缩短了提前期	1	2	3	4	5	6	7
j. 提高了企业柔性	1	2	3	4	5	6	7
k. 提高了产能利用率（设备使用率）	1	2	3	4	5	6	7
l. 提高了客户满意度	1	2	3	4	5	6	7
环境绩效	（1-完全不赞成；4-一般；7-完全赞成）						
m. 减少了废水、废气和固体废弃物等的排放	1	2	3	4	5	6	7
n. 减少了产品对环境造成的影响	1	2	3	4	5	6	7
o. 减少了有毒、有害和危险材料的消耗	1	2	3	4	5	6	7
p. 降低了与环境相关事故发生的频率	1	2	3	4	5	6	7
q. 减少了能源和材料的消耗	1	2	3	4	5	6	7

流程模块化	（1-完全不赞成；4——般；7-完全赞成）						
g. 我们的生产流程被设计成可调节的模块	1	2	3	4	5	6	7
h. 我们的生产流程能够通过增加新的模块进行调整	1	2	3	4	5	6	7
i. 我们的生产流程能够根据生产需求的变化进行调整	1	2	3	4	5	6	7
j. 我们的生产流程是由标准化的子流程和定制化的子流程组成	1	2	3	4	5	6	7
k. 我们可以重新安排生产流程模块以便最后进行定制化的子流程	1	2	3	4	5	6	7
面向产品的大规模定制能力	**（1-完全不赞成；4——般；7-完全赞成）**						
r. 我们有能力对产品进行大规模定制	1	2	3	4	5	6	7
s. 我们能够在不增加成本的情况下很容易地增加产品种类	1	2	3	4	5	6	7
t. 我们的产品换产时，调整设备和生产线的成本很低	1	2	3	4	5	6	7
u. 我们可以在保持高产量的同时对产品进行定制	1	2	3	4	5	6	7
v. 我们能够在保证产品质量的同时增加产品种类	1	2	3	4	5	6	7
w. 我们能够对客户定制产品的要求做出快速响应	1	2	3	4	5	6	7
产品模块化	**（1-完全不赞成；4——般；7-完全赞成）**						
x. 我们的产品采用模块化设计	1	2	3	4	5	6	7
y. 我们的产品共享通用模块	1	2	3	4	5	6	7
z. 我们的产品是按照标准化的基本平台设计的	1	2	3	4	5	6	7
aa. 我们的产品能够通过不同的模块组合满足个性化需求	1	2	3	4	5	6	7
ab. 我们的产品功能模块能够被组合到标准化的基础平台中	1	2	3	4	5	6	7

第五部分　公司绩效

5.1　针对过去三年的实际情况，请指出您对贵公司在以下业绩指标方面的赞成程度。

经济绩效	（1-完全不赞成；4——般；7-完全赞成）						
a. 提高了投资回报率	1	2	3	4	5	6	7
b. 提高了销售利润率	1	2	3	4	5	6	7
c. 提高了销售额增长率	1	2	3	4	5	6	7
d. 提高了销售利润增长率	1	2	3	4	5	6	7